本书得到 2020 年度河北省哲学社会科学学术著作出版资助
农业农村部国际农业支持政策研究课题资助
河北省高校人文社会科学重点研究基地资助
河北农业大学现代农业发展研究中心资助

欧盟与美国农业绿色发展支持政策比较研究

崔海霞　宗义湘　著

中国财经出版传媒集团
中国财政经济出版社

图书在版编目（CIP）数据

欧盟与美国农业绿色发展支持政策比较研究 / 崔海霞，宗义湘著. -- 北京：中国财政经济出版社，2021.11
ISBN 978 - 7 - 5223 - 0508 - 0

Ⅰ. ①欧… Ⅱ. ①崔… ②宗… Ⅲ. ①绿色农业 - 农业发展 - 政策支持 - 对比研究 - 欧洲联盟、美国 Ⅳ. ①F371.23②F351.03

中国版本图书馆 CIP 数据核字（2021）第 075507 号

责任编辑：刘五书　　　　责任校对：胡永立
封面设计：孙俪铭　　　　责任印制：张　健

欧盟与美国农业绿色发展支持政策比较研究
OUMENG YU MEIGUO NONGYE LUSE FAZHAN ZHICHI ZHENGCE BIJIAO YANJIU

中国财政经济出版社 出版
URL：http：//www.cfeph.cn
E - mail：cfeph@cfemg.cn

社址：北京市海淀区阜成路甲 28 号　邮政编码：100142
营销中心电话：010 - 88191522
天猫网店：中国财政经济出版社旗舰店
网址：https：//zgczjjcbs.tmall.com
北京中兴印刷有限公司印刷　各地新华书店经销
成品尺寸：170m × 230mm　16 开　17 印张　261 000 字
2021 年 11 月第 1 版　2021 年 11 月北京第 1 次印刷
定价：68.00 元
ISBN 978 - 7 - 5223 - 0508 - 0
（图书出现印装问题，本社负责调换，电话：010 - 88190548）
本社质量投诉电话：010 - 88190744

前 言

目前，我国农业发展的国内国际形势发生深刻变化。一方面国内资源约束、生态环境恶化以及人民不断增长的高质量农产品需求与供给不足矛盾制约农业发展；另一方面从国际角度来看，农产品贸易规则调整和贸易伙伴农产品竞争力格局变化也给我国农业发展带来巨大压力。在此背景下，我国政府将转变农业发展方式、乡村振兴以及质量兴农作为在新形势下化解农业农村问题、提升农业竞争力的重要途径。在这一过程中农业的绿色化是基本的实现路径。农业发展方式的转变就是农业的绿色发展方式，乡村振兴就是要以绿色为底色，以绿色发展引领产业兴旺，质量兴农就是要增加绿色优质安全农产品供给。农业发展方式的转型，乡村振兴的实现，质量兴农的实施迫切需要农业支持政策的调整与转型，以更精准高效的支持政策助力农业农村农民问题的化解。

中国问题既有其特殊性，也有国际农业政策转型的共性。自 2001 年世界贸易组织（World Trade Organization，WTO）谈判以来，不仅农产品市场发生了重大变化，各国农业政策也在不断调整。在政府预算资源有限前提下，政府均面临着政策资源如何最大化实现农业发展目标，提高政策效能的共性问题。因此要解决中国问题，就必须放眼世界，以历史演进的视角探寻农业支持政策绿色转型过程中的共性规律。本书写作的理论意义在于通过农业绿色发展支持政策的比较研究，探究农业绿色发展支持政策演进和选择规律；现实意义在于为我国探索支持农业绿色发展和生态导向的政策体系提供经验借鉴。

本书共 9 章内容。首先利用经济合作及发展组织（经合组织）（Organization for Economic Co－operation and Development，OECD）农业政策评估系统中的投入限制政策标签，从农业支持政策潜在环境影响角度构建农业绿色发展评估的分析框架，基于该分析框架对欧盟与美国农业支持政策调整中，如何平衡政策的潜在环境影响和生产效益进行分析。通过从潜在环境影响角度对欧盟与美国农业支持政策的转型规律进行分析，为进一步探究两大经济体农业绿色发展支持政策的演进机制与政策选择提供基础。其次，对两大经济体的农业绿色发展支持政策从历史演进角度着手进行具体分析，梳理两大经济体绿色支持政策发展脉络及发展趋势；对两大经济体的支持政策框架、具体政策措施以及资金管理与使用进行分析，并对两大经济体支持政策特征进行总结；然后将两大经济体农业绿色支持政策从支持目标、政策体系、运行机制、支持效果等方面进行了系统的比较分析，阐释了两大经济体绿色支持政策演进机制与政策选择共性规律，进一步对支持政策差异原因从理论与现实两方面进行了探究；接着分析中国农业绿色发展中支持政策存在的问题，并对国外经验借鉴的可行性进行研究，为下一步优化我国支持政策体系提供现实基础。最后在总结欧盟与美国政策发展经验启示基础上对我国农业绿色发展支持政策改革提出政策建议。

本书可供农业相关部门的决策者、高等院校农业经济与管理等专业教师与研究生以及本科生等读者参考。

鉴于作者研究水平有限，写作时间仓促，书中不足和错误之处，敬请读者批评指正。

作　者

2021 年 3 月 15 日

目　　录

第1章　绪论

1.1　研究背景

农业既是安天下、稳民心的战略产业，也是与自然结合最为紧密的生态产业。农业一头连着国计民生，一头关系着生态环境。因此，从国际经验来看，一国工业化水平发展到一定阶段将会转向对农业实行补贴。而随着对生态环境和可持续发展的关注，也必然对农业实行以改善环境，促进可持续发展的支持政策。目前，我国农业生产水平不断提高，但是主要依靠资源消耗的农业发展粗放经营模式却没有发生根本改变，农业面源污染和生态退化问题严重，绿色优质农产品和生态产品的有效供给与人民群众不断增长的美好生活需求有较大差距。另外，随着农业支持水平的提高，我国黄箱支持政策空间越来越有限，并且面临着与支持政策有关的农产品贸易争端频发的国际压力，迫切需要通过完善农业支持政策体系推动农业的绿色发展，以实现粮食安全、农民增收、生态宜居、可持续发展的发展目标。

1.1.1　从国内农业发展来看，我国面临诸多发展压力

（1）资源约束不断加剧。新中国建立以来，我国农业发展成果丰硕。中国用世界10%的耕地和6%的淡水资源，生产了世界四分之一的粮食，养活了世界五分之一的人口。但是巨大成就的背后是巨大的资源代价。我国面临人多地少水缺的基本国情，农业资源长期透支、过度开发，使得耕地占用情况呈恶化趋势，18亿亩耕地红线压力越来越大。中国人均耕地

仅为世界人均耕地的四分之一，为美国的 12.8%。在中国部分省市，人均耕地面积甚至已经低于联合国粮农组织确定的 0.8 亩警戒线。我国人均水资源占有量 2240 立方米，约为世界人均的四分之一，且存在严重的时空分布不均，长江以南耕地面积占 35% 的区域，拥有约 80% 的水资源，而长江以北占耕地面积 65% 的广大地区水资源仅占 20%。2016 年北方干旱地区农业年均缺水量超过 300 亿立方米①。资源约束的加剧，使得我国农业发展的空间逐渐压缩，面临资源压力。

（2）生态环境恶化、污染问题严重。农业外源性污染扩散和内源性污染问题使农业农村环境不断恶化。一方面，工业“三废”和城市垃圾不断向农村蔓延，恶化生态环境；另一方面，长期以来国内农业生产尤其粮食增产高度依赖化肥、农药等化学品的大量投入，造成严重的土壤板结、水质富营养化，并直接影响到农产品质量安全；地膜、禽畜废弃物等农业废弃物污染加重了农业农村环境恶化。一系列污染问题使得生态系统退化明显，土壤侵蚀严重，年均侵蚀量 45 亿吨；农田生态系统功能退化、结构失衡；湖泊湿地面积不断减少，生物多样性受到威胁。

（3）农业生产方式亟待转型。农业是与自然结合最为紧密的产业，从一定意义上讲，“绿水青山就是金山银山”，保护生态环境就是保护生产力，改善生态环境就是发展生产力。2015 年 7 月 30 日，国务院办公厅以国办发〔2015〕59 号印发《关于加快转变农业发展方式的意见》，将产业结构逐步优化、农业资源利用和生态环境保护水平不断提高、人民收入持续增加作为主要目标。转变农业生产方式，农业政策需要从过去主要依靠高农业化学投入支撑产量增长的产量导向转变为以绿色农业为支撑、追求质量和效率的质效导向政策。农业农村部等七部门出台的《国家质量兴农战略规划（2018—2022 年）》，提出绿色化是质量兴农的基本路径。农业的绿色发展就是要推行绿色生产方式，促进农业可持续发展，推进农业全程标准化，增加绿色优质安全农产品供给。生产方式的转型，迫切需要农业补贴政策、技术支撑等方面政策的调整。

（4）乡村振兴战略的贯彻落实。2017 年习近平同志在党的十九大报

① 张宇，朱立志．关于“乡村振兴”战略中绿色发展问题的思考［J］．新疆师范大学学报（哲学社会科学版），2019（1）．

告中提出实施乡村振兴战略，2018 年“中央一号文件”公布《中共中央国务院关于实施乡村振兴战略的意见》，2018 年 5 月 31 日中央政治局审议通过《国家乡村振兴战略规划（2018—2022 年）》并于 2018 年 9 月印发。乡村振兴作为新时期“三农”工作的指南针，涵盖了经济、社会、生态、文化多个领域。中央农村工作会议提出，走中国特色社会主义乡村振兴道路，必须坚持人与自然和谐共生，走乡村绿色发展之路。实施乡村振兴战略要以绿色为底色，以绿色发展引领乡村振兴，要强调环境友好、资源节约、生态保育和质量安全，关注农业结构和生产方式调整的深层次变革。

1.1.2 从国际角度看，我们同样面临着巨大的压力

（1）适应国际规则的压力。世贸组织制定的《农业协议》在市场准入、国内支持和出口补贴三个方面进行了规范。乌拉圭回合农产品贸易谈判将国内支持政策分为两类：对贸易产生扭曲作用的政策——黄箱支持和不会对贸易产生扭曲作用的政策——绿箱支持。对于黄箱支持，《农业协议》要求各方用综合支持量计算黄箱支持的货币价值，并作为削减尺度逐步进行削减；绿箱支持由于不对贸易产生扭曲则可免于减让即为可以采取的支持措施。随着我国经济的发展，对“三农”问题的持续关注，黄箱支持水平也快速增长。黄箱总量由 2000 年的 -92.9 亿元增至 2010 年的 1230.1 亿元，已经超过同期欧美等发达国家和地区，后经过调整措施，根据最新 2016 年通报数据维持在 813.57 亿元。部分产品黄箱支持已超过我们承诺的微量允许 8.5% 的上限约束，引起贸易伙伴国的广泛关注（田志宏，2018）。世贸组织规则一方面留给我们政策的操作空间越来越小；另一方面也使我国农业支持政策成为贸易争端与纠纷的主要策源地。2016 年美国就中国对小麦和大米的种植补贴政策向世贸组织提起诉讼，并于 2019 年 3 月世贸组织作出肯定性裁决，这一决定将影响我国相关农产品的出口问题，并对其他贸易伙伴国作出示范效应，严重影响我国农产品出口竞争格局。

（2）主要贸易伙伴的支持政策转型。作为我国主要的农产品贸易伙伴，美国和欧盟等发达经济体分别在 20 世纪 60 年代和 90 年代开始对农业补贴进行调整，纷纷转向绿箱支持，并形成成熟多样化的农业支持体

系。通过绿色支持一方面对改善农业农村生态环境，促进农业可持续发展有重要作用。另一方面在 WTO 规则下，对国内支持政策的约束加强，绿色支持形式作为符合 WTO 规则的绿箱政策也成为各国支持政策的延续。虽然绿箱支持作为 WTO 框架下不直接扭曲生产和贸易的支持政策允许实施，但以绿色名义进行的诸多补贴无疑会带来农产品竞争力的变化，也会对农产品贸易格局产生重要影响。

综上所述，一方面，国内面临着农业发展转型的压力，支持政策必须调整。要化解资源压力、污染与生态问题，解决农业生产方式转型和实现乡村振兴难题，仅仅依靠其内生动力显然无法完成。因此，政府有形的手——政策调节起到重要作用。以往提高产量为导向的支持政策以价格支持为主要政策工具，在一定阶段起到了保护粮食价格和市场稳定的积极作用。随着国内外粮食价差的扩大，国内粮食品种收储量不断增加，形成产量、进口量、库存量三量齐增的情况。价格支持补贴给国家财政造成了巨大压力，2015 年中央公共预算支持用于粮油物资储备支出达到 1836.1 亿元，比上年增长 52.8%，同时库存积压导致突出的陈化粮问题。2015 年“中央一号文件”指出，“做强农业，必须尽快从主要追求产量和依赖资源消耗的粗放经营转到数量质量效益并重、注重提高竞争力、注重农业科技创新、注重可持续的集约发展上来”。这说明中央开始调整农业政策的指导思想，将支持政策转向以提质增效为导向的政策体系上来。2019 年 2 月 7 部门联合印发《国家质量兴农战略规划》，提出新时期质量兴农战略要以质量绿色、安全为导向。另一方面，国际规则和主要贸易伙伴政策调整的压力，成为我国农业政策调整的重要推力。从主要发达国家农业发展轨迹的角度来看，各国均在实现农业的绿色转型和发展方面提供了强有力的支持保障。因此，这就迫切要求我们的农业支持政策要切实以质量提升、生态安全为核心点，做好绿色支持政策体系的构建，以支持政策体系调整助推农业发展转型。

1.2 问题的提出

如上所述，目前对内我国面临着农业发展转型的压力，迫切需要构建以质量、绿色、安全为导向的支持政策体系；对外国际规则和贸易争端的频发以及主要贸易伙伴政策调整需要我国农业政策适应世界农业发展趋势，整合政策资源，提高政策效能。从历史的维度来看，中国农业发展既有其特性，也有人类社会发展的共性。中国农业政策的转型调整不是孤立的，而是作为国际农业政策实践史的组成部分。因此，对中国问题的研究既要关注中国的特性，也要关注中国的一般性。对中国问题的研究一方面要和特定的发展背景相联系，另一方面则要放眼世界，从世界的角度从历史演进的角度寻找答案。

基于国内农业政策调整的现实需要和国际农业支持政策转型规律研究的理论需要，本书提出以下问题：农业绿色发展支持政策的演进与政策工具的选择是否有共性规律可循？农业绿色发展支持政策生发、演进和转型的内在机理是什么？农业绿色发展支持政策工具选择的理论和现实逻辑是什么？政治结构差异在农业绿色发展支持政策选择中发挥了什么作用？

虽然各国采取的具体政策不同，但是从历史角度去考量各国政策的发展历程，却有面临问题的相似性和政策选择的规律可循。因此对上述问题的回答也需要放在国际农业政策发展转型的历史坐标中。本书从战略性、可借鉴性和可比性角度选择欧盟美国作为研究主体，比较并总结两大经济体农业支持政策对绿色发展关注的演进，对其绿色发展支持政策的演进规律、差异性以及原因进行分析，以期探究农业绿色发展支持政策演进的内在机理和政策工具选择的理论与现实逻辑。同时对中国农业绿色发展支持政策进行分析，得出中国农业绿色发展支持政策体系优化的相应建议。

1.3　研究目的与研究意义

1.3.1　研究目的

在国内国际双重压力背景下，中国农业发展转型方向已经确定，即要走可持续发展道路，坚实推进农业的绿色发展。美国著名经济学家弗农·拉坦曾说过：如果不能从技术和政策机制两方面进行充分设计，农业生产的可持续发展将是一种充满诗意的夸夸其谈。而我国目前为止尚未建立有针对性的农业绿色发展支持体系，面临着如何整合和创新农业支持政策，为农业绿色发展提供政策支持的问题。

本书的研究目的在于通过对欧盟与美国两大经济体农业绿色发展支持政策基于历史演进和比较归纳的研究，探寻农业支持政策绿色转型的共性规律，总结农业绿色发展转型中的支持政策选择逻辑，分析不同类型政策在促进农业绿色发展中的作用机理，提高政策的针对性和实施效率。为如何完善我国农业绿色发展支持政策体系以及如何提高政策效能等方面的问题提供经验借鉴。

1.3.2　研究意义

政策本身不能增加农业资源，但是可以改变生产要素的配置，从而影响农业发展的方向、速度和效率。世界农业发展演进过程中欧盟和美国均转向农业的绿色发展，其背后存在政策转型的现实依据和理论逻辑。探究农业绿色发展支持政策生发、演化、转型的内在机理，归纳农业绿色发展支持政策的演化逻辑，优化农业绿色发展支持政策工具的选择具有重要的理论与现实意义。具体而言，本书研究的意义主要有以下几个方面：

（1）有利于归纳和提炼农业绿色发展支持政策演进的内在机理，探明欧盟与美国农业绿色发展支持政策转型的历史逻辑、理论逻辑与实践逻辑，丰富比较政策学方法论和农业政策学理论。从时间的纵向维度来看，农业政策的基本形式和发展模式随着经济发展的阶段不同而调整，其背后有政策实施的历史条件和内在根源。本书通过欧盟与美国农业绿色发展支持政策演进阶段分析、演进特点总结、演进规律归纳，对农业绿色发展支持政策演进的历史逻辑与理论逻辑予以探讨，并通过对农业绿色发展支持政策制定的逻辑起点的分析，为农业绿色发展支持政策的制定提供思路，为农业绿色支持政策的国际比较提供分析框架。这种构建跨国空间中的横向比较、本国内纵向比较以及多维度比较的政策图景[①]，丰富了比较政策学的分析方法论和农业政策学政策转型理论。

（2）有利于比较不同类型政策在实施环境、实施机制、实施效果方

---

① Carney. Negotiating Policy in an age of Globalization：Exploring Education “Policyscapes” in Denmark，Nepal，and China. Comparative Education Review，2009，53（1）：63－88.

面的差异，剖析不同类型支持政策的实施成本、实施效率，为我国农业转型期绿色发展支持政策体系的完善、政策工具优化提供借鉴。目前我国处于农业发展转型阶段，面临由增产导向向提质增效导向转变，迫切需要通过构建完善的农业支持政策体系推动农业绿色发展。通过聚焦国家现代农业绿色发展的战略需求和世界农业绿色发展动态，本书服务于国家重大战略需求和农业主战场，构建农业绿色发展支持体系。一方面，本书通过对典型经济体农业绿色发展支持政策工具及政策制定的影响因素分析，结合我国基本国情，可对构建适合本国国情的支持体系提供借鉴意义；另一方面，通过对典型经济体农业绿色发展支持政策工具比较分析，优化我国农业绿色发展过程中的政策工具选择，提高政策效率。

（3）梳理主要贸易伙伴农业支持政策转型调整的路径与支持水平，厘清主要贸易伙伴重点支持领域和支持工具，可以为我国参与农业多边贸易规则及相关谈判提供参考价值。面对国际约束的加强和与国内支持政策有关的贸易争端的频发，本书通过对主要贸易伙伴农业绿色发展支持政策及结构的分析可为我国参与多边谈判应对贸易争端提供思路，也可通过研究对象支持政策的转型规律研究，为我国国内支持政策转型以适应多边贸易规则提供借鉴。

1.4 研究对象与内容

1.4.1 研究对象

研究对象的选取是本书的基础和关键。由于本书的主要目的是通过对国际上农业绿色发展过程中支持政策的演进规律以及政策运用的归纳总结，以期对我国农业绿色发展支持政策体系的构建提供借鉴，因此，研究对象需要具有可借鉴性、代表性、转型特征明显等特征。选择欧盟与美国作为研究对象，主要理由有以下几点：

首先，欧盟与美国作为我国农产品贸易的主要伙伴，其农业支持政策的选择研究对我国更具有战略意义。美国是我国主要的农产品贸易国，主要进口油籽、高粱，主要的出口农产品包括水、海产品、蔬菜、水果及干果等。中国与欧盟是主要的农产品贸易伙伴，欧盟出口到中国的农产品占总出口的10%左右，位居第三，源自中国进口占农产品进口4.3%左右，位居第五。同时，欧盟也是我国农产品进口的主要来源地，占到进口总额的8%，位居第二。国内农业支持政策的调整与选择将通过成本与价格以及质量等传导机制影响农产品的竞争力，进而将影响双边贸易格局。因此，作为我国农产品贸易的主要贸易伙伴，我们应更深入地了解其农业支持政策。

其次，农业市场化改革进程中欧盟与美国丰富的经验积累，为我国支持政策转型可提供大量借鉴。美国自20世纪30年代、欧盟自1960年《罗马条约》就已经建立了农业支持体系，经过多年的发展和完善，两大经济体农业支持政策演化历经数个阶段，发展了完备的农业支持体系。丰富的政策工具，大大提升了两大经济体的农业竞争力。对国际上完善的农业支持体系进行分析借鉴，结合农业自身发展规律，有助于指引我国农业支持发展方向。目前，我国支农体系存在行政干预过多、市场化不足问题，欧盟与美国的相关做法与成功经验，可以予以借鉴。

再次，欧盟与美国均具有明显的支持政策转箱特征，其农业支持政策的演进研究对我国目前农业支持政策转型具有重要意义。欧盟黄箱从1995年的500.26亿欧元降至2017年的69.3亿欧元，减少了86.15%；绿箱从1995年的188亿欧元增加到2017年的658.46亿欧元，增长了250%。类似的，美国"绿箱"支出占支持总量的比重从1995年的75.8%逐渐上升到2015年的96.9%。与1995年相比，"黄箱"支持无论是从支持量还是所占份额上都呈现下降趋势，2015年占比仅为3.1%。总体而言，两大经济体在农业支持政策演进过程中均存在明显的黄转绿特征，尤其欧盟通过限产类支持等蓝箱政策作为过渡，将大部分黄箱支持转向绿箱支持。目前，我国黄箱增长空间受限，部分特定产品存在支持超限的情况，如棉花支持总量就已经遭到美国棉花协会的质疑。因此，对欧盟与美国农业支持政策演进分析，可把握其政策发展阶段性特征以及对具体政策工具的选择，为我国农业支持政策的黄转绿提供借鉴意义。

最后，欧盟与美国在农业绿色发展支持政策选择上具有差异性和代表性，是选择欧盟与美国作为研究对象的主要原因。

欧盟与美国在自然禀赋、政治体系、文化等各方面虽然存在较大差异，但是从农业作为一个产业发展的角度来看，总会有一些发展规律是共性的、可循的。农业发展既受资源禀赋约束，也依赖国家的政策选择。尤其当农业发展到市场竞争主导的阶段时，政策选择对农业的影响要远远大于资源禀赋的影响[①]。政策认知、政策设计、政策执行的差异往往成为农业发展中的关键因素。例如，通过文献的梳理和相关理论的整理可知，基于农业多功能性的不同理解，非贸易关注集团（NTC，欧盟、日本、韩国等）对非贸易关注问题十分重视，认为应将提高环境保护、保证食品安全、改进动物福利、保持乡村平衡发展等方面的措施纳入绿箱政策而免于削减；而美国及凯恩斯集团则认为虽然农业具有多功能性，粮食安全、资源保持、环境保护、农村发展也是较为重要的问题，但是这些目标可以通过非贸易扭曲的手段得以实现，反对将非贸易关注问题作为国内支持和农业保护的依据。这种认识上的差异使得两大经济体在政策选择上存在较大差异。

如何在农业生产过程中减少人类活动对自然环境的负面影响，或增加对自然环境的正面影响是各国面临的农业发展共性问题。欧盟与美国均选择通过农业补贴的方式促进环境问题的改善，但在政策选择上侧重点不同，政策设计也存在较大差异，具有可比性[②]。

综上所述，立足于研究对象农业政策的转型性、农业政策的代表性与可比性以及对中国的战略意义，本书最终选取欧盟[③]与美国作为研究对象。不可否认，从资源禀赋相似性等角度日韩或许对我国农业政策转型研究也有很大的借鉴意义，但是从农产品生产与贸易的体量以及农业发展阶段角度来看，欧盟与美国农业的发展以及农业政策的转型路径对我们的借鉴意义更大。研究两大经济体农业绿色发展支持政策在演进和政策工具选择上的共性与差异，将有利于国际农业转型规律的归纳，并对我国农业绿色支持政策体系的构建提供借鉴。

① 翟雪玲．中美农业支持比较研究［D］．中国农业大学，2004.

② 程宇光．论农业补贴的农村环境保护功能——以欧美农业补贴制度的比较为视角［J］．河北法学，2010，28（8）：171－178.

③ 自1957年法国、德国、意大利、荷兰、比利时和卢森堡签订《罗马条约》，到2013年克罗地亚加入，欧盟从早期的6个成员国增至28个成员国。本书对欧盟农业发展及政策演进分析中，特定历史阶段的欧盟以当时所包含的成员国为研究对象。

1.4.2 研究内容

本书以产业经济学、比较经济学、世界经济相关理论作为支撑，以欧盟与美国农业绿色发展支持政策为研究对象，通过横向的相同比较，寻找农业转型中的共性规律和可供借鉴之处；通过横向的相异比较，把握各国农业政策特征及差异化原因；通过纵向对演变过程进行比较，归纳政策转型调整的逻辑起点；通过对中国农业绿色发展问题的分析以期利用国际经验助力我国农业支持政策体系转型。

主要研究内容包括：

对相关概念进行界定并阐述本书依据的相关理论。首先对本书涉及的相关概念作出界定和说明。按照农业绿色发展——农业支持政策——农业绿色发展支持政策的脉络对农业绿色支持政策作出界定。然后对支撑本书的相关理论进行梳理，包括两山理论、农业可持续发展理论、农业多功能性理论、市场失灵理论、演化博弈论以及政策选择理论等，并对 WTO 农业政策评估和 OECD 农业政策评估方法进行比较分析，为后面章节的研究提供理论依据和方法指导。

基于 OECD 农业绿色发展评估方法的农业支持政策演进逻辑。利用 OECD 农业政策评估方法中投入限制政策标签构建农业支持政策分析框架，对农业支持政策从潜在环境影响角度进行分类，划分潜在环境危害最大、潜在环境危害较小、具有一定潜在环境效益、具有最大环境效益的政策组别。同时对研究对象各类政策支持水平及政策组别演进进行分析，进一步分析各组别主要政策工具，以期寻找农业支持政策转型规律和政策工具运用重点。

欧盟、美国农业绿色发展支持政策演进逻辑与政策选择。农业支持政策的出台并非孤立事件，因此对农业绿色发展支持政策的研究也应以历史演进的视角结合制定背景进行研究。利用历史分析法梳理欧盟与美国农业绿色发展支持政策的演进脉络，厘清其演进特征、主要的支持政策工具以及资金管理与政策监管等，以期全面系统呈现欧盟与美国农业绿色发展支持政策演进逻辑与政策工具选择。

欧盟、美国农业绿色发展支持政策比较研究。基于比较的视角对两大经济体农业绿色发展支持政策从政策背景、目标、支持范围、运行机制、支持效果角度进行对比分析，并对两大经济体的演进机制与政策选择方面的共性规律和差异性特征进行归纳总结。

欧盟、美国农业绿色发展支持政策选择差异的理论与现实解释。基于演化博弈分析对欧盟与美国政策演进差异从两级政府动态博弈角度进行分析。通过构建成本收益分析框架，对成本曲线不确定条件下政府对不同政策工具的选择进行理论解释，并结合欧盟与美国政策演进背景等内容对两大经济体政策选择差异给出现实解释，在此基础上探究欧盟与美国农业绿色发展支持政策经验启示。

中国农业绿色发展支持政策问题与借鉴可行性分析。通过对中国农业绿色发展支持政策演进和政策架构的梳理，分析研究中国农业绿色发展支持政策存在的问题以及基于中国现实情况借鉴国外经验的可行性。

改革建议。针对我国目前农业绿色发展支持政策存在的问题，基于比较研究国外的经验启示，为如何提高我国农业绿色发展支持政策的政策效能，促进农业绿色发展提出改革建议。

1.5　研究方法和技术路线

1.5.1　研究方法

总体而言，一方面，本书通过 OECD 农业政策数据库数据获得研究对象的政策数据，进行政策的转型评估和支持水平衡量；另一方面通过欧盟与美国农业部官方网站获得一手政策资料并进行整理，对两大经济体农业绿色发展支持政策演进和政策选择进行比较分析。具体来看，用到的研究方法有以下几种：

(1) 由 OECD 农业政策评估方法及投入限制政策标签发展的农业绿色支持政策评估方法。在对研究对象农业支持政策演进过程中的支持结构和支持水平调整及政策工具类型选择中采用 OECD 农业政策评估方法，并结合该方法发展的投入限制标签对政策演进进行评估分析，以期对研究对象的政策演进规律进行总结归纳。因为投入限制政策标签可以从政策的潜在环境影响大小角度对政策进行分析，因此，本书也将该方法界定为农业绿色支持政策评估方法。

（2）产业经济学SCP分析范式。产业经济学中“结构—行为—绩效”分析范式，简称为SCP范式。企业在市场中的行为（C）由市场结构（S）决定，而市场运行的经济绩效（P）又由企业行为决定。类似的，农业支持政策的出台和修订也遵循类似市场结构、市场行为和市场绩效的逻辑线索（谷征，2015）。从演进角度对政策的研究中，将市场结构、市场行为、市场绩效发展为政策背景、政策路径选择和效果评价。本书即按政策背景及演进（主要分析农业绿色发展支持政策的背景及演进过程）——政策路径选择（主要分析政策目标，关注领域，以及政策工具）——政策绩效（主要分析政策实施后有机农业、肥料使用、杀虫剂使用、种养模式等指标变化）的分析思路对两大经济体农业绿色发展支持政策进行系统分析。

（3）比较分析法。比较经济学认为政府调控资源是稀缺的，因此在面临资源稀缺的情况下应对机制的不同以及政策差异作为比较分析的研究对象。本书中对研究对象农业绿色发展支持政策进行横向比较分析，具体分析在政策目标、运作机制、资金水平、支持效果等方面的共性与差异，并通过比较分析对研究对象制定政策中的影响因素进行归纳总结。同时，通过历史节点，对欧盟和美国的农业绿色支持政策进行纵向比较，寻找其演进规律。

（4）演化经济学的历史分析法。演化经济学作为现代西方经济学的一门新兴学科，通过动态、演化的视角分析经济现象及其规律，以典型化事实为基础进行理论建构和制定经济政策时必须考虑特定历史地理条件，将社会事件及其规律置于事物发展的历史脉络和空间限制中（贾根良，2010）。在本书中将研究对象放在历史发展的背景下，对于研究对象的农业绿色发展支持政策的历史演进通过重要历史节点划分不同阶段，详细分析各阶段支持政策的制定背景、实施工具、调整趋势，结合历史背景，并对产生差异的原因进行分析。

（5）文本分析法。由于农业绿色支持政策具有涵盖范围广、政策类型多、非量化等特征，中国农业绿色发展支持政策的分析通过内容分析法，利用词频统计、社会语义网络分析等，对所搜集的相关政策内容进行分析，以避免纯定性分析的主观性和不确定性，深入分析中国农业绿色发展支持政策的演进过程和关注重点的变化。

1.5.2　技术路线

见图 1－1。

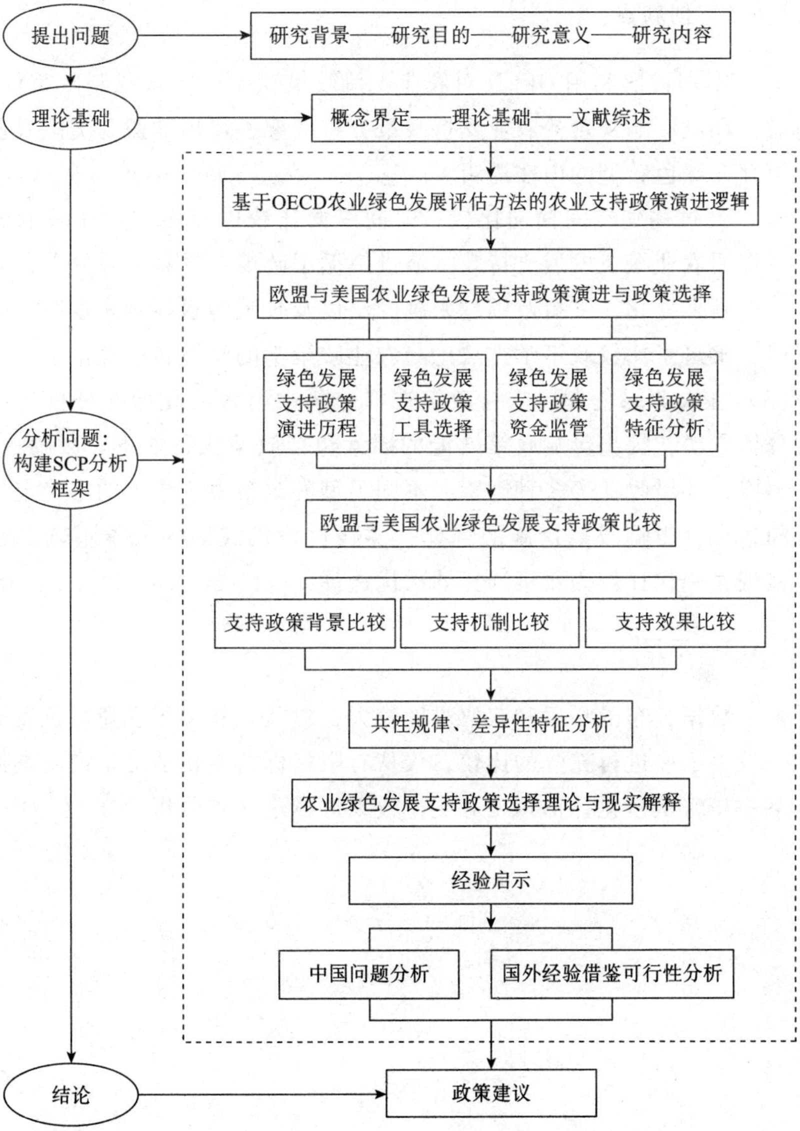

图 1－1　技术路线图

1.6 创新点与不足

1.6.1 创新点

（1）本书首次利用 OECD 对农业支持政策赋予的投入限制政策标签，构建潜在环境影响视角的农业支持政策分析框架，得出欧盟与美国农业支持政策存在绿色转型的内在逻辑。

（2）通过构建空间横向比较、时间纵向比较以及多维度比较的分析框架，探明农业绿色发展支持政策演进遵循了政策背景越来越复杂，支持手段越来越多样化，支持范围越来越广泛以及政策的目标越来越综合的演进规律，丰富了比较政策学方法论与农业政策学的政策转型理论。

（3）在农业绿色发展支持政策选择分析中引入演化博弈分析与成本收益分析方法，提出影响政策效能的因素包括政策执行成本、激励程度、惩罚力度、环境收益等多种因素，不同类型的政策由于成本的不确定性程度不同，也会影响政策措施的选择。实践付费模式因为成本不确定性更低，在现实中往往作为政策选择的次优选择。

1.6.2 不足

由于数据公布的滞后和获取难度较大，对欧盟和美国农业绿色发展支持政策效果未能进行充分的比较，仅从有限指标的变化情况来说明支持效果，下一步将从量化评估角度对支持效果进行进一步分析。

第 2 章　理论基础与文献述评

2.1　相关概念

2.1.1　农业绿色发展

发展作为一个哲学概念，是指事物不断前进的过程，是一个不断运动变化的过程。绿色发展重点在于发展方式的绿色化，是一种以生态环境容量和资源承载能力为约束条件，将环境保护作为可持续发展重要基础的现实可行发展模式。因此，农业绿色发展是以可持续发展理论为指导原则，以绿色技术为基础，尊重自然规律和经济规律，推动人类社会和经济全面、协调、可持续发展的农业发展模式。由以上概念阐述可看出，农业绿色发展并不像传统农业发展模式仅仅关注经济效益，也不是只考虑生态效益，而是兼顾经济效益、生态效益和社会效益，是以可持续发展理论为指导的，现实可行的农业发展模式。即农业绿色发展是一种以生态经济协调发展为核心的可持续农业的发展模式，具有生态可持续、经济可持续、社会可持续的特征。

随着农业生态文明建设不断推进，中国对农业绿色发展的重视程度越来越高。2016 年，我国把“农业绿色发展”首次写入“中央一号文件”，指明了我国现代农业的绿色转型路径①。2017 年 7 月，印发的《关于创新

① 党国英. 农业绿色创新政策量化与经济效应——基于 1992—2017 年政策数据的研究[J]. 新疆农垦经济，2018（10）.

体制机制推进农业绿色发展的意见》，将农业绿色发展作为加快农业现代化、促进农业可持续发展的重大举措。2017 年 10 月，党的十九大报告将推进绿色发展作为乡村振兴的重要内容之一。农业绿色发展成为我国当前乃至未来较长一段时间农业的重点工作内容①。目前，我国农业绿色发展所关注的主要问题包括产前的投入品绿色化、生产环节绿色化、消费绿色化以及废弃物处理的绿色化几个环节，涉及水气土安全、健康、生态涵养；生产绿色、优质安全、资源高效利用的农产品以及消费的绿色、营养和健康等问题（见图 2－1）。同样，本书所界定的农业绿色发展也是从我国的农业绿色发展关注问题着手，着眼于产前的投入，产中的生产和产后的废弃物处理对生态环境的影响，以此为概念界定的边界，从产前——产中——产后对农业绿色发展支持政策进行研究。

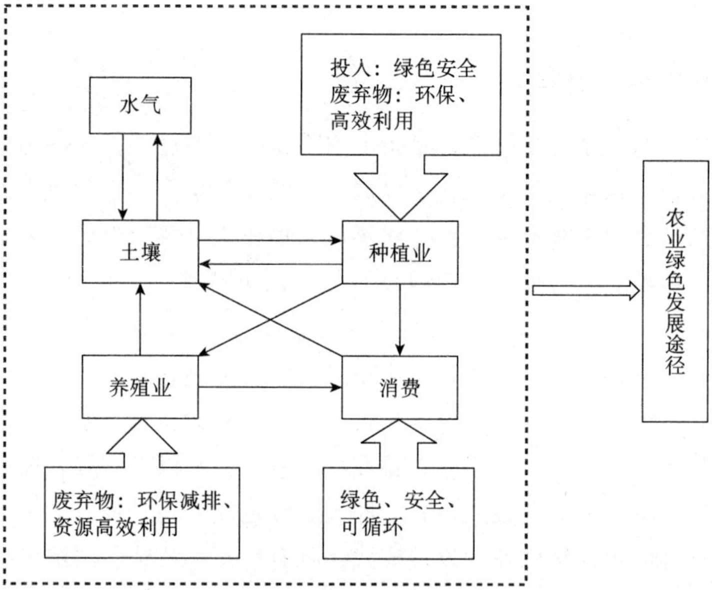

图 2－1　农业绿色发展途径

综上所述，从发展方式来看，农业绿色发展方式是一种涉及产业结构

① 徐雪高，郑微微．农业绿色发展制度机制创新：浙江实践［J］．江苏农业科学，2018（16）．

和生产方式调整的可持续发展模式，不仅可以"养活世界"[①]，还可保护生物与资源的多样性[②]。目前在我国无论学术界还是政策界均达成共识，随着资源环境日趋紧张，农业支持政策调整已经成为必然（周应恒，2017）。国家正试图通过发动各方面的政策力量以推动农业绿色创新能力的快速提升（党国英，2018）。

2.1.2　农业支持政策

政策包含两个基本内容：目标（意愿）、任务（步骤）。简而言之，政策就是在一定时间内组织通过一定的任务（步骤）来实现某种目标（意愿）的陈述。政策回答了"要什么、怎么干"两个基本问题。政策作为政府部门实施的具有很强计划性的管理活动，由政策背景、政策目标、政策设计、政策实施条件和政策实施手段构成一个严密的逻辑体系（见图 2－2）。公共政策作为政府保护和满足部分利益集团利益需求的手段和工具，调整各方面利益关系，形成新的利益结构，因此从这个意义上讲，公共政策是政府对社会利益的权威性分配[③]。

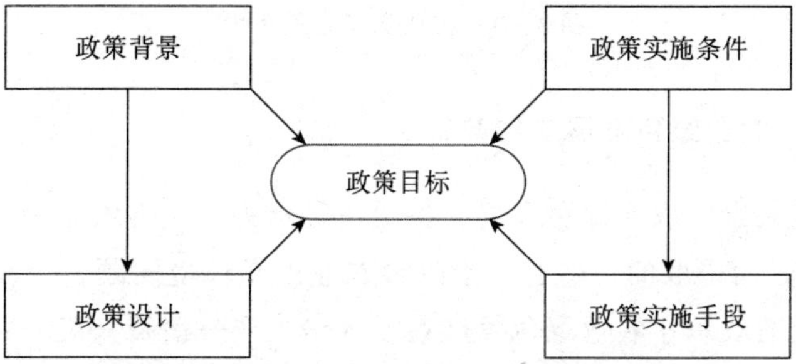

图 2－2　政策体系及其逻辑联系

广义的农业支持政策是指为了实现既定的农业发展目标，采取一系列

① Horings L G, Marsden T K. Towards the real Green Revolution?: Exploring the conceptual dimensions of a new ecological modernisation of agriculture that could "feed the world" [J]. Global Environmental Change, 2011, 21 (2): 441－452.

② Parviz Koohafkan, Miguel A. Altieri, Eric Holt Gimenez. Green Agriculture: Foundations for biodiverse, resilient and productive agricultural systems [J]. International Journal of Agricultural Susatainability, 2012, 10 (1): 61－75.

③ 陈庆云. 公共政策分析 [M]. 北京：北京大学出版社，2011.

包括经济、行政法规等措施在内的支持手段，为其发展提供经济支持或法律支持。狭义的农业支持政策主要是指通过财税、金融、贸易等经济手段实现既定的农业发展目标。财税手段包括投资、补贴、税收减免等，金融保险类措施则有优惠信贷、保费补贴等措施，贸易措施则以鼓励出口和限制进口的边境措施为主（见图 2-3）。

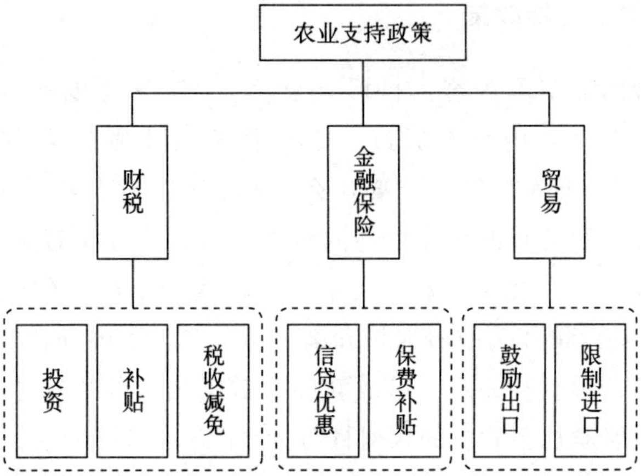

图 2-3 农业支持政策手段

2.1.3 农业绿色发展支持政策

广义上来讲，农业绿色发展支持政策是指为了实现农业绿色发展的目标（意愿），而采取的一些有利于改善农业生态环境问题，旨在促进农业可持续发展的政策。农业绿色发展在投入—生产—消费—废弃物的处理各环节均与农业生态环境改善紧密相连，这也是我国农业绿色发展中重点关注领域。因此，本书政策支持的重点也聚焦在如何减少对环境有害的投入、清洁生产、资源高效利用、消费安全、减少废弃物及废弃物综合回收利用等方面。政策措施既包括规范性法律法规，也包括采取的财政、金融等经济手段以及技术手段。本书对农业绿色发展支持政策研究范围主要界定为以农业绿色发展为目标的各类财政支持政策及相关法律法规，尤其关注农业全产业链各环节与生态环境、资源利用有关的绿色支持政策。同时由于农业绿色发展离不开技术支撑，因此也将技术支持方面政策纳入研究范畴。

2.2　理论基础

对农业绿色发展提供政策支持的理论主要有农业可持续发展理论、农业多功能理论、市场失灵理论以及习近平的两山理论。一般认为，农业的可持续发展兼顾生态、社会等非商品属性功能，带有公共物品属性，单纯发挥市场作用会出现市场失灵，因此对于农业绿色发展利用政府有形之手的干预尤为重要。尤其在目前我国面临资源约束与环境恶化问题的紧要形势下，两山理论为如何正确处理经济发展与生态环境保护问题给出了基本指导原则，为发展方式的转变指明了路径。政策的演进与选择过程涉及多方利益的协调，其实质是利益集团间的动态博弈过程。因此，本书利用演化博弈理论对中央政府和地方政府政策执行过程中的演化博弈进行分析，用于解释政策演进和选择中的主要影响因素和差异化原因。通过构建成本不确定条件下的成本收益分析框架对不同政策类型选择进行分析，解释政策选择的演进路径。现实中，主要是采取财政补贴的方式支持农业的绿色发展，因此，本部分也包含对补贴理论的分析。

2.2.1　两山理论

习近平在浙江省担任省委书记期间在安吉县考察工作时首次提出两山理论，2006 年在浙江日报发表文章，阐述了两座山之间的辩证统一关系。所谓金山银山指的是社会生产的经济效益，绿水青山则是社会生产的生态效益。两山关系分为三个阶段，第一个阶段一味向自然索取，较少考虑环境承载能力，属于用绿水青山换取金山银山阶段。第二个阶段是开始意识到环境是生存发展的根本，既要金山银山，也要保住绿水青山。第三个阶段则认为保护绿水青山可以带来金山银山，绿水青山就是金山银山。通过这三个阶段，经济增长方式得以不断转变，发展观念得以不断进步，人与自然关系也得以不断趋向和谐。经过十几年的不断发展完善，两山理论形成完整的理论体系，首先，两山理论蕴含的是一种绿色发展观，要以发展与保护为主线，努力在发展经济的同时保护好生态环境，实现经济发展与生态环境保护的双赢。其次，两山理论蕴含着一种绿色幸福观，即良好的生存环境和生态产品是新阶段人民幸福的关键，是增进人民福祉的基本要素；另外两山理论也是一种绿色财富观，自然资源、生态环境也是财富，而且是更具基础性和本源性的财富。总之两山理论的阐述充分肯定了生态环境资源对生产力的不可替代作用，指明了发展方式转变的路径，是对经济发展与环境保护辩证关系的科学阐释。

2.2.2 农业多功能性

“农业多功能性”概念首先由日本在20世纪80年代末90年代初基于保护“稻米文化”的需要提出，随后在韩国、欧盟等国家和地区得到广泛认同并予以足够的重视。1992年联合国环境与发展大会的《21世纪议程》提出“基于农业多功能性考虑的农业政策、规划和综合计划”，此后，世界粮食首脑会议、经济合作发展组织（OECD）、联合国粮农组织（Food and Agriculture Organization of the United Nations，FAO）等国际组织相继对农业的多功能性予以了关注，并倡导农业应从单一功能向多功能转变[①]。我国对农业多功能性的研究始于2000年，而农业多功能性在政策层面受到关注则是2007年“中央一号文件”，其中提出“开发农业多种功能”，表明我国对农业问题的关注从单纯的粮食生产向多功能领域延伸。

（1）OECD对农业多功能性的界定

OECD 1998年农业部长委员会宣言中指出除了基本的提供食物和纤维的功能外，当农业还具备一个或多个功能时，那么农业就是多功能的。OECD认为，农业之所以存在多功能性是因为联合产出，即农业既生产粮食等具有商品属性的产出，也提供土地保护、对可更新的自然资源的可持续管理、保护生物多样性等环境利益，同时也有利于农村地区的社会经济生存。而这些产出是非商品性的，且由于非商品性产出使得农业所产生的价值远远大于农产品价值。

（2）FAO对农业多功能的界定

FAO比较注重从实证角度界定农业多功能性，将其称为“农业和土地的多功能特征”（The Multifunctional Character of Agriculture and Land，MF-

① 舒银燕．国内农业多功能性研究文献综述［J］．传播与版权，2014（2）．

CAL）。FAO 在界定 MFCAL 时遵循了四个基本原则：在更广阔的视角下考察农业对社会的贡献；建立评估框架以评估农业多功能性与土地使用间的关系；以不同的范围和层次考量城市与农村之间的动态关系；全球背景下对不同类型国家进行考量，既包括农业为主的国家，也包括农业占比较小的国家。据此，联合国粮农组织界定了农业多功能性的四个基本特征：包括正外部性和负外部性的环境外部性；食品安全；影响经济系统稳定的经济功能；维持农村社区和农业文化存续的社会功能。

（3）WTO 框架下对农业多功能的理解

2000 年启动的新一轮农业谈判中一个重要议题即为非贸易关注。《乌拉圭回合农业协议》（Uruguay Round Agreement on Agriculture，URAA）序言中明确提出："……并考虑到非贸易关注，包括粮食安全和环境保护的需要，以及发展中成员的特殊与差别待遇是谈判不可或缺的组成部分这一共识……"。2004 年 7 月达成的《农业框架协议》再次重申了"非贸易关注问题将在谈判中得以考虑"。该理论成为一些成员继续维持高补贴、进行农业保护的重要理论依据。非贸易关注是指那些与个人、国家利益有关的，但是与 WTO 自由贸易基本原则相冲突的问题，其中比较突出的是农业多功能性对贸易福利的影响①。在农业多功能性问题上各国持有不同态度，也因此使之成为贸易自由化和农业保护主义争论的焦点之一。尤其是在 WTO 框架下，关于农业多功能性的争端反映了农业出口国和农业补贴国两大集团的利益之争。2000 年 7 月组成的非贸易关注集团（Group of Non - trade Concerns，NTC 集团）包括欧盟、日本、韩国、瑞士、挪威等，支持农业的多功能性。NTC 集团认为，农业具有粮食安全、乡村发展及环境保育、生物多样性、农村景观及历史文化等多样化功能，因此有必要给予农业适度保护；美国和凯恩斯集团国家则认为，人类活动都具有多重功能，"农业多功能性"这一新概念仅是成为反对贸易自由化的借口和工具，并没有任何理论指导和实践意义。美国强调应以不扭曲贸易的方式来解决农业所带来的多重影响问题。凯恩斯集团也认为，不应仅关注非贸易

① 王军杰 . WTO 框架下农业国内支持法律制度研究［M］. 北京：法律出版社，2012：98 - 99.

目标，更应关注采取哪些政策可以最好地实现这些目标，政策不应扭曲贸易[①]。

国内学者认为，农业多功能性内涵的理解与各国的农业生产条件、社会文化经济等情况有关。吕耀（2004）从农业的食物安全功能、环境功能、社会功能、经济功能和文化功能角度论述农业的多功能性；尹成杰（2007）则认为现代农业的多功能性包括食品保障功能、原料供给功能、市场功能、就业增收功能和劳动力输出功能等五大功能；罗芳（2008）则从农业的商品产出功能和非商品功能角度进行了说明，这些功能大多是通过市场交易无法获得的公益性价值，因此需要政府对农业提供支持和补贴政策[②]。

多功能性理论为环境保护和农业可持续发展政策结合奠定了理论基础，为实现农业的多元价值提供了现实空间和制度空间。在这种理论框架下，农业生产与环境保护目标结合，不再单单具有粮食生产功能。农业多功能性的理念，进一步拓展农业支持政策的内涵，使得农业支持政策目标多元化[③]。我国在农业转型期，将视角转向农业所带来的生态、景观、传承历史文化等多元化价值，需要以多功能理念为基础进行农业支持政策的调整。

2.2.3 农业可持续发展理论

1972 年的人类环境与发展会议的召开，体现了人类对可持续发展的关注，认为环境与发展之间有着密切联系，环境的保护与改善成为影响人类的福祉与经济的发展的重要问题。1980 年《世界自然保护战略》首次提到“可持续发展”概念，并提出“可持续发展强调人类利用生物圈的管理，使生物圈既能满足当代人的最大持续利益，又能保护后代人需求与欲望的潜力”。1987 年世界环境与发展委员会将可持续发展界定为“既满足当代人的需要，又不对后代人满足其需要的能力构成危害的发展”，并构建了可持续发展理论与战略的基本框架，这也成为国际组织和各国政府

① 肖爱清．国际组织对农业多功能性界定的比较研究［J］．淮南师范学院学报，2008（3）．

② 程国强．中国农业补贴：制度设计与政策选择［M］．北京：中国发展出版社，2011.8.

③ 王哲．基于农业支持视角的中国农业环境政策研究［D］．中国农业科学院，2013.

制定社会经济发展计划的指南。《1992 年世界发展报告》中，世界银行将可持续发展内涵明确为“把发展与环境政策建立在审慎的宏观经济分析与成本效益相比较的基础之上，加强环境保护工作，并以福利水平的提高和持续性为目标”。1995 年进一步发展了新的国家财富和持续发展能力评价系统，评估可持续发展水平。可持续发展理论是人类对传统增长方式理论上的深刻反思的结果，是以既要满足人类的各种需要，使个人得到充分发展，又要保护资源和生态环境，不对后代人的生存和发展构成威胁为发展目标的模式①。

从上述概念可知，可持续发展理论并不否定经济增长，但认为需要重新审视经济增长的方式和目的。经济增长应以不损害生态环境为前提，提倡资源节约，与环境承载能力相协调，改善人民生活水平。可持续发展需要兼顾公平与效率，兼顾经济、社会、文化、生态，要与社会进步相适应②。世界各国所处的发展阶段不同，发展的具体目标也会有所差异，体现以人为本和追求可持续性应该是发展的永恒主题③。

可持续农业的产生与发展是伴随可持续发展理论而来的，是可持续发展理论在农业领域的体现。农业可持续发展通过合理利用和保护资源，在不破坏环境的基础上，生产食物与纤维，满足当代人类与其后代对农产品的需求，通过农村体制改革和技术革新，促进农业和农村的全面发展。农业的可持续发展界定中既包含农业资源的可持续利用、农业经济效益的提高，也包含农业生态效益的持续改善。农业可持续发展强调以持续发展的观点来解决生存与环境问题，协调经济、生产、人口与资源、环境的关系；主张不断提高产品的数量、质量以及生产效率和经济效益的同时，能兼顾环境质量和生态平衡④。

2.2.4 市场失灵理论

在理想的竞争模型中，通过“看不见的手”得以对产品进行帕累托

① 张培刚，张建华．发展经济学［M］．北京：北京大学出版社，2009.4：13.

② 谭崇台．发展经济学概论［M］．武汉：武汉大学出版社，2008.4：293－296.

③ 吉塔·斯塔奈哈姆泽．政策借鉴与传播：构建比较政策学的核心研究领域［J］．比较教育研究，2015（4）：7－14.

④ 严力蛟等．试论绿色食品与农业可持续发展［J］．生态农业研究，1997（1）.

最优分配，每个人将得到最大化的利益分配。但是现实经济往往与理想模型假设不完全相符，进而产生市场失灵的情况。传统的市场失灵包括公共物品、外部性、自然垄断和信息不对称。这也是传统经济中公共部门干预私有经济行为的理论基础。

马歇尔（Marshall）1890年《经济学原理》中对外部性（Externality）这个概念进行了阐述，提出了“内部经济”和“外部经济”的概念。庇古此后发展了该理论，指出商品生产过程中私人成本与社会成本存在偏离，两者之差则为外部性。外部性无法通过市场机制自动消除，只能借助市场机制以外的力量予以纠正。恰当的政府干预可以有效解决外部性的内在化问题，应当用税收来调节（庇古税）。外部性的实质是社会成本和私人成本之间的偏离，导致外部成本的产生。用公式表示为：

$$SC - PC = EC$$

$$MSC - MPC = MEC$$

其中，SC为社会成本，PC为私人成本，EC为外部成本，MSC、MPC、MEC分别为边际社会成本、边际私人成本、边际外部成本。

当 $EC > 0$（或 $MEC > 0$）时，存在负外部性；$EC < 0$（或 $MEC < 0$）时，存在正外部性。环境公共物品具有消费外部性，对此类资源的消费往往不能达到帕累托最优，除非设置一些进入门槛或者规定环境承载力①。农业绿色发展的外部性属于由于生产活动所产生的正效应，市场机制无法调节，受益方（整个社会）也并无补偿生产者，因此会产生市场失灵，需要政府的积极干预②。政府干预可以将农业正外部性“内化”，政府以制度供给者、主要投资者的角色进行政策调节，可以对行为者损失进行补偿；将农业社会效益和农业经济效益差额部分重新返还农业。

2.2.5 演化博弈理论

演化经济学认为，社会经济系统是一个不可逆的历史演化过程。这一过程具有路径依赖、不确定性和时间不可逆等重要特征。演化博弈论则是

① 戴维·L. 韦默. 公共政策分析——理论与实践［M］. 北京：中国人民大学出版社，2013.1.

② Vernon H. J. Marshall's Scale Economies. Journal of Urban Economics, 2003.53（1）：1－28.

演化经济学分析的重要分析工具，该理论遵循有限理性假设，从演化过程考察理性生成，从数理逻辑验证演化经济学的有限理性①。

演化博弈理论主要包括两个核心概念：演化稳定策略（Evolutionary Stable Strategy，ESS）和复制者动态方程（Replicator Dynamics）。演化稳定策略用以表示演化博弈的稳定状态，复制者动态方程则描述了收敛于这一稳定状态的动态过程。该理论的基本思想为假设存在选择某一策略的大群体和产生突变的小群体，两者组成一个混合群体。若发生突变的小群体在混合群体中博弈得到的期望支付大于原群体中个体得到的期望支付，突变小群体将侵入大群体，否则不能侵入大群体，而会在演化过程中消失。如果一个群体最终能抵制任何突变小群体的侵入，则该群体就达到了一种演化稳定状态，此时的策略即为演化稳定策略。

构建的演化博弈模型以群体为研究对象，分析群体行为的动态演化过程，解释群体达到的均衡状态以及如何达到这一均衡状态。演化过程包括选择过程和突变过程，选择是一种不断学习、模仿和试错的过程，通过这一过程逐渐适应并不断改进；突变本质上也是一种选择，当群体中小部分个体选择不同于大群体策略时则会产生突变。演化博弈理论基于有限理性假设，博弈参与者通过不断尝试、学习并调整策略，这一动态演进思想更贴近于现实，被广泛地用于经济学、管理学、社会学等学科领域。农业绿色发展支持政策的制定和演进也是一个动态演进过程，这一过程中既有两级政府之间的动态演化博弈，也存在政府与农户之间的动态演化博弈。因此，本书利用演化博弈理论对中央政府与地方政府在政策制定和实施中的动态博弈进行分析，以此对欧盟与美国政策演进与选择差异给出理论解释。

2.2.6　政策选择理论

20 世纪 50 年代公共选择学派将经济学的工具和研究方法运用到政治领域，将政治过程等同于经济市场，政治活动中的人也遵循“经济人”的行为假设，用以分析政策选择和决策过程。公共政策选择受多种因素的

① 贾根良．演化经济学的本体论假设及其实践指导价值［J］．当代财经，2010（7）：5 - 10.

影响，如利益相关者的影响、原执行政策的影响、政策本身的影响以及政策目标的设定等。

成本—收益分析是一种对政策影响效率进行评估的系统技术，也是在进行政策选择中的重要决策依据之一，而且即使涉及效率以外的价值时，成本—收益分析仍可以作为多目标政策分析的一个有用组成部分①。对于农业绿色发展支持政策的选择同样将成本—收益分析作为重要的决策依据。成本—收益分析通过对所有相关影响进行识别，并将其按照对不同群体带来的成本和收益进行分类，成本主要包括生产者遵守政策的成本、政府政策的执行成本以及公众因此带来的社会福利损失，收益包括环境收益、社会和经济收益（见图 2－4）。在此基础上的政策选择追求利润的最大化，以实现最小成本和最大收益作为目标，通过构建成本—收益模型，当边际成本等于边际收益时则实现利润的最大化。

具体到农业绿色发展支持政策决策，由于不同农业绿色发展支持政策的成本与收益很难进行量化，往往只能进行定性分析，因此，在欧盟与美国政策选择差异分析中通过成本曲线不确定情况下的成本收益分析对政策选择给出理论解释。

2.2.7 绿色补贴的经济效应分析②

补贴通过调节农业生产的外部效应，使农业生产的污染内部化，进而使得农业生产的成本与收益接近社会成本与收益，并能激发农民保护耕地的积极性。农业绿色补贴可以细分为对农业生产的正外部性提供者给予补贴和对减少农业生产负外部性的提供者给予补贴两种模式，因此分别考量这两种模式。

（1）补贴模型（Ⅰ）——补贴生产者的正外部性行为

绿色补贴方式可以激励农业生产者采取对环境生态有利的措施，也即对激励生产者的正外部性行为（见图 2－5）。

① 戴维·L. 韦默. 公共政策分析——理论与实践［M］. 北京：中国人民大学出版社，2013. 1.

② 徐晓雯. 农业环境污染问题的经济学分析——兼论农业绿色补贴效应［J］. 山东财政学院学报，2007（4）：69－73.

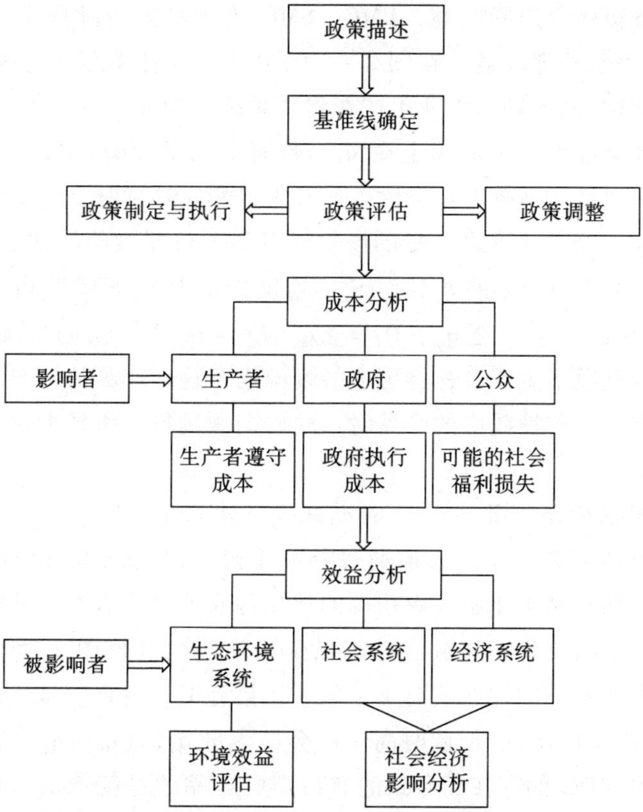

图 2-4　农业绿色发展支持政策的成本—收益分析

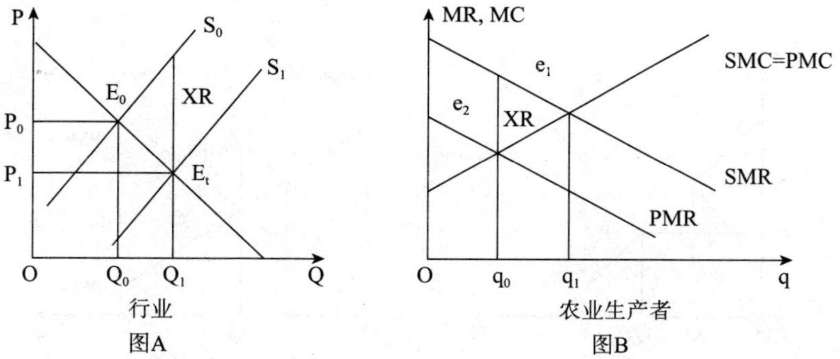

图 2-5　对增加正外部性生产者的补贴模型

图 2-5 中 P 表示市场价格，Q 表示行业的产量，q 表示单个农业生产者的产量，MR 表示边际收益，MC 表示边际成本，PMR 和 SMR 表示私

人边际收益和社会边际收益，PMC、SMC 表示私人边际成本、社会边际成本，XR 表示外部收益。在图 2－5 图 B 中，基于利润最大化动机，按照 PMR ＝PMC 的原则，农业生产者将产量确定为 q_0，而按照 SMR ＝SMC 的原则，社会最优产量应确定在 q_1。政府不加干预时，私人生产量要小于社会最优产量。当政府对个体生产者支付相应补贴时，将激励生产者提高产量至 q_1，个体生产者产量的增加使得整个行业供给增加。图 2－5 图 A 中的供给曲线由原来的 S_0 移向 S_1，均衡价格由 P_0 下降为 P_1，均衡数量由 Q_0 扩大到 Q_1。$Q_0 = \sum q_{0i}$，$Q_1 = \sum q_{1i}$（$i = 1, 2, \cdots, n$）。因此，政府的补贴行为刺激了生产者，将更多的资源用于这种产品的生产。而当这种产品是带有正外部性效应的产品时，政府的激励行为将扩大农业生产的正外部性效应。

（2）补贴模型（Ⅱ）—— 补贴减少负外部性行为

补贴模型（Ⅱ）是指政府通过补贴手段激励生产者减少负外部性产品的产出。如对减少化肥、农药等的使用的农业生产者给予补贴，可以引导生产者减少污染物的排放，也即减少负外部性（见图 2－6）。MDC 表示边际损害成本。同样在政府未采取干预措施时，生产者最优产量的确定为 q_0（PMC ＝PMR），但此时高于社会最优量 q_1，（$q_0 - q_1$）就是由于边际损害成本 MDC 的存在而导致的有污染的产品的过度产出。政府通过对农业生产者实施（$q_0 - q_1$）部分的补贴，则会使生产者减少具有外部负效应的产品生产，进而改善生态环境（见图 2－6）。

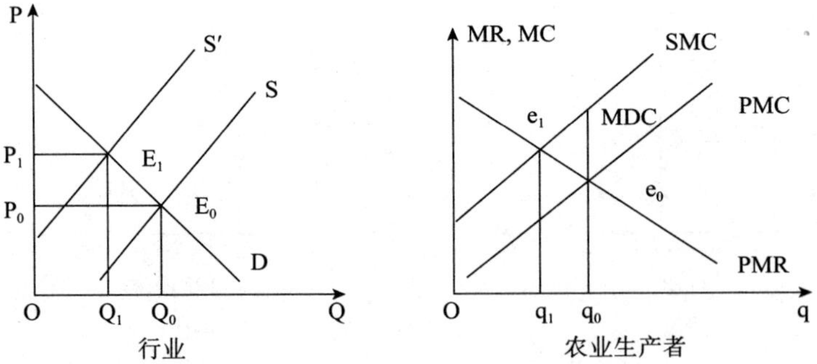

图 2－6　对减少负外部性生产者的补贴

2.3　文献述评

2.3.1　国外文献综述

国外研究成果主要集中在以下几个方面：农业绿色发展支持政策效率研究、绿色支持政策选择研究、政策创新研究、政策效果评价研究，在最新研究中倾向于将农业纳入整个生态系统进行研究，并在研究方法上越来越多地关注跨学科交叉研究。

（1）提高绿色支持政策效率研究

如何提高政策效率研究上，Jadwiga Ziolkowska（2009）研究了如何分配农业环境措施的可用预算，以最大限度地提高环境效益，并最大限度地减少因实施农业环境措施而对农民造成的潜在负面影响；Carolin Galler（2014）基于对德国威尔登县研究，开发并利用量化有效性的方法，得出开发综合管理战略有利于发挥多功能措施的协同效应的结论；Christian Troost（2015）对政策影响进行了基于案例的分析，研究利用农场级模型来分析德国西南部不同的农业人口对《德国可再生能源法》和《农业环境政策计划》设定的激励措施的反应。Alena Schmidt 等（2019）研究了交叉遵守机制对不同遵守程度的利益主体的影响，为何有些农户选择放弃交叉遵守制度下的补贴，哪些因素会对生产者选择产生影响。

（2）绿色支持政策选择研究

对政策选择的影响因素分析中，Braden and Segerson（1997）认为，经济激励政策在解决面源污染时由于其空间异质性会存在较大差异，一般会采取较为灵活的政策措施，但这也在很大程度上限制了采取统一政策的可行性。James 等（1998）建议对具有正外部性的投入实施补贴，但如果实施有关支付计划的机会成本不同，会造成统一支付率缺乏效率。Elvira Zingg（2011）对农业环境友好型生产方式选择的影响因素进行了分析。结果表明，高产潜力降低了采用环境管理实践和有机耕作的可能性，而旅游业的强势和当地居民对环境的偏好增加了这一可能性；Xavier B. Lastra - Bravo（2015）通过对 2000—2013 年期刊发表论文的定性汇总梳理与分析，找出影响农民参与农业环境措施的关键因素，选择并系统分析了影响农民参与这类计划意愿的一系列实证研究。研究揭示了参与农业环境措施的几个关键驱动因素，包括公平的支付、收入较低的家庭对农业收入的依赖、年龄和教育水平等。研究发现农业环境政策的设计不是影响其参与程度的唯一相关因素，而且影响农户和农村社区的其他政策也可以鼓励或阻止参与行为。

（3）绿色支持政策创新研究

在政策创新方面 Thilo W. Glebe（2008）分析了农业环境拍卖的成本效益，提出了由保护活动和补偿金组成的二维招标方案。文章阐述了优化成本效益的投标评分规则的条件，并测试了如果农民对最高可接受投标得分的期望与最佳水平不一致，拍卖方法的利益如何受到损害；20 世纪 90 年代初和中期，欧洲国家开始实施一些支持农业多功能性的政策，例如农业环境计划。Paul Lehmann（2009）根据这些政策的实施经验，制定了促进这些政策的新方法，提出了三种支持德国农业多功能性的创新方法：参与式和地方式发展农业环境措施的方法、农民和供水商之间的自愿合作协议以及将影响缓解原则与环境友好农业相结合。分析表明，对于本地开发的农业环境措施和自愿合作协议，一方面在更具成本效益的资源分配和更好的监控之间存在权衡；另一方面在更高的决策成本之间存在权衡，并有望在生产、决策和实施成本方面节约成本。

（4）绿色支持政策效果研究

政策实施对生产者的影响方面，Serra 等通过研究 1992 年欧共体共同农业政策脱钩化改革对农药使用的影响发现，虽然价格补贴和直接补贴的增加均会使农药用量显著增加，但价格补贴对农药用量的影响弹性比补偿性面积补贴更高，所以脱钩化改革后农药的用量下降了。Andrea Cattaneo 等（2006）提供了美国农业部保护储备计划中不同指数加权方案的环境和成本权衡的经验证据，分析了土地特征以及指数的变化如何影响生产者自愿适用的决定。政策对生态环境的影响方面，Taheripour、Khanna and Helson（2008）用一般均衡方法评估了不同政策对降低农业污染的影响。研究表明，当开放经济中存在农业直接补贴时，与环境税结合的方式可以降低氮污染，进而提高社会福利。Brady（2009）研究发现欧盟 2003 年交叉遵守政策有效的抵消了环境负效应。Riho Marja（2014）研究了 2010—2012

年，欧盟农业环境计划对成员国（爱沙尼亚）生物多样性方面的影响。研究比较了爱沙尼亚两个地区三种耕作制度下大黄蜂和鸟类的种类数量和丰度以及花的覆盖情况，并认为环境友好型管理与有机农业可以促进环境效益。

（5）研究最新发展趋势

最新研究中倾向于将农业环境保护纳入整个生态系统服务，探讨农民、私人土地拥有者以及民间社会行动者在其中所发挥的作用和参与模式。T. Rodríguez - Ortega（2018）认为，农业政策应认识到农民在向社会提供生态系统服务方面的作用，为此，农民和政策制定者都需要改进工具来设定环境目标和公平分配补贴。Claas Meyer（2016）认为，政府与民间社会行动者（Civil Society Actors，CSA）之间的合作会给农业环境措施提供创新，此外研究还演示了如何促进与民间社会行动者的合作，并提供了一些应该考虑的未来研究方向。Elizabeth S. Barron（2017）认为，传统农村生物群是受威胁的栖息地，拥有重要的生物多样性并可以提供多种生态服务。研究并探讨了私人土地拥有者在社会生态系统架构下，对传统农村生物群管理与弃置的决策的影响因素。Victoria Dietze 等（2019）认为，生态系统服务概念在科学和政策制定中得到了越来越多的考虑。然而，它在农民农业管理中的作用还没有得到充分的研究。研究以德国萨克森州的案例研究了区域内现有的农业政策工具，通过询问哪些治理工具是农民熟悉的，哪些治理工具将被农民接受，对农业环境政策的优化提出建议。

（6）研究方法

研究方法以案例分析、对比分析、定量分析为主。VonHaaren 和 Bills（2011）对纽约州农业环境措施支出与德国农业环境措施支出进行了比较。Kathy Baylis 等人（2007）对欧盟与美国农业环境措施进行了比较，认为两大经济体存在较大差距。跨学科研究方法也成为最新的研究趋势。Kathleen Bell（2011）将政治科学、经济学、统计学和地理信息系统有效结合，用于分析缅因州的土地利用偏好，说明了地理异质性和地理位置对农业环境措施选择的重要性。

2.3.2 国内文献综述

（1）文献计量分析

以中国知网为文献来源，进行文献检索。文献检索分为几个层次，按照与本书相关性依次展开。本书采用关键词索引以提高文献的针对性。首先是以农业支持政策为关键词的文献计量；其次为农业环境政策，然后以农业生态补偿、农业绿色发展以及农业绿色补贴为关键词进行搜索。

①以农业支持政策为关键词的文献计量。以农业支持政策作为关键词进行搜索得出189条索引。以时间序列表2－7列出文献可知，国内对农业支持政策的关注始于21世纪，随着国家政策对“三农”的关注，支持力度的增加，学术研究也逐渐增多。从研究内容来看，早期研究并未明确区分支持与保护，主要集中在加入WTO后支持保护政策的调整（刘鸿雁，2004；朱炳前，2004；宗义湘，2007）以及建立支持保护体系（王璨，2004；张领先，2006）。随着研究的深入，研究领域和内容开始细化。一方面集中在国外经验的分析借鉴，以欧美国家、日本韩国为主要的借鉴对象（白凌子等，2013；谭砚文，2013；李先德，2015；叶兴庆，2016；宗义湘等，2018）；另一方面，开始对支持水平进行衡量，主要通过OECD系统（宗义湘，2006；何燕华，2014；张慧琴，2016）和WTO衡量指标（朱满德，2014、2016、2017）。此外还对中国农业中的具体支持政策进行了研究，如对目标价格的研究（阎豫桂，2014）、粮价支持政策（叶兴庆，2016；李国祥，2016）、农机购置补贴（田志宏等，2012）等以及支持效果的评价（宗义湘，2006；袁祥洲，2014；陈东升，2018等）。通过对农业支持政策的梳理，许多学者结合我国目前资源环境情况，提出我国农业补贴政策存在聚焦可持续发展不足问题（彭超，2017），需将支持结构调整转向环境、生态、绿色（刘福江，2018）（见图2－7）。

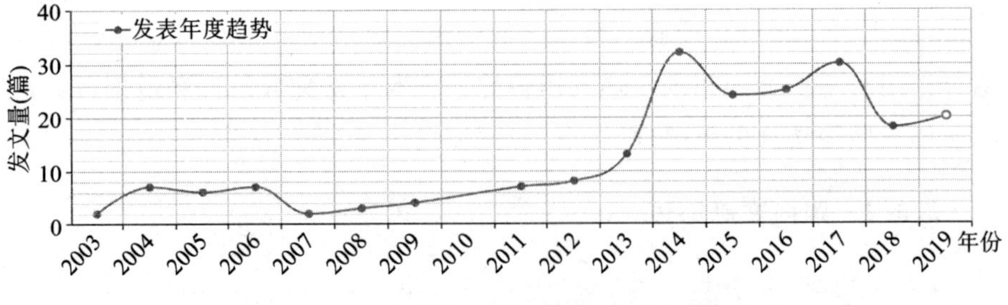

图2－7 以农业支持政策索引的中文发文量趋势

②以农业环境政策为关键词的文献计量。由于农业绿色发展其中很重要的一方面就是解决农业生产所带来的环境生态恶化问题。因此，以农业环境政策为关键词进行文献索引，得出中文文献资料 40 篇。图 2－8 显示了与农业环境政策为关键词的文献年度发表情况。同样，随着近年来对农业环境问题关注度的提高，以农业环境政策为关键词的论文发表呈增多趋势，2014 年度发表论文 6 篇。

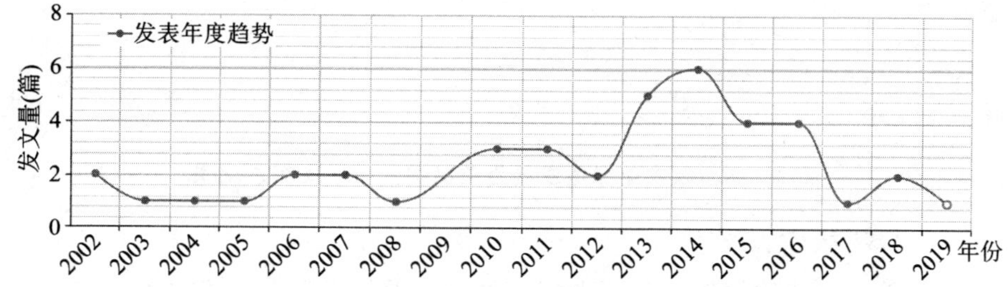

图 2－8　以农业环境政策为关键词索引的中文发文量

③以农业生态补偿为关键词的文献计量。以农业生态补偿为关键词进行索引，得出中文文献资料 161 篇。其中 2011 年、2013 年、2014 年和 2017 年保持了较高的发表数量（见图 2－9），表明近年来农业生态补偿持续成为国内学者的主要关注点。文献主要关注补偿机制的构建、补偿标准和补偿方式的确定以及补偿效益的评价，并针对生态补偿法律制度的完善进行了研究。表明我国对农业生态补偿的研究仍处于初级阶段，着力于如何构建完善的生态补偿法律制度与政策体系。

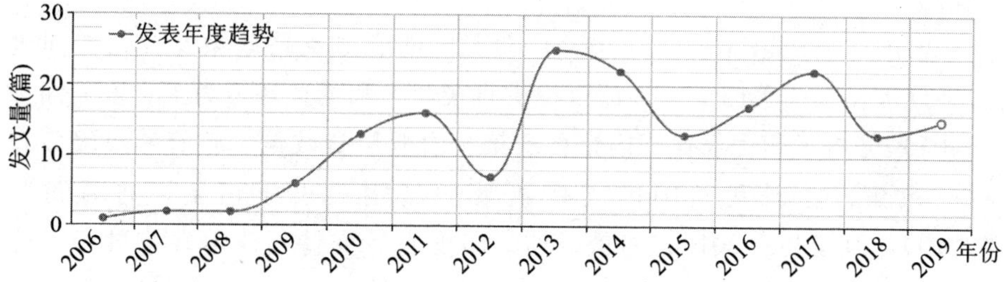

图 2－9　以农业生态补偿为关键词索引的中文发文量

④以农业绿色发展及农业绿色补贴为关键词的文献计量。对于以农业绿色发展为关键词的文献进行索引，搜索文献 35 篇（见图 2－10）。其中

2018 年相关文献占总量的 74%，而以农业绿色补贴进行文献搜索，获得 8 篇文献，且多集中在近两年时间，表明关于农业绿色发展尤其对农业绿色发展中的补贴问题研究成为近期的主要关注点。

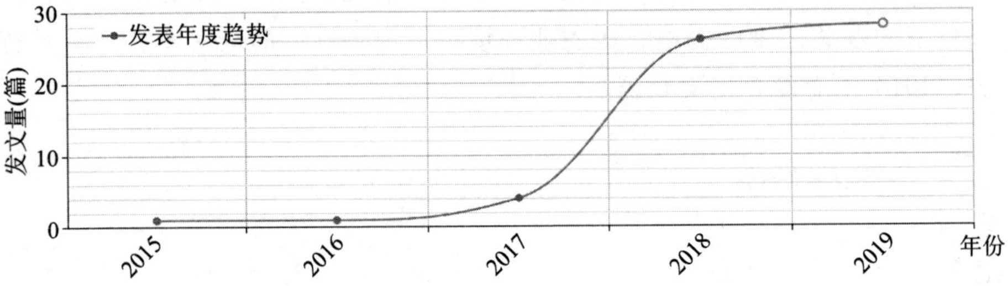

图 2－10　以农业绿色发展为关键词的中文文献发文量

（2）文献内容综述

由相关文献数量计量与演进分析可知，近年来随着国家对农业绿色发展重视程度的提高以及农业支持力度的增大，对农业绿色发展支持政策的研究逐渐从农业支持政策中分离出来，出现了针对农业绿色发展支持政策的研究。

对农业支持政策的研究较深入，研究成果较多。研究主要集中在以下几个方面：

①针对具体国家支持政策的研究。对具体国家的支持政策研究，基于比较借鉴的思想，研究主要集中在欧、美、日、韩等发达国家和地区以及与我国发展水平相近的发展中国家，将最终的落脚点均落在如何对中国提供借鉴上。

中国驻美使馆经济处（2002）对美国的农业支持政策及变化取向进行了分析，说明美国支持逐渐以提供直接收入和创造环境为主；宗义湘等（2007）分析了印度农业国内粮食政策、农业信贷政策、政府一般服务和税收政策，并对我国国内支持政策的制定提出了借鉴；刘瑞涵等（2010）、孙玉竹（2016）对俄罗斯、印度农业支持与改革政策进行了分析；李先德等（2014）对美国农业政策支持水平及改革走向进行了分析，提出美国通过实施价格和收入支持、农业保险、国内食品援助、环境保护等国内支持政策以及促进出口的农产品贸易政策形成了相对完备的农业支持政策体系；袁祥洲等（2011）对南非农业政策的支持水平及结构特征进行了分析认为虽然中国农业经济特征及补贴政策结构与南非存在较大差异，但南非由实施以商业农场为主要获益对象向实施以家庭农场和小农户为受益对象的政策转型，值得我们借鉴；朱满德等（2014）对加拿大农业支持政策改革效果进行分析并进一步总结了对中国政策改革的启示；张领先等（2016）对中美欧日韩的农业支持水平及支持结构进行了比较分析；袁祥洲等（2019）对印度农业支持政策框架及效应进行分析，提出印度应深化农业市场化改革推动国内支持由价格支持向收入补贴转变。

②利用 WTO 和 OECD 政策评估系统针对政策支持水平的评估。政策评估主要基于两大评估系统：OECD 系统与 WTO 系统。作为更为科学系统评估农业支持政策水平的评估系统，OECD 政策评估系统得到广泛应用，学者对包括中国在内的多个国家进行了政策评估和对比分析（周应恒等，2009；袁祥洲等，2011；宗义湘等，2015；张领先等，2016；张慧琴等，2016；孙玉竹等，2016；武拉平等，2018）。鲁德银等（2003）对 WTO 下中国农业支持的依据和构想展开研究；何燕华等（2014）对 WTO 视角下金砖国家农业国内支持政策进行了分析；程国强等（2015）对中国农业的黄箱政策支持水平进行了评估；田志宏等（2018）以 WTO 系统对农业国内保护水平进行了比较研究；朱满德等（2016）研究了 WTO 国内支持规则下的日本农业政策调整问题；郭丽楠等（2018）对 WTO 的国内保护水平测算指标进行了系统解析与比较，发现该指标体系缺乏灵活性且与一国实际保护水平可能相差较多，并分析了造成这一差异的原因。

③中国农业支持政策研究。加入世贸组织前后对中国农业支持政策的研究主要集中在如何改革适应世贸组织规则上。李国祥（2002）对调整我国农业国内支持政策进行了思考，提出减少价格支持，强化政府服务，建立农业收入支持体系的政策建议；钟甫宁（2003）指出，受资源禀赋制约我国农业在很长时期内都很难改变规模过小、单位成本相对过高和竞争力趋于下降的状况，因此应将有限的资金和资源集中用于支持某些优势产品，结合农业产业结构的战略性调整减少劣势产品生产，提高农产品的总体竞争力；随着我国农业发展进入新阶段，面临新的矛盾和问题，越来越多的学者将研究视角从国外转向国内，研究在中国农业支持政策的调整与转型问题。叶兴庆（2017）对中国农业发展的转折性变化进行剖析并对政策走向做出判断；朱晶（2017）提出完善农业支持保护政策应妥善

处理三个关系：农业政策多目标协调关系、政府与市场功能关系、国内外统筹关系；周应恒等（2017）以欧盟共同农业支持政策改革启示入手对中国目前农业发展困境与农业支持政策改革转型给出建议，提出以市场化为导向，由价格支持逐步向收入补贴转型，保供增收目标相分离，挂钩与脱钩补贴相结合，促进可持续发展等政策建议。

近年来针对中国农业发展转型期的支持政策研究开始涉及以支持绿色发展的视角进行研究，主要研究成果集中在以下几个方面：

A. 针对具体环境问题的政策研究。我国学者对具体环境问题的关注主要集中在面源污染问题上。陈富良（2002）从经济学角度进行了分析，认为农业面源污染存在外部性特征，危害了具有代际特征的农村环境这一公共品，而由于外部性不能通过私人交易来解决，所以政府必须发挥作用保护环境。李一花（2009）认为，调控农业面源污染必须立法先行，强化财政职能的同时，合理界定中央与地方的管辖范围，注重财政补贴手段的高效运用并辅以税收手段，才能改善我国日益严重的农业面源污染问题；韩洪云、杨增旭（2010）对农户在农业面源污染治理政策接受意愿方面以陕西眉县为例进行了实证分析，认为以提高化肥利用率为特征的技术支持政策是未来农业面源污染治理政策设计的首要选择；汪洁等（2010）对美国农业面源污染控制生态补偿机制与政策措施进行了分析，并提出重视激励促进作用，运用多种有效手段，构建监督执行机制，完善技术保障体系等对中国面源污染控制具有重要的现实意义；韦宁卫（2013）认为，我国存在面源污染控制财政投入不足，缺乏源头治理的财政政策设计等问题；林惠凤等（2015）研究认为，我国尚未建立系统性农业面源污染防治框架，建议建立流域农业面源污染控制规划制度，完善农业面源污染防治的政策框架和信息机制，加大农业面源污染防治投入力度；刘昱（2016）对中国农业生态系统的碳氮平衡模拟耦合和政策评估进行了研究；金书秦等（2018）对我国农业面源污染趋势进行了研判，认为未来面源污染排放的绝对数和占比均可能上升，对环境质量的影响将更加明显。因此要强化已有政策的落实，加大针对农业面源污染防治的财政投入。

B. 国外经验借鉴研究。舒岳（2008）对中日农业生态环境政策进行了比较分析并提出对江苏的启示等。金京淑（2010）对日本农业环境政策经验进行了分析；孙淼（2012）对欧盟农业环境政策进行了评估并提出对我国的借鉴意义；赵润等（2014）阐述了英国农业政策管理机制以及环境友好型生态补偿实践做法，并结合中国农业发展情况，分别从产业发展、农民教育、农业服务3个方面提出建议；罗福勇（2015）对欧盟农业环境政策进行了介绍；钱小平（2016）通过对日本及欧美农业环境支持政策的分析对中国支持政策提出了相应建议；王有强等（2016）对德国农业生态补偿政策进行了深入剖析并对完善我国的农业生态补偿机制，保护农业生态环境提出借鉴意义；赵玉领等（2016）以英国为例对欧盟农业环境政策主要做法及其对土地整治的启示做了分析；孙浩（2018）对美国农业环境政策进行了评估；宗义湘等（2018）基于OECD评估系统对比了欧盟与中国农业绿色发展支持政策并提出相应建议；王东阳（2018）对欧盟20世纪80—90年代有机农业政策进行了回顾与探究；栾江等（2018）在大量文献和政策资料的基础上，总结了国际农业生态服务的类型，分析了农业生态补偿政策与其他农业生态政策的特点及适用领域，并总结了国际经验对中国农业生态环境政策的启示。

C. 中国农业绿色发展支持政策研究。也有很多学者将视角转向我国农业绿色发展支持政策的研究，如曾寅初（2005）就阐述了农业环境改善政策中的费用负担规则，认为在考虑农业环境财产权的情况下，在农业环境政策中可以导入公共支付或称为生产者补偿的原则；向东梅等（2007）对农业环境政策对农户采用环境友好技术行为的影响进行了分析；梁世夫等（2008）认为，我国应有所选择地利用农业多功能理论改进农业补贴政策体系，促进我国农业农村发展，实现经济效应、社会效应和环境效应的有机统一；宋燕平等（2013）对我国农业环境政策的演变及脆弱性进行了分析；王哲（2013）从农业支持的视角对中国农业环境政策进行了研究；周娟（2014）论述了实现农业和农村可持续发展可以环境政策与农业政策一体化的视角，从农业补贴政策、农业结构调整政策和项目制三个层面具体操作；梁丹、金书秦（2015）对农业生态补偿理论及国际经验进行了分析，并提出由于国内农业生态补偿处于起步阶段，还需要不断地总结试点经验，创新生态补偿模式；姜珊（2015）对我国农业环境政策绩效进行评估并提出完善创新建议。

2.3.3 文献述评

从国内外文献梳理可知，国外研究主要关注如何提高政策效率、优化政策工具、调动地区相关利益者的参与程度等方面。通过典型案例研究，立足微观视角，跨学科交叉研究越来越起到重要作用。而国内研究中，在农业支持政策方面进行了广泛深入研究，并且获得了丰富的研究成果。对农业环境政策研究则主要是面源污染政策研究为主，探索较为深入。国别政策研究中虽多数以欧美为主要研究对象，但主要介绍各国政策相关政策，缺乏从演进角度的系统分析，而且以环境生态保护、农业绿色发展为切入点的支持政策研究成果较少。我国面临着农业发展转型、生产方式的转变，迫切需要政策的支持和引导。支持什么，如何支持，是目前支持政策转型中的难题。而总体来看，由于我国对农业绿色发展支持政策的研究刚刚兴起，研究积累还不够，需要将农业绿色支持问题从历史演变和国际轨迹的角度进行审视，以大量详实的国际资料分析为基础，把握各国农业绿色发展支持的共性规律和政策差异，为解决我国农业绿色发展支持问题提供可资借鉴的规律与经验，以促进我国农业的绿色转型。因此本书拟通过国际比较研究，从农业绿色支持政策演进机制、政策选择角度进行系统研究，以期对我国构建和完善绿色支持政策体系，促进农业绿色转型提供相应参考。

2.4 本章小结

本章从研究涉及的相关概念入手，对农业绿色发展、农业支持政策、农业绿色发展支持政策作出界定。对本书涉及的相关理论进行了梳理，对农业的绿色发展提供理论支持的包括农业可持续发展理论、农业多功能性理论、两山理论以及市场失灵理论，而对政策的分析主要基于博弈论和绿色补贴的经济效应分析。

（1）农业绿色发展是一种涉及产业结构和生产方式调整的可持续发展模式，土壤、大气、水资源的健康安全和生态涵养，农产品和畜产品的绿色生产、健康安全以及消费的绿色营养和健康是农业绿色发展关注的主要要素。农业支持政策广义上指为实现既定农业发展目标而提供的一切经济、行政法规等措施在内的经济或法律政策。狭义上则主要以财税、金融和贸易等经济手段所进行的支持。农业绿色发展支持政策是以农业绿色发展作为既定的农业发展目标而实施的支持政策。本书所指农业绿色发展支持政策主要是以农业绿色发展为目标的各类补贴政策，尤其关注农业全产业链各环节与生态环境、资源利用有关的各类补贴和技术支持政策。

（2）农业可持续发展是在继承和发扬生态农业、有机农业、自然农业等替代农业优点基础上发展起来的一种新型农业替代模式。农业可持续发展并不否定农业经济效益的提高，但是强调农业资源的可持续利用，协调经济、生产、人口与资源、环境之间的关系。农业多功能性则从农业除了生产粮食满足人类生存需求外还兼具生态安全、环境保护、文化传承、生物多样性多方面阐述农业对一国发展的重要性。习近平提出的两山理论则辩证地提出经济发展与生态环境之间的关系，两山理论代表了绿色发展观、可持续发展观，也表明了我国在很长一段时期内农业发展应该坚持的发展路径。由于农业地位的特殊性、功能的多样性以及现实发展的迫切性，因此也是我国选择绿色发展道路的主要原因。但由于农业生产存在市场失灵，因此需要政府通过支持政策措施进行干预，以保证其有效供给。

（3）政策制定过程是一个利益博弈的过程，各种利益集团纷纷表达着各自的利益诉求。政策的实施过程同样也是一个博弈过程，中央政府与地方政府、地方政府与地方政府之间存在各种博弈，政策执行者需要通过建立组织机构，运用各种政策资源，采取解释、宣传、实验、实施、协调与监控等各种行动，将政策观念形态的内容转化为实际效果，并确保实际效果。从绿色补贴方式来看包括两个方面：一是对正外部性增加的补贴和负外部性减少的补贴；二是绿色补贴的实施可以有效地增加正外部性行为或减少负外部性行为。

（4）本章系统回顾了农业绿色发展支持政策相关研究的国内外主要文献。首先对国外文献按照政策选择、政策效果、政策效率、研究方法与最新进展的分类进行了梳理。其次在国内文献的梳理中通过对文献进行计量分析，分析关键词相关文献的年度发表趋势和相关性，按照农业支持政策、农业绿色发展支持政策的脉络进行文献梳理，并分析了现有文献与本研究问题和目标的差距，进行进一步深入研究。

第3章 基于OECD农业绿色发展评估体系的农业支持政策演进逻辑

本章利用OECD农业政策评估体系中的投入限制政策标签，从农业支持政策潜在环境影响角度构建农业绿色发展评估的分析框架，并利用该分析框架对欧盟与美国农业支持政策调整中对生产的潜在环境影响的关注以及如何平衡支持政策的生产效益与环境效益进行分析。通过从潜在环境影响视角对农业支持政策的演进规律进行分析，为两大经济体农业绿色发展支持政策具体分析提供基础。

3.1 OECD农业政策评估体系及评估支持政策潜在环境影响的应用

3.1.1 OECD农业政策评估体系

经济合作与发展组织（OECD）作为一个国际经济组织，由38个市场经济国家组成，成员国贡献了全世界近60%的商品与服务。同其他一些新兴经济体一起，中国日益成为OECD的重要合作伙伴。其中，美国、欧盟、日本、韩国、澳大利亚等主要成员国与我国农业贸易关系非常密切。

在解决农业发展困难与城乡收入差距问题上，OECD成员国通过各项农业政策对农业部门进行支持。尤其近年来，为了应对贸易谈判的需要，欧盟、美国、日本等成员国（组织）对农业支持方式进行调整，也代表了发达国家农业政策改革的方向。

在 OECD 这个“非学术性大学”中，对每一个政策领域的统计和研究都非常深入。农业政策方面，OECD 开发了评估农业支持水平的工具和测度方法。在乌拉圭回合谈判期间，OECD 国家支持水平的可比指标为谈判提供了必不可少的背景信息。OECD 农业政策评价体系历经 40 年的实践验证与四次变革，使农业政策分类更加详细，充实完备了数据库内容，证实了其在农业政策分析与评价领域的指导意义。

OECD 对农业支持政策的衡量包括总支持水平估计值（Total Support Estimate，TSE）、生产者支持估计值（Producer Support Estimate，PSE）、消费者支持估计值（Consumer Support Estimate，CSE）以及一般服务支持估计值（General Services Support Estimate，GSSE）。总支持水平估计值衡量通过执行农业支持政策，每年从纳税人和农产品消费者转移到农业部门的总价值。生产者支持估计值衡量按照农户销售价格测算的、由农业补贴政策措施产生的、每年由消费者和纳税人转移到农业生产者的净现金转移额，生产者估计值包括市场价格支持、产出品或投入品的价格差、免税和预算支付等。消费者支持估计值衡量农业支持政策每年给农产品消费者转移支付的货币价值总值。一般服务支持估计值衡量政府向农业部门转移的一般性服务支付的货币总价值，该指标不针对某个生产者和消费者，例如农业知识创新与推广、基础设施建设等的政策支持。

出于国际间比较农业支持水平的需要，OECD 发展了农业总支持率、生产者支持率以及一般服务支持率等比较指标。其中农业总支持率（%TSE）表示一国对农业的总体支持水平（TSE）占该国当年 GDP 的比重，该比值取值越大越表明该国用于支持农业的国内收入越多。生产者支持率（%PSE）表示生产者支持估计值（PSE）占农业总产值的百分比，即通过农业支持政策，对农业生产者提供的转移支付占农业总收入的份额。一般服务支持率（%GSSE）表示对农业一般服务提供的支持总价值（GSSE）占对农业总支持水平（TSE）的比重，即在总的农业支持（TSE）中，一般服务所占份额①。

OECD 农业政策评估体系定位于政策的分析与评价，与 WTO 农业支

① 程国强．难有突破的补贴议题——中国农业面对的国家农业补贴环境分析［J］．国际贸易，2002（11）：23－28

持政策评估体系相比较涵盖了所有支持农业措施，范围更广泛。因此OECD农业政策评估体系更能全面评估农业支持水平和结构情况。因此本书主要利用OECD农业政策评估体系进行政策分析。

3.1.2 OECD农业政策评估体系评估支持政策潜在环境影响方面的应用

基于政策措施的经济特征，OECD确定了政策的转移基础，这些特征对于分析政策对生产、收入、消费、贸易与环境的潜在影响很重要。OECD对生产者支持政策分类如表3-1所示，实施基础包括产出（A）、投入（B）、面积/牲畜数量/收益或收入（C、D、E）以及非商品标准（F），同时通过该分类也可以对政策支持从是否基于当期（A、B、C、F）或非当期（历史或固定标准，D、E）、有无生产要求（有生产要求（C、D）、无生产要求（E））角度把握政策特征。

表3-1　　OECD关于生产者支持PSE的分类

PSE分类	子类
A. 基于商品产出的支持	A1. MPS市场价格支持
	A2. 基于产出的支付
B. 基于投入使用的支持	B1. 可变投入使用
	B2. 固定资本形成
	B3. 农场服务
C. 基于当期面积/头数/收入/收益*，有产量要求	
D. 基于非当期面积/头数/收入/收益**，有产量要求	
E. 基于非当期面积/头数/收入/收益，无产量要求	
F. 基于非商品标准支付	F1. 基于长期资源退出
	F2. 基于特定非商品产出
	F3. 其他非商品标准

资料来源：根据2016 THE PSE MANUAL © OECD整理。

注：*、**以下分别称当期参数、历史参数。

除了将政策按照实施基础的不同进行分类，OECD通过各种政策标签描述政策的一些具体特征。其中根据是否对生产投入或耕作方法进行限制（如减少、替换化肥、农药等投入使用或限制耕作方法方面的具体要求），将政策措施分为有投入限制的支持政策、无投入限制的支持政策以及不适用投入限制分类的政策措施（主要是 A1 市场价格支持，MPS①），有投入限制的支持政策可进一步分为以遵守基本强制性要求（如交叉遵守）为条件的支持和对超出基本要求的自愿执行的做法进行支持。自愿投入限制的付款基础进一步可细分为针对环境、动物福利及其他方面的特定要求，适用于 B—F 类。

依托 OECD 对农业政策的分类与有无投入限制的政策标签，结合政策的经济与环境潜在影响路径，则可以对不同类型农业政策的经济与环境潜在影响进行评估。

（1）基于商品产出的支持措施

市场价格支持（A1）掩盖了向生产者发出的市场信号，鼓励加强生产，增加化肥和农药的使用量，支持力度越高，对单一化种植、增加投入、增加环境敏感型土地使用的激励就越大，对环境的压力就越大，因此，理论上，市场价格支持 MPS 往往会导致正向的生产激励和负面的环境影响，对环境、土壤质量和生物多样性产生不利影响。

类似地，基于商品产出水平的支付（A2）按比例增加生产者获得的最终收入。商品生产越多，支持力度越大（Mayrand et al.，2003；Guyomard，Le Mouël and Gohin，2004）。因此，对生产的激励作用最大，产生的环境危害也最大。

（2）基于投入使用的支持措施

基于可变投入使用的生产者支持（B1），包括灌溉量补贴、抽水灌溉的能源补贴、燃油税优惠等。通过降低投入成本，这种支付方式为加强生产提供直接激励。生产者的投入越多，获得的支持力度越大，而对可变投入（化肥、农药）的支付越多，对生产的集约化激励就越强，对环境造成的压力也就越大。Henderson 和 Lankoski（2019）发现，此类支持导致温室气体排放增加、氮磷平衡增加以及几乎所有情况下对生物多样性的负面影响。事实上，如果没有任何抵消条件来解决这些影响，基于可变投入使用的支持可能是对环境最有害的。

但是当此类支持与投入使用的限制性条件结合时，通过对投入使用施

① 由于市场价格支持（Market Price Support，MPS）针对流通环节，因此不适用该分类。

加有利于环境改善的约束条件，如对投入的化肥、农药标准进行限制，对生产过程进行规范，将有助于降低生产强度、鼓励生产多样化或将环境敏感型土地退出生产。此类付款的环境影响取决于该措施所施加的限制类型，但它们有可能减轻环境压力，并成为有效的环境保护措施之一。

与可变投入使用的支持不同，基于固定资本形成的支持（B2）和基于农场服务的支持（B3）并不直接产生增加生产的激励。因此，对生产的激励作用较之基于产出和基于可变投入使用的支持要弱。基于固定资本形成的支持包括支持农业基础设施和灌溉投资以及投资贷款的利息优惠（例如巴西）等政策。理论上，支持农业基础设施对环境的影响取决于它们是否与投入使用的限制有关（特别是水、农药、化肥、土地）以及它们是否与采用节省投入的技术有关。如果提高生产依赖于增加投入的使用，而不是与提高生产力挂钩，那么支持集约化生产做法的农业投资可能会对环境产生负面影响。如果投资支持采取提高生产力的改进措施与减少农业环境压力（例如减少农业生产对自然资源的使用）有关，则可能会对环境产生积极影响。

基于农场服务的支持（B3）包括对农民的技术和培训援助、农业信息服务、虫害和疾病防治等。此类支持可以直接向农民提供农业生产方面的支持，也可能起到保护环境的目的，尤其服务以改善农民的养护做法为目标时，将更有利于环境。

（3）基于当期权益的支持措施

基于当期权益的支持措施（C）包括基于当期面积、牲畜数量、收入或收益提供的支持。基于当期收入或收益的支持诸如农民收入支持计划、一些保险计划和所得税优惠（美国）以及欧盟的最不利地区支付，此类措施以基于收益或收入的固定支付率支持。基于当期面积或牲畜数量的支持诸如日本的骨干农民支持等。这类措施减少了当前种植或养殖成本（Mayrand et al.，2003），鼓励单一生产，并可能鼓励农民以对环境有害的方式持续在环境敏感土地上生产。与生产特定商品相结合的支持往往激励农民的生产行为，进而大量购买生产这些产品所需投入品。例如，对集约化畜牧业生产（猪、家禽）的支持导致玉米、小麦和油籽（饲料）的产量增加，这反过来又有利于增加化肥和农药的使用。经验证据支持这样一种观点，即挂钩支付增加了来自农业的环境压力。Fares 和 Minviel

(2017)、Koundouri 等（2009）和 Lewandrowski 等（1997 年）发现，挂钩支付与化肥和化学品使用的增加有关。与基于产出的支持或市场价格支持相比，这类付款的环境影响相对较低，因为不直接鼓励生产者增加产量（或每公顷动物数量）集中生产。同样，如果对此类支付施加强制性环境条件，如交叉遵守，可以潜在地减轻挂钩支付的负面环境影响，但它们必须具有约束力，并能够针对所关注的环境问题。

（4）基于历史权益的支持措施

基于历史权益的支持包括基于历史权益，有生产要求的支持（D）和基于历史权益，无生产要求的支持（E）。基于历史权益（过去的支持面积、动物数量、生产、收入）的付款不鼓励生产集约化和/或单一化，因为农民没有义务种植、生产任何特定商品。因此，它们允许对环境友好的生产技术进行个人选择，环境影响较小（Mayrand et al.，2003）。可能产生的负面影响主要表现在激励机制下有可能将环境敏感型土地保留在生产中。

其中，基于历史权益，无生产要求的支持与当前生产直接脱钩，允许农民在生产决策中更直接遵循市场信号，包括完全不生产的选择。有了这些付款，农民就不会获得增加生产的激励，因此，预计这种政策将更有利于环境改善（与基于可变投入使用的付款或 MPS 相比）。文献表明，此类脱钩支持对环境和经济的影响可能取决于相关（强制性或自愿）条件的类型和严格程度等具体因素。进一步可细分为基于可变支付率和基于固定支付率。美国的反周期支付、欧盟基础直接支付、2014 年美国农业风险保险和价格损失保险均属于此类基于可变支付率。由于其收入稳定效应，这种具有可变利率的脱钩支付通常对农业实践及其产生的环境后果影响较小。这些政策被认为是减少市场价格扭曲的主要政策工具。当然，此类支持的收入稳定效应也可能会降低生产风险，导致保留低效率的耕作做法。欧盟较低的农业保险参保率跟此类直接收入保障有密切关系。

基于固定支付率的脱钩支付由于是预先设定的，更有可能被资本化为土地价值，这意味着它们更多的是作为土地收益（因此主要针对土地所有者），而不是影响生产决策（Brady et al.，2017；latrufe & Le Mouël，2009）。

(5) 基于非商品标准

此类支持包括长期资源退出（F1）和特定非商品产出（F2）以及其他非商品产出（F3）。长期资源退出支持包括为农民提供可耕地作物转化为永久性牧场和森林的转化支持。欧盟植树造林付款计划属于此类政策，鼓励农民节约土地用于林业活动，没有生产或支付限制，但投入限制符合政策保护目标。另一个例子是美国保护储备计划（Conservation Reserve Program，CRP），它涉及10—15年的资源保护协议，付款方式为每年支付租金。Goodwin和Smith（2003）发现，参与美国CRP显著减少了土壤侵蚀，但对化肥的使用影响不大。

基于特定非商品产出的支持主要与农民对环境服务和生态系统服务保护的自愿行为有关（Claassen & Ribaudo，2016）。例如，瑞士的绿篱和乡村小树林计划包括对50%以上的耕地面积实行投入限制（不施肥、不使用杀虫剂、不使用草条），并对3公顷以上的农场实行固定支付率限制。

综上所述，当无投入限制时，市场价格支持、产出支付（每单位产出）以及可变投入补贴（如适用于化肥、农药、水和能源的补贴）为生产提供了最大程度的潜在激励，导致资源的密集使用，对环境的破坏作用最大；当无投入限制的支持仅针对农场服务、固定资本形成或基于当期权益、历史权益时，由于未对生产产生直接的激励作用，因此对环境的破坏作用也相应减弱；而当对支持政策予以一定强制性生产标准或环境要求时，这一生产激励作用进一步弱化，且由于强制投入限制多为从环境角度进行的考虑，因此会产生一定的正向潜在环境影响；当生产标准的提高、环境保护意识的增强成为生产者的自愿行为时，由于自愿协议提供了比强制法规更大的灵活性，更强的针对性，可以订立更高环境目标，同时降低了行政和执法成本，提高资源利用效率和环境绩效，因此潜在正向的环境影响也最大。当然政策的具体影响会由于具体政策的设计目标不同而有差异。通过是否具有投入限制的标签对支持政策从潜在环境影响角度进行划分，结合OECD的支持政策分类，可对不同潜在环境影响的政策进行分析评估（见表3-2）。

表 3－2　以投入限制标签分类的农业政策潜在环境影响与生产效应

潜在环境与生产影响	政策标签	政策类型	代表性政策
潜在环境危害最大，生产激励效果最强	部分无投入限制及不适用该分类的政策	市场价格支持 基于产出的支持 基于可变投入的支持	市场价格支持、能源补贴、燃油税退回等
具有一定潜在环境危害，较强的生产激励效果	部分无投入限制	基于农场服务的支持 基于固定资本形成的支付 基于当期或历史参数的脱钩支付	疾病控制 农场现代化投资 小农户支付
具有一定正向环境影响，生产激励效果较弱	强制投入限制（如交叉遵守等）	基于当期或历史权益的支付、基于产出的支付、基于农场服务及可变投入的支付等	美国的作物保险、欧盟的基础直接补贴等
潜在正向环境影响最大，生产激励效果最小	自愿投入限制（环境）	基于当期权益的支付、基于非商品标准的支付、基于可变投入使用的支付、基于农场服务及固定资本形成的支付	有机农业、植树造林等

资料来源：作者根据 OECD 农业政策评估系统整理。

3.2　潜在环境影响视角衡量的政策支持水平与结构

3.2.1　农业支持水平与结构

虽然从支持水平的绝对量来看，2018 年欧盟各项农业政策支出处于较高水平（见表 3－3），但是从相对占比来看，两者在政策选择上具有类似特征，即均更侧重具有一定潜在正向环境影响的政策措施。其中欧盟具有一定潜在正向环境影响的政策支出占到生产者支持的 48.79%，美国这一比例达到 38.88%。此外，对环境潜在危害最大，生产扭曲最严重的政策支持也占有较大比例，欧盟这一比例为 27.79%，美国为 34.64%，而最具潜在正向环境影响的政策措施欧盟仅为 9.92%，美国为 13.7%。从两大经济体不同环境影响的政策结构可以看出，两大经济体在政策的环境收益与生产效益间不断寻求平衡，虽然越来越侧重通过农业支持政策对环境实施积极干预，但是由于农业在提供食物、保障国家粮食安全方面的重要作用，也从未放弃农业支持政策对生产的激励。

表 3－3　　2018 年欧盟美国不同类型农业政策支持水平　单位：百万美元；%

潜在环境影响	欧盟		美国	
	支持水平	占比*	支持水平	占比
潜在危害最大	30656	27.79	15348	34.64
潜在危害较小	14182	12.86	5666	12.79
具有一定正向潜在环境影响	53827	48.79	17228	38.88
具有最大正向潜在环境影响	10938	9.92	6068	13.70

资料来源：OECD 数据库整理。

注：* 由于欧盟自愿投入限制的支付还包括少量以动物福利及其他特定要求生产者支持，因此此处占比之和小于 100。

3.2.2　不同支持结构下的支持政策分析

在政策选择方面，由表 3－4 两大经济体支持措施类型比较可知，市场价格支持和基于可变投入使用的支持是两大经济体使用的最具潜在环境危害的政策类型。欧盟的市场价格支持集中在牛肉、小麦、西红柿、禽肉等产品，而美国主要包括牛奶、糖类等产品；欧盟主要采取燃料税退回、保险补贴，美国则通过能源补贴的方式对生产者的可变投入使用予以支持，这些支持措施均未对生产进行投入限制，并且直接干预市场价格或对生产产生直接影响，会激励生产者最大化利用资源，以提供产量为目标，因此带来的环境潜在危害也是最大的（见表 3－5）。

表 3－4　　2018 年欧盟美国支持措施类型比较　　单位：百万美元

潜在环境影响	支持措施类型	欧盟	美国
潜在危害最大（无投入限制或不适用）	MPS	23478	14051
	基于商品产出	317	1
	基于可变投入使用	6640	1296
	杂项	221	—
具有一定潜在危害（无投入限制）	基于固定资本形成	5949	47
	基于农场服务	2267	3465
	基于当期权益，有产量要求	4821	2154
	基于非当期权益，无产量要求	1145	0

续表

潜在环境影响	支持措施类型	欧盟	美国
具有一定正向潜在环境影响（具有强制性投入限制）	基于产出	213	7725
	基于固定资本形成	108	40
	基于农场服务	99	122
	基于当期权益，有产量要求	12569	6549
	基于非当期权益，无产量要求	40782	2434
	基于非当期权益，有产量要求	3	358
	非商品标准	53	—
具有最大正向环境影响（具有自愿投入限制）	基于固定资本形成	—	1882
	基于农场服务	—	1516
	基于可变投入使用	6	439
	基于当期权益，有产量要求	9970	—
	基于非商品标准	962	2231

资料来源：作者根据 OECD 数据库整理。

表 3－5　　欧盟美国最具潜在环境危害的主要政策措施

最具潜在环境危害政策类型	主要政策措施	
	欧盟	美国
基于商品产出	MPS——牛肉、禽肉、小麦、西红柿、非 MPS 商品等	MPS——牛奶、糖、非 MPS 商品等
基于可变投入使用	燃料税退回、保险补贴等的国家支持	能源补贴

资料来源：根据 OECD 数据库整理。

对生产不加以投入限制的农业支持政策会产生潜在环境危害，但当此类政策没有直接的生产激励时产生的生产扭曲就会降低，如通过基于农场固定资本和服务提供支持或基于当期权益或历史权益的脱钩化支持。欧盟此类政策包括农场现代化的固定投资支持、鼓励青年农民从事农业的支持；基于农场服务的技术援助与推广、疾病控制与消除；基于当期权益有产量要求的政策包括对自然受限地区的支付和对葡萄的绿色收获支付；基于历史权益无产量要求的小农户支付等。美国具有一定潜在环境危害的政策类型主要对生产不加以投入限制的基于农场服务和基于当期权益，有产量要求的支持，其中基于农场服务的具体政策包括提供技术援助和动植物检验检疫服务，基于当期权益有产量要求的政策主要为农业所得税减让（见表3-4和表3-6）。

表3-6　　欧盟美国具有一定潜在环境危害的政策措施

较弱生产扭曲	主要政策措施	
	欧盟	美国
基于固定资本形成	农场及农场现代化投资、青年农民进入农业的支持、自然灾害救助	
基于农场服务	疾病控制与消除、技术援助与技术推广等	技术援助、动植物检验检疫服务
基于当期权益，有产量要求	对自然受限地区支付	农业所得税减让
	绿色收获支付（葡萄）	
基于非当期权益，无产量要求	小农户支付	

资料来源：根据 OECD 数据库整理。

注：表格所列为研究对象主要政策措施，空白部分为无此类措施或非主要措施未列明，以下表格类似。

两大经济体通过对农业支持政策实施强制性生产规范或投入限制的方式取得一定的环境效益，从支持水平来看，这也是两大经济体主要的支持政策类型。欧盟主要通过基于非当期权益的脱钩政策支持，具体政策包括基础支付、绿色支付以及单一支付计划、再分配支付以及单一区域支付计划（Single Area Payment Scheme，SAPS）等；除此之外基于当期有产量要求的支持政策包括 LFA（Less Favoured Area）不利地区[①]支付、自愿挂钩支付和自然条件恶劣地区支付。美国此类政策主要通过基于当期权益有产量要求的支持，更侧重通过作物保险（玉米、大豆、棉花、小麦、糖类等）和作物灾害支付（自 2017 年开始）的方式实施；受中美贸易战影响，2018 年 9 月对大豆、棉花等产品实施市场促进计划，由于申请人必须遵守“高度可侵蚀土地和湿地保护”条例的规定成为基于产出支付的主要

① 该政策在欧共体理事会第 75/268 号关于“山区和丘陵农业和某些条件不利地区农耕”指令中引入，其目标确立为保护农业，从而维持最低限度的人口，或保育乡村。从环保角度，强调了农业在环境中的作用。早期不利地区计划基于农民的牲畜数量给予支付，在 2328/91 号条例中要求获得该支付必须保证每公顷的放牧密度不超过 1.4 个牲畜，第 1257/99 号条例开始要求以个体农民耕种土地面积为基础计算支付额。

措施，但是此政策实施带有一定的短期应急性（见表3－4和表3－7）。

表3－7 欧盟美国具有一定正向环境影响的政策措施

具有一定正向环境影响政策类型（强制性投入限制）	主要政策措施	
	欧盟	美国
基于产出	奶类保险费	市场促进计划（2018）（大豆、棉花、小麦、高粱、生猪、玉米、草莓、去壳杏仁）、贷款利率补贴（自1996）（棉花、玉米）等
基于可变投入		农场运营贷款、放牧补贴
基于农场服务	宰杀保险费	
基于当期权益，有产量要求	LFA不利地区支付 自愿挂钩支付 自然恶劣地区支付	作物保险（玉米、大豆、棉花、小麦、糖等） 作物灾害支付（2017）
基于非当期权益，无产量要求	单一支付计划 SAPS 再分配支付 基础支付 绿色支付	直接支付 价格损失保险支付 农业风险保险支付

资料来源：根据OECD数据库整理。

两大经济体通过对农业政策实施以环境有关的自愿投入限制行为以获取最大的环境效益。但从支持水平来看，该类型政策在两大经济体并不占主要地位。欧盟此类政策主要是基于当期权益有产量要求的支付，具体政策包括有机农业支持、环境友好支付以及农业—环境—气候支付，此外还包括基于非商品标准的植树造林、生态多样性保护支持；美国则主要对可变投入、固定资本形成、农场服务提供支持，具体政策包括保护管理项目（Conservation Stewardship Program，CSP）、环境质量激励项目（Environmental Quality Incentives Program，EQIP）和技术服务等方式以及基于非商品标准的保护储备项目（Conservation Reserve Program，CRP）（见表3－4和表3－8）。

表 3-8　欧盟与美国主要的环境措施

最具环境效益政策类型	主要政策措施	
	欧盟	美国
基于可变投入	农业环境项目	CSP
基于固定资本形成		EQIP、CSP
基于农场服务		CTA 技术服务
基于当期权益，有产量要求	有机农业支付 环境友好生产支付 农业—环境—气候支付	
基于非商品标准	植树造林、保护生物多样性等	CRP

资料来源：根据 OECD 数据库整理。

3.3 潜在环境影响视角衡量的农业支持政策演进逻辑

整体而言，随着农业生态环境问题的日益严重以及面临具体问题的不断调整，欧盟与美国支持结构和支持水平不断进行调整，逐步降低政策的生产效应，发挥农业支持政策在改善环境方面的影响，以此协调农业生产和环境保护问题（见表 3-9）。欧盟潜在环境危害最大的政策措施占比从1986—1988 年的 91.6% 降至 2016—2018 年的 26%，而具有一定正向潜在环境影响的政策从微不足道的 1% 升至 52.3%，政策调整趋势明显；美国同样调整趋势明显，具有一定正向潜在环境影响和最具正向潜在环境影响的支持政策占比从 24.3% 升至 50.9%。

表 3-9　欧盟与美国各类支持措施环境影响及水平　单位：百万美元

潜在环境影响	支持措施类型	1986—1988 年		2016—2018 年	
		欧盟	美国	欧盟	美国
潜在危害最大	市场价格支持	82606	12003	19553	11940
	基于商品产出的支持，未对生产施加环境限制	5637	3	330	0
	基于可变投入使用的支付，未对生产施加环境限制	960	2955	5995	1247
	杂项	-43.3	—	347	—
	总水平	89203	14961	26225	13188

续表

潜在环境影响	支持措施类型	1986—1988 年		2016—2018 年	
		欧盟	美国	欧盟	美国
潜在危害较小	基于当期权益的支付，未对生产施加环境限制	2647	9666	4993	2058
	基于历史权益的支付，未对生产施加环境限制	0	338	1213	0
	基于固定资本形成的支付，未对生产施加环境限制	3046	0	4981	55
	基于农场服务的支付，未对生产施加环境限制	1019	1782	1859	3537
	总水平	6712	11786	11955	5437
具有一定正向潜在环境影响	基于商品产出的支付，对生产施加强制投入限制	0	3108	205	2674
	基于固定资本形成，对生产施加强制投入限制	0	1050	91	43
	基于可变投入，对生产施加强制投入限制		739		137
	基于农场服务的支付，对生产施加强制投入限制	90		52	
	基于当期，要求产量，对生产施加强制投入限制	907	2564	12231	6641
	基于非当期权益，不要求产量，对生产施加强制投入限制	0	0	40056	3967
	基于非当期权益，要求产量，对生产施加强制投入限制	0	0	17	229
	基于非产品标准，对生产施加强制投入限制	0	0	51	—
	总水平	997	7461	52703	13691
最具正向潜在环境影响	基于非商品标准的支付，对生产施加自愿环境限制	478	592	856	2065
	基于固定资本形成的支付，对生产施加自愿环境限制	0	182	—	1697
	基于农场服务的支付，对生产施加自愿环境限制	0	349	—	1456
	基于可变投入使用的支付，对生产施加自愿环境限制	0	0	5	439
	基于当期权益的支付，对生产施加自愿环境限制	33	0	9004	—
	基于历史权益的支付，对生产施加自愿环境限制	0	0	—	—
	基于商品产出的支付，对生产施加自愿环境限制	0	0	—	—
	总水平	511	1123	9866	5658

资料来源：作者根据 OECD 数据库整理。

3.3.1 潜在环境危害最大的政策演进

表3-9所示，两大经济体均大幅削减可能带来最大潜在环境危害的政策支持。自1962年欧洲共同农业政策建立之初，主要面临的问题是稳定生产与发展，解决食品短缺等问题，因此农业政策以提高农业生产、加大投入为主，造成农业高投入高产出的集约化生产、单一种植模式以及大量生态敏感地区被开发问题；1992年共同农业政策改革中调整农业结构，将农业环境措施从各成员国的可选项转变为必选项，并改革农业补贴制度使农业补贴与产量脱钩，欧盟对农业生产的环境影响越来越重视，欧盟潜在危害最大的政策支持从1986—1988年的892亿美元降至2016—2018年的262亿美元，30年间降幅达到70.6%。其中市场价格支持下降630.5亿美元，降幅达76.3%；未施加投入限制的对商品产出的支持亦从56亿美元降至3亿美元，降幅为90%；而基于可变投入使用的支付则有所提高，从9.6亿美元提高到60亿美元，升幅达到524.5%。美国的环保意识觉醒同样始于技术进步和集约化生产所带来的农业环境问题，各种农机的普遍使用，生物技术和化学产品在农业中的广泛应用，在提高生产产量的同时，带来了土地资源、土壤污染、水污染、空气质量等问题，美国此类政策支持总水平从150亿美元降至131亿美元，降幅为11.9%，且从内部结构调整角度来看，无论是市场价格支持还是未对生产施加投入限制的基于可变投入使用的支付和基于商品产出的支付都有所下降。

具体政策措施的选取上，欧盟早期市场干预较多，市场价格支持（Market Price Support，MPS）商品种类繁多，包括近20种商品，逐渐缩减至重点关注四五种商品，且支持力度也大幅下降；基于产出的支付也是早期的主要政策类型，具体包括对大豆、烟草、向日葵、菜籽、橄榄油等支持，而此类支持目前均不再使用；可变投入支持有所提高，但内部支持结构也有较大调整，早期主要对生产资料投入进行支持，如化肥补贴，燃油退税等，1991年化肥补贴取消，而保费补贴等重视程度提高，表明欧盟越来越注重通过金融保险类政策对生产进行支持，避免直接对生产的扭曲。美国此类政策较为稳定。MPS较少且集中在少数产品上，可变投入支持主要是能源补贴、灌溉补贴和种子援助等，但支出一直呈逐渐下降的趋势。

3.3.2　具有一定潜在环境危害的政策演进

在未进行投入限制的情况下，基于当期和历史权益的支付以及基于投入使用中的固定资本形成和农场服务的支付会对环境产生一定的潜在危害。从两大经济体此类政策措施调整趋势来看，欧盟倾向于增加这类措施的应用，30 年间支持水平增长了 78.1%，而美国则不断调低此类政策的使用，支持水平下降 53.9%。

欧盟在此类政策工具的选取上，一直侧重固定资本形成的支持，通过农业用地投资、鼓励新青年农民进入农业的投资、2002 年开始的对农场现代化的投资进行支持；基于当期权益的政策工具逐渐增多，力度有所增大，2008 年开始针对葡萄绿色收获进行支持，2015 年对自然受限地区进行支持；另外 2015 年对年总支付低于 100 欧元和获得直接支付的农场面积不足 1 公顷的农场主可申请加入小农场主计划，该计划下农场主每年获得一笔固定金额的支付（刘武兵，2016），属于基于非当期权益的支持。

美国基于当期和历史权益的支付均有所下降，更侧重通过完善农场服务和投资支持的方式进行支持。早期美国此类政策主要通过基于当期权益的差额支付（小麦、玉米、羊毛、大米和高粱）和农业所得税退回，1995 年取消差额支付，并逐渐侧重提供完善的技术推广和服务以及动植物检疫等农场服务支持。

3.3.3　具有一定正向潜在环境影响的政策演进

两大经济体均越来越重视通过强制性投入限制的方式发挥农业支持政策的正向潜在环境影响。欧盟此类政策措施从 1986—1988 年的 9.97 亿美元升至 2016—2018 的 527 亿美元，增幅达到 5186.2%；美国此类支持水平也从 74.6 亿美元升至 136.9 亿美元，增幅为 83.5%。两大经济体均逐渐倾向于使用基于当期和历史权益的脱钩方式进行支持。

欧盟强制性投入限制的支付政策调整趋势从基于当期权益支付和农场服务类支持措施向基于非当期和当期权益的直接支付倾斜。目前，政策主要分布在基于非当期面积、牲畜头数、收入或收益，无产量要求的生产者支持中，体现了强制性绿色支持不与生产挂钩的特点。早期政策为针对 LFA 不利地区的当期支付，2005 年开始实施单一支付计划，其形式包括基于历史、区域模式及混合模式以及对新成员实施的单一面积补贴计划。2010 年欧委会在以满足未来食品需求、自然资源保护和区域挑战的会议中首次提出 2014—2020 年共同农业政策中在第一支柱引入绿色直接支付措施的构想，2015 年开始以新基本直接支付取代原有的单一支付计划，并设立绿色直接支付，至此欧盟形成基于强制性投入限制的绿色脱钩农业直接支付体系。建立在交叉遵守制度基础上的基于非当期权益的基本直接支付和绿色直接支付成为欧盟农业绿色发展支持的基础和核心。同时在当期权益支付中也不断丰富政策工具，2015 年针对牛肉牛奶等产品实施自愿挂钩支持，针对自然 2000 和水框架实施支持以及继续对 LFA 进行支付。

美国此类政策具有较强的稳定性，且在政策调整中越来越侧重通过作物保险政策予以支持，2018 年针对贸易战的市场促进计划具有短期性。早期，基于产出的各种贷款支持政策是主要的政策工具，如营销贷款支持、商品贷款利息补贴以及有利于固定资本形成和可变投入支持的农业信贷项目等，基于当期权益有产量要求的作物保险也占据重要地位，且近年来作物保险所发挥的作用越来越大，通过将环境要求作为取得作物保险的前提基础的方式对农民生产提出强制性要求，从而保证农业生产的同时获得一定的环境效益。2002 年农业法案改革中美国推出直接支付和反周期支付，要求生产者必须遵守某些环保和湿地条款，土地必须用于农业用途（包括休耕），2014 年改革中名义上取消了直接支付和反周期支付，取而代之以价格损失保险支付和农业风险保险支付作为脱钩支付在保证环境效益方面的主要政策（詹琳，2015）。2018 年 9 月开始执行的市场促进计划涵盖大豆、棉花、小麦、高粱、生猪、玉米、鲜草莓、去壳杏仁，付款率取决于贸易中断的严重程度以及根据每个生产商的实际生产情况向新贸易模式调整的时间，符合条件的申请人将最高获得 12.5 万美元的支持。

3.3.4 最具正向潜在环境影响的政策演进

作为最具正向环境潜在影响的支持方式，两大经济体自愿性投入限制的政策支持均有所增加，但增幅小于强制性投入限制措施。欧盟主要通过基于当期权益以及非商品标准的政策，而美国则主要政策措施包括了可变投入使用、农场服务、固定资本形成以及非商品标准支付方面的政策措施，且欧盟基于当期权益的支付占到该类支持总水平比重从 6.46% 升至

91.26%，而美国更侧重通过非商品标准支付如退耕休耕等措施，从具体政策措施来看，美国政策的针对性更强，更具环境效益。

欧盟此类政策措施从非商品标准政策向基于当期权益的支持政策转移。由于早期阶段欧盟主要问题集中于生产过剩问题，因此具体政策工具更侧重对减少生产行为予以补贴，如放弃或减少牛奶生产补贴、永久放弃葡萄种植补贴等，通过长期资源休整获得环境效益，近期则越来越倾向于通过土地资源的粗放管理、支持环境友好型生产、有机农业、支持粗放经营、作物轮作等在生产中减少对环境的负面影响的方式而非将资源退出生产。这种转变表明欧盟仍在环境保护过程中尽可能的维持生产效益，但在转变生产方式，从早期的集约化经营模式向粗放化经营转变。

欧盟取得正向环境影响的政策措施也呈多样化趋势，资金来源多元化。基于非商品标准的政策措施除早期政策外，20 世纪 90 年代中期随着对生态环境重视程度的不断提高，增加了植树造林、保护生物多样性、景观保护、石墙等设施维护支持，基于当期权益的支持政策更是呈现多样化趋势。资金来源渠道多元化趋势明显，往往一项支持政策最早在国家层面提供支持，此后在欧盟层面上通过农村发展基金予以支持，近年来欧洲议会与理事会条例中第 68 条款下的环境支持也呈增多趋势。

美国此类政策措施稳定中有所调整。以基于非商品标准的政策为主是其主要特征，1985 年《粮食安全法》首推环保理念，出台环保储备项目 CRP，作为传统政策工具一直延续至今，且占有较大比重。后期政策工具不断多样化，1993 年增加了湿地保护项目（Wet Reserve Program，WRP）、1998 年增加了野生动植物保护项目（Wildlife Habitat Incentives Program，WHIP），2013 年增加了自愿公共进入和栖息地激励项目。基于投入使用的支持是美国此类政策中的第二大类，早期以技术服务为主的农场服务占据主要地位，1996 年 EQIP 和 2004 年保护安全项目（Conservation Security Program，CSP，2008 年农业法案取消）、2010 年保护管理项目（Conservation Stewardship Program，CSP）使固定资本形成的支持增加，但技术服务仍是其支持的重要领域。而资金从 CRP 项目向 EQIP、CSP 等项目转移表明了美国也越来越倾向于通过对在耕地的管理和支持取得环境效益，影响生产者的生产实践和生产方式，发挥在耕地在农业生产中潜在的环境正影响。

3.4 潜在环境影响视角的农业支持政策演进规律

3.4.1 越来越重视支持政策的环境影响

通过上述分析可知，欧盟与美国在农业焦点问题上均经历了生产过剩向生产结构调整、可持续发展问题的转变，均越来越重视农业生产对环境的潜在影响，并在农业支持政策的实施中越来越关注如何通过政策引导提高农业生产的环境正效应。具有潜在环境影响的政策支持（具有一定潜在环境影响与最大环境影响政策支持之和）欧盟从 1986—1988 年的 1.55%提高到 2016—2018 年的 60.45%，美国这一比例也从 24.3%升至 54.21%。

3.4.2 市场价格支持仍占重要地位

虽然市场价格支持带来最大程度的市场扭曲和潜在环境问题，但作为生产激励的保障措施，市场价格支持在稳定商品价格保障商品供给方面具有突出贡献，尤其在农业作为关系国家安全和民生大计的基础产业上，作用不容忽视。无论是欧盟还是美国在政策的调整中均没有放弃市场价格支持措施的使用，美国甚至由于 1996 年农业法案推出的与价格完全脱钩的生产灵活性合同 PFC 灵活性太强，无法有效应对市场变化，2002 年农业法案改革转而实施与价格挂钩的反周期支付政策，一定程度上缓解了对生产者带来的冲击（徐晓莉，2019）。调整趋势上，一方面通过向脱钩支付的转化减少政策支持对生产的影响，发挥稳定农民收入的作用，减少政策对环境的负面影响；另一方面逐渐缩减支持品种和支持力度，聚焦敏感性商品，如美国选择本国具有比较优势的乳制品作为支持对象，增强政策的针对性。2016—2018 年间，欧盟市场价格支持的比例仍达到 21%左右，美国这一比例也占总支持的 27%，而且欧盟仅有 8 种，美国仅有 4 种产品获得市场价格支持。

3.4.3　均侧重以强制性投入限制保护环境

从两大经济体实践来看，虽然施加与环境有关的自愿投入限制的支持政策能够带来最大的正向环境影响，但是这种支持方式需要农户有较高的环境意识与自觉性，并为了环境保护问题愿意放弃一定的生产收益，需要生产者、政策制定者在生产收益与环境效益之间寻找平衡。因此，两大经济体更侧重通过强制性投入限制方式以保证最低的环境保护，欧盟通过交叉遵守制度对基础性支付提出强制性环境要求，而美国则以环境要求作为受益面最广的作物保险的前提和基础，保证将绝大多数生产者纳入环境约束中。由此可见，农业生产与环境保护并不一定站在对立面上。关键在于合适的制度设计和政策激励机制使两者相互促进。因此从两大经济体的实践来看，在目前外部约束情况下，通过强制性环境要求获得最低环境效益是更为现实可行的做法。通过强制性环境要求的方式，将农业生产效益的获得与保护环境在一定程度上予以统一。

3.4.4　均将政策支持从休耕、资源退出生产向在用资源的合理利用转变

早期阶段欧盟与美国在环境保护方面均主要侧重于通过对资源的休养生息进行支持，如欧盟早期对资源退出牛奶生产、对资源退出葡萄种植进行补贴，美国则主要以 CRP 项目保护环境；在政策的调整过程中均逐渐将政策重心放在在耕资源管理项目上，欧盟通过对土地的粗放管理和经营、环境友好型生产、有机农业、作物轮作等改变生产经营管理方式的做法，同样美国也意识到仅仅依靠资源休耕退出的方式所获得的环境效益较小，而农业生产环节对环境的影响更具重要意义，转而通过 EQIP、CSP 等在耕地项目进行支持，欧盟与美国更倾向于通过在用资源的管理促进资源的合理有效利用保护环境。

3.4.5　具有明显的政策脱钩化趋势

为了减少农业支持政策对生产的扭曲，欧盟与美国农业支持政策存在明显的脱钩化趋势。欧盟在第一支柱改革中，不断调整直接支付的形式，从挂钩支付向脱钩支付转移。2003 年共同农业政策改革中创新性提出脱钩直接支付，单一支付计划 SPS 不再与农产品产量或牲畜数量挂钩，在后

续的改革中，欧盟不断加大脱钩支付的比例，2012年起，一系列小的补贴措施均将实行脱钩，转移至SPS。2013年新一轮改革中，挂钩直接支付所占比例规定为总支付的15%以下（刘武兵，2016），这种直接支付与生产脱钩的方式，降低政策对生产造成的扭曲，同时也不再鼓励农民通过增加产量或牲畜养殖数量获得更多的支付，因此对环境的负面影响减少，也使欧盟的黄箱支持大幅缩减，将大量政策支持转入绿箱，成功实现转箱。

类似的，美国政策手段也经历了从市场价格支持到脱钩化支付的演变。自20世纪30年代开始实施的以无追索贷款为主导的市场价格支持政策，不仅导致生产过剩和库存压力，也增加了政府的财政负担。美国自1996年实施脱钩化改革，废除粮棉油等主要作物的无追索权贷款改为营销贷款计划，并在2002年、2008年农业法案中扩大该政策的使用范围；用生产灵活性合同补贴代替原目标价格差额补贴，使补贴与当年农产品价格、产量完全脱钩，通过市场损失援助计划，利用现金形式直接为生产者提供收入损失补贴（徐晓莉，2019）。这种脱钩直接支付与生产脱钩，不具有直接的生产扭曲，减少农业资源的环境负担，更多发挥稳定农民收入的保障功能。

另外，两大经济体对金融保险类政策的支持力度不断加大。美国在2014年农业法案改革中，确立了以农业保险为主导的农业风险管理体制，并不断扩大作物保险范围，从产量到收入均纳入保障范围，由于该支持方式与价格支持或脱钩支付相比带有更强的隐蔽性，成为美国的主要支持方式。美国政府支付的保费补贴从2002年的15亿美元上升至2013年的73亿美元（徐晓莉，2019）。欧盟也逐渐重视金融保险类政策工具的应用，保费补贴水平不断提高。一方面金融保险类支持能够撬动更多的资金进入农业支持领域，缓解农业发展过程中的资金短缺问题；另一方面则因为该类政策同样与生产直接脱钩，避免了对生产的直接激励，一定程度上缓解了农业环境压力。

3.5 本章小结

（1）利用OECD农业政策评估系统的投入限制标签对农业支持政策

可以从潜在环境影响的视角进行分类：最大环境危害的政策、具有一定环境危害的政策、具有一定潜在环境效益的政策、具有最大环境效益的政策。根据此分类，可以对研究对象的农业政策从潜在环境影响角度进行评估分析，总结农业支持政策绿色化的演进规律。

（2）随着农业生态环境问题的日益严重，欧盟与美国农业支持政策逐渐降低政策的生产效应，发挥农业支持政策在改善环境方面的影响，协调农业生产和环境保护问题。从政策潜在环境影响的视角分类，潜在危害最大的政策措施支持水平均逐渐下降，农业支持政策对生产的激励作用弱化；具有一定潜在环境危害的政策在两大经济体出现分化，欧盟倾向于增加此类政策的使用，而美国不断调低此类政策支持水平；两大经济体主要侧重具有一定潜在正向环境影响的政策措施，此类政策的主要特征是对生产施加强制性生产规范或投入限制作为获得农业支持的前提和基础；作为最具正向潜在环境影响的政策支持方式，自愿性投入限制的政策支持均有所增加，但增幅均小于强制性投入限制措施。

（3）政策工具的选取上，虽然市场价格支持不断减少，但作为生产激励的保障措施，两大经济体在政策调整中均未放弃该政策工具的使用，但是在支持品种及支持力度上有所缩减，逐渐聚焦敏感性商品，增强政策针对性；由于对环境产生影响的农业活动主要以在用资源的使用方式和投入力度有关，因此政策支持均实现了从资源退出生产向在用资源管理支持的转变，更注重农业生产过程中的环境影响和取得环境效益；为了减少农业支持政策对生产的扭曲以及 WTO《农业协议》国内支持政策削减承诺的压力，欧盟与美国农业支持政策存在明显的补贴脱钩化趋势。

第4章　欧盟农业绿色发展历史演进与政策选择

在对欧盟、美国农业支持政策基于潜在环境影响视角的转型规律分析总结的基础上，着眼于欧盟与美国具体农业绿色发展支持政策演进阶段和具体绿色发展支持政策分析，以期进一步剖析绿色发展支持的时机选择和政策工具的侧重，并总结各自的绿色支持政策特点，为下一步绿色发展支持政策比较奠定基础。本章主要分析欧盟农业绿色发展支持政策。

4.1　农业绿色发展的演进历程

自20世纪90年代以来，欧盟政府首脑在制定欧盟政策指导方针的同时越来越注重发展环保农业，也开始了将环保理念融入各项共同政策的进程。1997年7月《阿姆斯特丹条约》强调了以可持续发展作为欧盟的目标，同时保留了现有的环境和农业政策条约基础。它强调将环境保护要求纳入所有共同政策的必要性，这使得环境因素得以发展、制定和应用于整个欧盟政策；1998年6月在加迪夫召开的欧洲理事会会议上通过一项原则，即委员会的主要政策建议应伴随着对其环境影响的评估，并制定监测指标。这一原则将《阿姆斯特丹条约》进一步贯彻落实。1998年12月，欧洲理事会在维也纳强调了在《2000年议程》的背景下，确保在农业政策上作出的决定充分确保环境一体化的必要性。1999年12月赫尔辛基欧盟理事会明确了将环境维度纳入共同农业政策（Common Agricultural Policy，CAP），提出生物多样性和景观、水、土壤和土地利用、气候变化和空气质量的具体整合目标。

农业是欧盟政策一体化的重要领域，共同农业政策是欧盟农业政策的主要体现。图 4－1 显示了欧盟共同农业政策目标的演进过程。1992 年 CAP 改革将保护生物的多样性和生态环境作为改革的主要目标之一；《2000 年议程》提出农业除了发挥其纯粹的经济和社会作用之外，还具有多重作用。欧洲农民提供欧洲公民所珍视的服务，如保护传统景观、保证食品质量和生态农业，并将改革目标聚焦于提出欧洲农业模式的具体形式，保护整个欧洲农业系统的多样性。其中具体目标就包括环境政策和农业政策融为一体，并在新引入的农村发展政策中将保护环境和维持乡村传统作为其目标之一。《2000 年议程》成为共同农业政策改革进程中的一个里程碑；2003 年改革确立了强制交叉遵守机制，以发挥欧盟农业在欧盟经济社会和环境改善中的作用；由于资源利用效率有待提高，土地和水资源质量下降，生物多样性受到威胁，为应对这些挑战，2013 年的 CAP 改革确定的环境方面的长期目标是实现自然资源可持续管理与应对气候变化，提高欧盟农业发展的可持续性。从 CAP 的历史演进可以看出，欧盟农业发展具有多目标性，且各目标之间具有紧密联系，以可持续发展维护欧盟农业模式，并以此提高欧洲农业的生产力、竞争力。

20 世纪 90 年代以前，欧盟农业发展主要关注扩大生产、提高产品竞争力，共同农业政策通过干预性购买和出口补贴等政策工具干预市场，其后果是生产由政府激励驱动而非市场信号导向，导致了大量的生产过剩，同时也造成了预算压力。因此，共同农业政策改革向农民收入支持转变，从 1994 年开始，削减价格支持的同时开始对农民进行补偿性支付——挂钩直接支付，以确保欧洲农民收入的稳定。以固定面积或固定动物头数为基数的挂钩直接支付，是共同农业政策市场化改革的第一步。2003 年直接支付不再与特定类型生产挂钩而是基于历史补贴收入价值的收益权，即脱钩直接支付。通过脱钩直接支付确保了农民的基本收入，其余收入则取决于市场，由农民根据市场信号决定生产什么、生产多少，甚至可以考虑为了获得环境损失补偿而进行休耕。1992 年以前，90% 多的欧盟农业支出流向了包括出口补贴在内的市场支持，而到了 2009 年这一比例下降到共同农业政策预算的 10%。自 20 世纪 90 年代初以来，欧洲农业政策变化的驱动力一直是如何在支持经济、社会和环境目标之间实现最佳的共同发展，并就实现这些目标最有效的工具达成一致。具体而言，变革的驱动力是增强市场导向和适应社会新需求的愿望。公民对应该生产什么产品（质量而不是数量）以及如何生产（根据更高的环境标准）的优先次序的变化，进一步引发了政策的变化。社会对限制农业生产对环境影响的要求以及对动物福利的要求，也成为推动共同农业政策改革的主要力量（见图 4－1）。

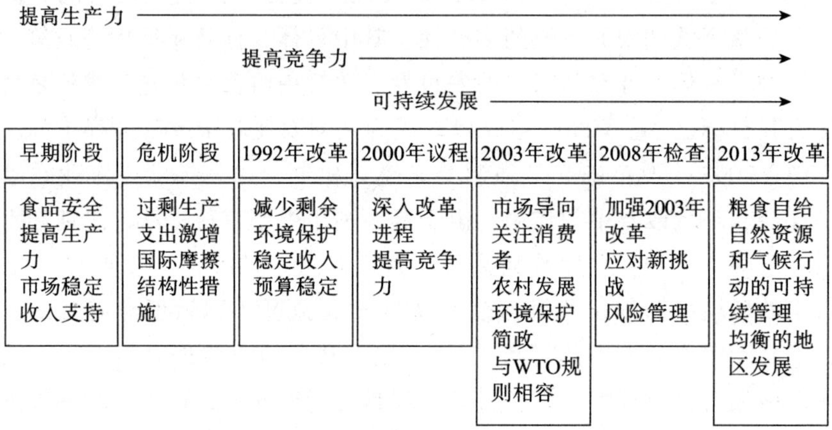

图 4－1　CAP 的历史演进

资料来源：The CAP in perspective：from market intervention to policy innovation.

表 4－1 对欧盟农业绿色发展演进过程中的主要关注问题进行了汇总，从中可以清晰地看出欧盟对农业绿色发展的关注从早期的休耕措施到环保理念全面融入农业政策，再到措施的不断具体细化，欧盟农业绿色发展支持政策一直处于不断地调整过程中，以服务于其可持续发展目标。

表 4－1　欧盟农业绿色发展演进过程中的目标与主要关注点

年度	目标	要点
1992 年 CAP 改革	提升农业农村竞争力、保护生物多样性和生态环境	①农业结构调整，建立基金，对 55 岁以上农业生产者实行提前退休制度 ②制定土地休耕计划，扶持山区和农业环境限制地区发展农业
1998 年加迪夫欧盟理事会	欧盟政策与环境政策一体化	将环保理念融入欧盟其他政策

续表

年度	目标	要点
1999 年赫尔辛基欧盟理事会	欧盟农业政策与环境政策一体化	环境维度纳入 CAP
1999 年 CAP 改革《2000 年议程》	保持农业的多功能性、可持续性和竞争性，以及促进农村发展	①引入新的农村发展政策，确立把农村发展政策作为 CAP 的第二支柱 ②强调农业农村发展可持续性和多功能性
2003 年 CAP 改革	维持和改善农村社会、经济结构，促进农业现代化及农村可持续性发展	①农民支持与特定环境、动物福利及食品安全方面标准挂钩 ②至少 25% 的农村发展基金用于改善环境及乡村
2008 年健康检查	促进欧盟农业现代化，简化 CAP 执行程序，帮助农民更好地对市场信号作出反应和应对世界市场挑战	①第 68 条款（对具有特殊问题领域的援助）：12 个新成员国可以国内直接支付总额的 10% 作为上限，对某一农产品领域进行用于改善环境、提高产品质量或市场营销的直接支付 ②废除 10% 的休耕计划，使农民最大化他们的产量潜能
2013 年 CAP 改革	自然资源的可持续管理，气候行动	①农村发展措施中至少 30% 的预算为应对环境、气候挑战 ②创设绿色直接支付
2021 年改革建议	简化、CAP 的现代化	①绿色支持政策框架改革 ②新的绩效监测和评估框架

资料来源：根据欧盟相关资料整理所得。

4.2　农业绿色发展支持政策演进阶段及趋势

本节对欧盟农业绿色发展支持政策体系进行阶段划分，以此进一步分析各阶段支持政策的特点和趋势。

4.2.1　政策体系形成期（1992—2007 年）：确立欧洲农业发展模式

背景分析：①原有高市场保护的补贴政策难以为继。欧盟对农业绿色发展的重视始于 1992 年的 CAP 改革，在此之前，欧盟共同农业政策更注重提高农业生产水平和供给能力，主要手段是市场价格支持，但是这种明确指向性和保护性的政策，使得欧盟与各成员国农业支出占比逐渐增加，过高的农业财政支出越来越引起民众的反对，迫切需要对农业支持政策调整和提供能够说服纳税人的支持依据。②农产品过剩问题突出。随着农业技术革新与市场化的发展，欧盟的农业劳动生产率有了较大提高。自给率从 1970 年的 81% 提高到 1980 年的 90%，部分重要产品甚至超过 100%，如糖（127%）、黄油（132%）、脱脂奶粉（190%）[①]。③环境污染问题日益严重。欧盟高投入高消耗的农业发展模式是以自然资源的大量消耗和农药化肥的大量投入为基础的，这种生产方式带来了诸如土壤污染、盐碱化、水质污染、水体富营养化、生物多样性降低、病虫害增加等各种生态环境问题。进一步的，使得欧盟农产品质量安全和欧盟农业的可持续发展受到影响[②]。

1992 年 6 月，欧共体农业部开始针对共同农业政策进行系统改革。这次改革确定了农业发展模式从原有的以促进农业经济增长为目标改变为农业多功能性，重视农业的生态功能，实施休耕和环境补贴等措施，发挥农业在保护自然环境方面的作用。1995 年 11 月的马德里峰会进一步将农业多功能性作为欧盟农业发展与改革的重要方向，支持措施主要涉及耕地面积削减计划[③]及农业结构调整和环境保护政策[④]。1997 年欧盟委员会在《2000 年议程》中提出建立“欧洲农业发展模式”，将农业多功能性融入欧盟农业发展中，将农业政策的目标确定为保持农业多功能性、可持续性和竞争性以及农村的发展。2003 年欧盟设立强制性交叉遵守机制，即 CAP 下的各项补贴政策与生产脱钩，与遵守环境、食品安全、动物健康和动物福利标准等方面的法规要求相联系，要求农民不得显著减少永久性牧场的面积，提出直接补贴的受益者有义务保持耕地处于良好的耕种和环

---

① 裘元伦．欧洲经济共同体的农产品生产过剩问题［J］．国际经济评论，1981（7）：71－73.

② 杨晓萌．欧盟的农业生态补偿政策及其启示［J］．农业环境与发展，2008（6）.

③ 对大规模生产者（谷物生产总量超过 92 吨）强制休耕 15% 农田，休耕的土地可以获得 253 欧元/公顷的休耕补贴。

④ 如通过建立基金，鼓励保护环境；对 55 岁以上农业生产者实行提前退休制度，以便安置农业青年；扶持山区和条件差的地区发展农业等。

境条件。2005 年成立欧盟农村发展基金，标志着“欧洲农业发展模式”的正式确立。欧盟农业多功能性细分为 3 个维度：①农业的社会功能，包括农业从业人员的退休补贴和发展支持。②改善农业生产环境，包含污染物治理、污染源控制、农业景观和生态多样性的保护。③从产量导向向生活品质导向转变，促进农业文化功能的发展，恢复原有的田园风光。

4.2.2　政策体系完善期（2008—2020 年）：形成自愿与强制结合的政策体系

背景分析：由于新成员的加入以及国内经济和国际局势的变动，使得欧盟农业发展上面临的问题复杂化。在生态环境上欧盟面临土壤和水质下降、生物多样性降低以及需要提高资源利用率等方面的困扰。共同农业政策也面临如何通过改革促进欧盟农业现代化，使共同农业政策执行上更加简化和合理，帮助农民更好地对市场信号做出反应和应对全球粮价上涨等挑战的问题。

2008 年欧盟开展健康检查以进一步对农业绿色发展支持政策进行补充和完善。主要涵盖三方面内容：第一，第 68 条（即对具有特殊问题领域的援助）。成员国可以保留产品直接支付预算的 10% 用于特定部门。2010 年起该资金主要用于改善环境、提高产品质量、产品促销等方面。第二，支持结构调整。如果农场获得的直接支付超过 5000 欧元，将削减其直接支付的 5%（削减的比例 2012 年增加至 10%），削减资金转入农村发展预算。以这种方式节余的资金可用于成员国可再生能源、水管理、气候条件改变、生物多样性方面的革新。第三，完善交叉遵守机制。交叉遵守的要求更加简化，取消了一些与农民的义务无关的标准，增加了休耕和水资源管理方面的要求。

由于欧盟在环境方面日益受到资源利用率有待提高、土壤和水质下降以及生物多样性方面的影响，2013 年年底，CAP 进行了新一轮改革，设定了 2014—2020 年欧盟共同农业政策框架，对交叉遵守机制的内容进行修整，并在直接支付体系中引入绿色直接支付，与支柱 2 下的农业—环境措施配套形成了自愿与强制结合的绿色支持体系（见图 4 - 2）。该体系的运行需要农业研发、农场咨询系统的支持。其中，农场咨询系统主要是向农民提供在生产过程中，如何按照交叉遵守规定进行生产操作规范的咨询服务。2007 年后欧盟要求所有成员国必须建立农业咨询服务系统，并着手考虑将在农民层面从自愿加入该系统转向强制加入。

2014—2020 年，欧盟投资 1000 亿欧元用于欧盟农村地区以帮助农场应对来自水土质量、生物多样化及气候改变方面的挑战①，支持集中在以下领域：大约 27 亿欧元用于可再生能源生产；28 亿欧元用于能源效率；410 万公顷的农业和林地将根据保护/封存碳的管理合同进行管理；预计有 510 万公顷的农业土地将根据减少温室气体和/或氨排放的管理合同进行管理，为了减少农业排放，欧盟将通过新的投资支持 2% 的畜牧农场建设气候友好型居所。

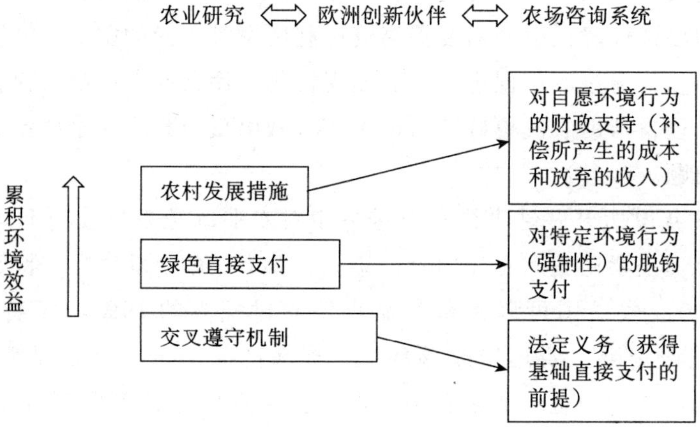

图 4－2　CAP 中农业绿色发展支持框架

资料来源：*Overview of CAP Reform 2014－2020*。

4.2.3　政策体系发展趋势（2021 年以后）：提高效率、简政放权

改革背景：自 2013 年共同农业政策改革以来，一方面由于宏观经济因素、地缘政治紧张局势和其他因素的影响，农产品价格大幅下跌；另一方面贸易谈判的重点已从多边协议转向双边协议，欧盟对世界市场的开放度进一步提高，欧盟对外签署了新的国际承诺，如关于减缓气候变化的巴

① 有机农业的未来［EB/OL］. https：//ec. europa. eu/agriculture/organic/eu－funding/eu－funding－and－the－new－cap_ en.

黎会议以及联合国可持续发展目标也为其下一步改革指明了方向。

欧盟委员会 2018 年 3 月向理事会提交了关于 2021 年后共同农业政策的改革建议，其中绿色体系进行了进一步调整：以新的增强型限制性条件取代现行的交叉遵守和绿色支付要求，与之前类似，该条件属于强制性要求；在此基础上自愿层面允许各成员国在支柱 1 设立新的生态计划，并保留支柱 2 中的环境气候措施（见图 4－3）。这一调整旨在改善政策效率，给予成员国和地区更大的灵活性以应对地方特有问题，也是 CAP 改革中简政放权在农业绿色发展支持政策改革中的体现。

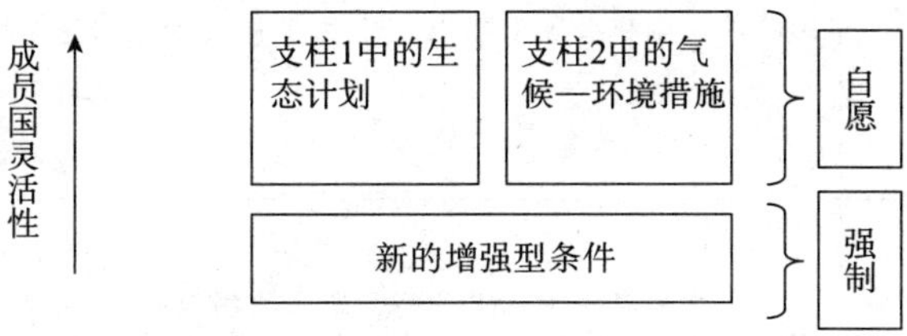

图 4－3　2021 年改革中的绿色支持政策体系

表 4－2 概括了欧盟农业绿色发展支持政策的演进阶段、各阶段政策改革背景以及主要的政策措施。

表 4－2　欧盟农业绿色发展支持政策历史沿革

阶段划分		改革背景	主要措施
支持政策形成期	1992 年	原有农业支持模式所引发的主要农产品生产过剩问题、财政补贴支出急剧增加问题以及环境问题背景下的改革	休耕补贴；农业结构调整；环境保护政策
	2000 年	财政预算压力以及履行乌拉圭回合农业谈判承诺，需要将现有的市场价格支持模式向脱钩支持转化	农村发展支持措施；自愿交叉遵守机制
	2003 年	高强度支持政策下的农业快速发展引发的农业污染问题，使公众对欧盟农业生产方式产生异议	强制交叉遵守机制
	2005 年	为了简化运作框架、减轻管理负担并增强政策之间的协调性	设立农村发展基金

续表

阶段划分		改革背景	主要措施
支持政策完善期	2008 年	为了促进欧盟农业现代化，使 CAP 执行上更加简化和合理，帮助农民更好地对市场信号做出反应和应对全球粮价上涨等挑战，对共同农业政策“健康检查”（CAP Health Check）	推出第 68 条； 支持结构调整； 完善交叉遵守机制
	2013 年	环境方面，资源利用率有待提高，土壤和水质下降以及生物多样性受到威胁	新增“绿色”直接支付； 设立农村发展六大优先领域（其中两大领域涉及环境问题）； 两大支柱资金互转
支持政策的未来发展（下一轮 CAP）	2021 年	如何提高 CAP 运行和资金使用效率，简化程序和权力下放	拟整合交叉遵守机制和绿色承诺为新的限制性条件；在支柱 1 下设立新的生态计划

资料来源：根据相关资料整理。

4.3 农业绿色发展支持政策选择

共同农业政策中与农业绿色发展支持有关的政策主要包括四种措施①：

第一，用于执行强制性环境要求和污染者付费原则的收入支持措施（如与交叉遵守原则配套的脱钩支付）。

第二，以鼓励自愿提供环境服务为目标的措施（农业—环境措施）。

第三，以具有积极的环境影响或有助于维护环境利益或农场类型（LFA 支付）的市场稳定或收入支持为目标的措施。

第四，以满足标准措施或由于区域特殊环境要求等强制性规定导致的经济损失的补偿，如《自然 2000 及水资源管理框架指令》。

① 共同农业政策［EB/OL］. https：//ec. europa. eu/agriculture/envir/cap_ en.

4.3.1　交叉遵守机制

交叉遵守机制（Cross - Compliance System）经历了从无到有，从可选择性措施到强制性措施，从繁琐的要求和标准到逐渐简化易操作的演进历程。交叉遵守的目标是通过提高农民的环境保护意识，使农业与社会的期望相适应。根据该机制，对不遵守交叉遵守规则的农民将实施行政处罚，通过这种与直接支付挂钩的强制性措施，有助于提高标准化生产程度和环境的保护。

（1）交叉遵守机制的产生（1998—2000 年）

1992 年改革以来，CAP 朝着减少市场干预、增加脱钩直接支付和加强农村发展政策的方向调整。改革初期，随着对环境问题重视程度的不断提高和直接支付逐渐与生产脱钩趋势的增强，作为成员国可选择的措施，1998 年交叉遵守在部分成员国开始实施，可与补贴挂钩，获得补贴的同时要求受益人遵守相应的环境标准。1999 年《2000 年议程》提出在直接支付有关问题上提供水平管理，通过交叉遵守将环境问题更好地融入 CAP，成员国有义务在特定的市场支持计划中采取适当的环境措施。

（2）强制性交叉遵守机制的建立（2003—2013 年）

作为将环境问题融入欧盟各项政策的重要部分，2003 年，欧盟为直接支付建立共同规则，2005 年交叉遵守机制成为欧盟范围内各成员国必须遵守的要求，与直接支付建立联系，各成员国在欧盟指导框架下制定交叉遵守的国家标准。交叉遵守机制创造了 CAP 支付与保证基本强制性标准之间的协同机制，也是将环保理念真正纳入农业政策的重要步骤。2007—2013 年，交叉遵守同样适于农村发展措施中的环境支付以及自 2008 年开始适用于某些葡萄酒支付[①]。

强制性交叉遵守机制包括法定管理条例（Statutory Management Requirements，SMR）和良好农业环境条件（Good Agricultural and Environmental Condition，GAEC）两部分。SMR 内容涉及环境、动物健康与福利、食品安全等共 18 个法定管理要求。表 4 - 3 仅列出与环境问题有关部分，包括保护野生鸟类、防止地表及地下水污染、土壤保护、自然栖息地和野

① 交叉遵守机制［EB/OL］. https：//ec. europa. eu/agriculture/envir/cross - compliance_ en.

生动植物保护。GAEC 要求成员国确保所有农业用地，尤其是不再用于生产目的的土地，维持良好农业和环境条件，包括保护土壤免受侵蚀，保持土壤有机质和土壤结构，避免生境恶化，水管理和保护景观特征（见表 4-4）。由良好农业环境内容可知，其管理重点在于保护农业用地，尤其是注重土地休耕后的管理。自 2005 年，所有接受直接支付的农户必须遵守强制性交叉遵守机制。

表 4-3　　法定管理要求 SMR 环境内容部分

序号	SMR 相关内容	具体条例
1	1979 年 4 月 2 日理事会指令 79/409/EEC 关于野生鸟类保护	第 3，4(1)，(2)，(4)，5，7 和 8 条
2	1979 年 12 月 17 日理事会指令 80/68/EEC 关于保护由某些危险物质引起的地下水污染	第 4 和 5 条
3	1986 年 6 月 12 日理事会 86/278/EEC 关于保护环境尤其是当污水污泥在农业中利用时，土壤的保护	第 3 条
4	1991 年 12 月 12 日理事会 91/676/EEC 关于保护水资源免受农业中硝酸盐污染	第 4 和 5 条
5	1992 年 5 月 21 日理事会 92/43/EEC 关于保护自然栖息地和野生动植物	第 6，13，15 和 22（b）条

资料来源：COUNCIL REGULATION（EC）No 1782/2003 of 29 September 2003.

表 4-4　　良好农业环境关注问题与标准

问题	标准
土壤腐蚀：通过适当措施保护土壤	最小土壤覆盖 反映特定地区条件的最小土地管理 保留梯田
土壤有机物：维持土壤有机物水平	在适宜地区实施作物轮作标准 耕地残茬管理
土壤结构：维持土壤结构	适当机械使用
最低维持水平：确保最低维持水平，避免栖息地破坏	最低牲畜放养率或/和适当管理 保护永久牧场 保护乡村景观特征 避免农业用地上有害植被的侵占

资料来源：COUNCIL REGULATION（EC）No 1782/2003 of 29 September 2003.

2009 年欧盟对 GAEC 进行修订，将水资源保护和管理加入强制性标准，为赋予成员国在标准实施中更大的灵活性而加入选择项（见表 4－5）。针对已在 2009 年 1 月 1 日之前确定农业和环境最低要求的成员国可选择选择性标准。

表 4－5　　2009 年 GAEC 修订内容

问题	强制性标准	选择性标准
土壤腐蚀：通过适当措施保护土壤	最低土壤覆盖 反映特定地区条件的最低土壤管理	保护梯田
土壤有机物：通过适当措施维持土壤有机物水平	耕地残茬管理	作物轮作标准
土壤结构：通过适当措施维持土壤结构		适当机械使用
最低维持水平：确保最低维持水平及避免栖息地的破坏	保护乡村景观特征，包括篱笆、池塘、沟渠、成线状、群状或孤立及场边缘的树木 避免农业用地中有害物种的入侵 保护永久牧场	最低牲畜放养率和/或适当管理 建立和/或保护栖息地 禁止砍伐橄榄树 维持橄榄树和葡萄树良好植物条件
保护和管理水资源：保护水资源防止污染，防止用竭水资源及管理水资源的使用	建立河道缓冲带 灌溉用水的使用须经过授权	

资料来源：COUNCIL REGULATION（EC）No 73/2009 of 19 January 2009.

（3）逐步简化调整阶段（2014—2020 年）

为了加强直接支付对农业绿色发展的支持，2013 年 CAP 改革在直接支付体系中引入新的绿色直接支付。由于绿色直接支付部分内容来自交叉遵守机制，因此对交叉遵守机制进行了调整和简化。根据《条例》（欧盟）第 1306/2013 号关于 CAP 的融资、管理和监督的规定，主要的交叉遵守机制范围调整包括 SMR 的数量由 18 减至 13 种，GAEC 标准由 15 种减至 7 种（见表 4－6）。调整后的交叉遵守主要关注水资源保护、土壤问题、生物多样性及乡村景观的建设与维护（见表4－7）。

表4－6　　2014—2020年交叉遵守调整内容

调整方式	调整内容	调整原因
取消	取消七个可选GAEC	以促进成员国更全面地实施GAEC
转换为直接绿色支付	将保护永久牧场的GAEC标准转换为“绿色”支付的三种做法之一	加强直接支付对绿色发展的支持
转换为基本直接支付的资格条件	防止不必要植被侵害的GAEC标准已成为基本直接支付方案下的资格标准	加强直接支付对绿色发展的支持
取消	去除污水污泥	一般适用于污水公司而非农民
取消	在动物疫病通报中删除三个SMRS	系统交叉遵守控制不适用于特殊疾病的发生
缩减	减少两个保护野生鸟类和自然栖息地的SMR的范围	侵权行为只有在农民被当场抓获时才能确定
SMR向GAEC转换	将防止地下水污染的SMR转化为新的GAEC	规范农民生产方式

资料来源：Regulation (EU) No 1306/2013 of the European Parliament and of the Council.

表4－7　　2014—2020年交叉遵守机制中与环境有关的标准

水	SMR1	1991年12月12日关于保护水免受硝酸盐污染的农业理事会指令91/676/EEC的第4条和第5条
	GAEC1	河道缓冲带的建立
	GAEC2	灌溉用水的使用须经授权，遵守授权程序
	GAEC3	防止地下水污染：禁止直接排放至地下水，防止通过危险物质的渗滤污染地下水
土壤和碳存储	GAEC4	最低土壤覆盖
	GAEC5	反映特定地点具体情况的最低土地管理以限制侵蚀
	GAEC6	通过包括禁止燃烧作物残茬等恰当操作以维护土壤有机质水平（为了植物健康目的的除外）

续表

生物多样性	SMR2	欧洲议会和理事会 2009 年 11 月 30 的 2009 / 147 / EC 指令第 3 条（1）（2，3），4 条（b）（1），（2）和（4）保护野生鸟类
	SMR3	1992 年 5 月 21 日理事会 92/43/EEC 指令第 6 条第（1）款和第（2）款关于保护自然栖息地和野生动植物
乡村景观、最低水平维护	GAEC7	景观特征，包括适当的地方的篱笆，池塘，沟渠，一组或孤立的树木，田野边缘和梯田，包括在鸟类繁殖和饲养季节禁止砍伐树篱和树木，作为一种可选择的避免入侵植物物种的措施

资料来源：Regulation（EU）No 1306/2013 of the European Parliament and of the Council.

（4）绿色体系重构（2021—2027 年）

2020 年提案中提出绿色体系的重构，交叉遵守机制也出现了较大调整。交叉遵守机制并未出现在预案中，而是以新的增强型条件代替。内容上仍包括法定管理要求和良好农业环境，但具体内容有所调整。法定管理要求由于对《水框架指令》和《可持续使用农药指令》要求的增加而扩展至 16 个，其中与环境气候有关的仍为 4 个；良好农业环境扩展至 10 个，范围包括气候改变、水、土壤和生物多样性方面。如表 4－8、表 4－9 所示。

表 4－8　　新一轮 CAP 中 SMR 调整

涉及问题		调整内容
水	SMR1	欧洲议会和理事会 2000 年 10 月 23 日关于建立共同体在水政策领域行动框架的第 2000/60/EC 号指令：关于控制磷酸盐污染扩散源的强制性要求的第 11（3）（e）条和第 11（3）（h）条
	SMR2	1991 年 12 月 12 日关于保护免受农业硝酸盐污染的水域的理事会指令 91/676/EEC（OJ L 375，31. 121991，P. 1）：第 4 条和第 5 条
生物多样性	SMR3	欧洲议会和理事会 2009 年 11 月 30 日关于野生鸟类保护的第 2009/147/EC 号指令（OJ L20，26. 1. 2010，第 7 页）：第 3（1）条、第 3（2）（b）条、第 4（1）、（2）和（4）条
	SMR4	1992 年 5 月 21 日理事会 92/43/EEC 指令第 6 条第（1）款和第（2）款关于保护自然栖息地和野生动植物

资料来源：Brussels，16. 2018 COM（2018）392 final annexes 1 to 12.

表 4-9　新一轮 CAP 中 GAEC 调整

涉及问题		调整内容	调整目的
气候改变	GAEC1	基于永久性草地与农业面积的比例的永久性草地的维护	防止转化为其他农业用途以保护碳储量的一般保障
	GAEC2	对湿地和沼泽的适当保护	保护含碳丰富的土壤
	GAEC3	除了植物健康目的外，禁止燃烧可耕地残茬	维持土壤有机物
水	GAEC4	沿河道建立缓冲带	保护河道免受污染和径流
	GAEC5	农场营养可持续工具的使用	营养的可持续管理
土壤（保护和质量）	GAEC6	耕作管理降低土壤退化风险，包括边坡考虑	反映特定地点条件限制侵蚀的最小土地管理
	GAEC7	最敏感时期无裸露土壤	冬季土壤保护
	GAEC8	作物轮作	保护土壤潜力
生物多样性及景观	GAEC9	农业面积中用于非生产性特征或地区的最小份额 景观特征的保留 禁止在鸟类饲养和繁殖季节砍伐树篱和树木 作为一种选择，避免外来入侵植物的措施	维持非生产性特征和改善农场生物多样性的面积
	GAEC10	在自然 2000 地区禁止永久绿地转耕	保护栖息地和物种

资料来源：Brussels，16. 2018 COM（2018）392 final annexes 1 to 12.

从目前执行的 GAEC 标准和提案的 GAEC 标准来看，由于第一支柱中绿色直接支付取消等原因，在土壤保护、生物多样性方面新增了标准，由于欧盟巴黎气候大会所作出的承诺而增加了气候改变方面的标准，而在水资源方面则进行了精简（见表 4-10）。

表 4－10　　　　GAEC 标准调整对比

2014—2020 年 GAEC 标准	2020 年后提案中的 GAEC 标准
气候改变：	气候改变： GAEC1 永久牧场的维持 GAEC2 通过适当的湿地和泥炭地保护以保护碳丰富土壤
GAEC6 通过禁止燃烧残茬保护土壤有机质	GAEC3 通过禁止燃烧残茬保护土壤有机质
水： GAEC 1 沿河道建立缓冲带 GAEC2 灌溉用水的使用必须经过授权，遵循官方的程序 GAEC3 保护地下水以防污染	水： GAEC4 沿河道建立缓冲带 GAEC5 农场营养可持续工具的使用
土壤保护和质量： GAEC5 耕作管理降低土壤退化风险，包括边坡考虑 GAEC4 最低土壤覆盖	土壤保护和质量： GAEC6 耕作管理降低土壤退化风险，包括边坡考虑 GAEC7 最敏感时期无裸露土壤 GAEC8 作物轮作
生物多样性及景观： GAEC7 ——保留景观特征 ——禁止在鸟类饲养和繁殖季节砍伐树篱和树木 ——作为一种选择，避免外来入侵植物的措施	生物多样性及景观： GAEC9 ——农业面积中用于非生产性特征或地区的最小份额 ——景观特征的保留 ——禁止在鸟类饲养和繁殖季节砍伐树篱和树木 ——作为一种选择，避免外来入侵植物的措施 GAEC10 在自然 2000 地区禁止永久绿地转耕

资料来源：Brussels，16. 2018 COM （2018） 392 final annexes 1 to 12.

总体而言，交叉遵守机制作为基本的环境标准与法规，涉及水、土壤、生物多样性以及乡村景观的保护与维护，其目的并非要达到高标准的环境保护目标，而是用于规范农民的生产方式，保护欧洲农业生产模式。从法定管理要求和良好农业环境条件调整趋势来看，交叉遵守机制向着简单易操作，减少执行成本方向发展。

（5）交叉遵守发挥作用的干预逻辑

如图4－4所示，社会对改善环境、减少脱钩支付对生产的负面影响等方面的需要转化为欧盟层面总目标；总目标细化为国家层面的具体目标，进而细化为农民层面的执行目标。执行目标表明了投入的目标和基础，即措施的实施和资源配置。沿着这条线，重点从欧盟级别转向农场级别。

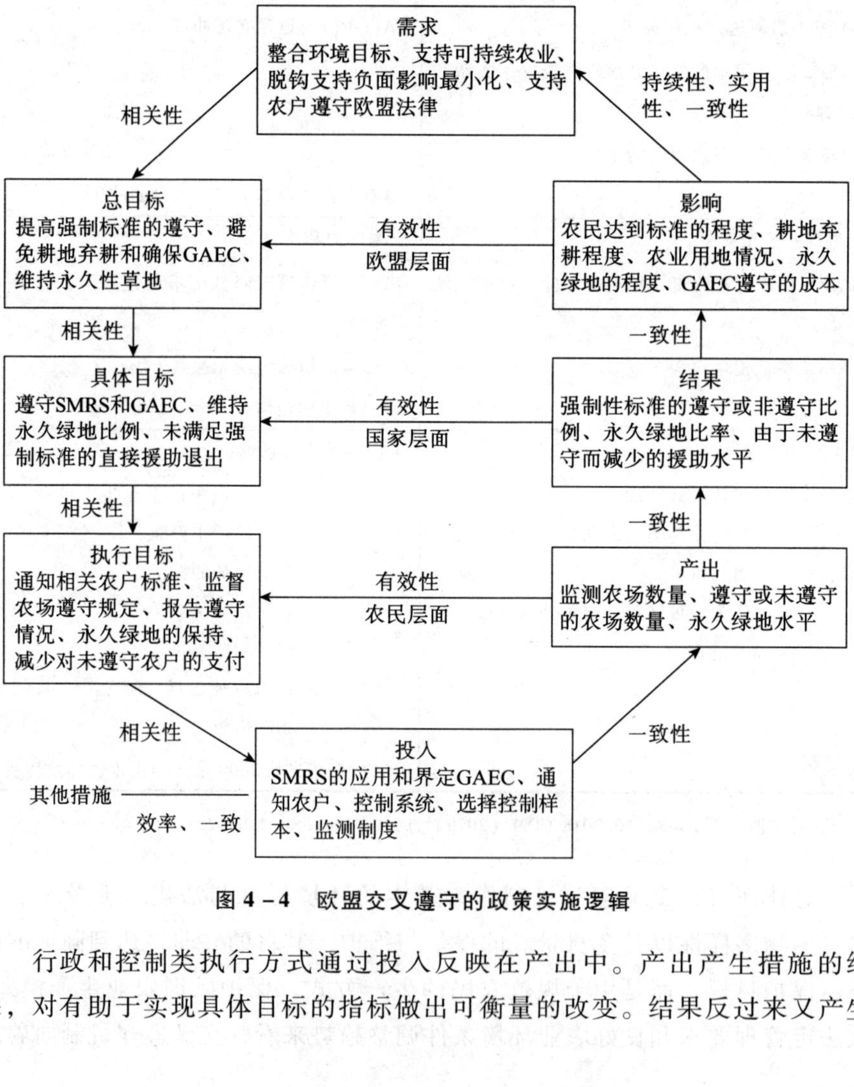

图4－4 欧盟交叉遵守的政策实施逻辑

行政和控制类执行方式通过投入反映在产出中。产出产生措施的结果，对有助于实现具体目标的指标做出可衡量的改变。结果反过来又产生了有助于实现总目标的影响。这些影响满足了社会的需要，并创造了超过政策成本的效用。沿着这一维度，重点从农场层面转向欧盟层面。

从交叉遵守的干预逻辑来看，欧盟将政策目标分解为欧盟、国家、农民三个层面，从总目标到具体目标再到执行目标，将社会需求一步步细化；政策执行过程中注重政策执行效果的监测，从农民层面、国家层面、欧盟层面对执行效果进行量化监测，不断反馈修正，形成政策良性循环。

4.3.2　绿色直接支付

2015 年绿色直接支付（Green Direct Payment）正式实施，并规定绿色支付资金比例占直接支付总资金额的 30%。绿色直接支付一方面可以为欧盟高额补贴寻找依据，即由于农产品具有对环境或气候有益的公共物品属性，而市场价格不能反映这一属性，因此需要对执行环保措施的农户提供补贴帮助；另一方面可通过鼓励有利于环境和气候改变的生产实践来提高 CAP 在改善环境方面的功能。该政策具有年度性、简单性、普遍性以及非合约性的特征，即政策措施与直接支付管理原则相一致，实行年度计划；政策措施反映标准的可持续农业做法，且所有直接支付下的农民均可受益于此；与农村发展措施所不同，绿色直接支付采取非合约化分配。

（1）绿色直接支付产生背景及原因分析

2010 年在欧委会会议主题为 CAP2020：满足未来食品保证、自然资源保护和区域挑战的会议中，委员会首次提出 2014—2020 年共同农业政策改革中将在支柱 1 中引入绿色措施的构想。欧委会明确了提供资金以支持农业提供公共物品，并指出通过农业积极管理自然资源是保持区域活力和长期经济活力的必要基础，特别是“加强对水、空气、生物多样性和土壤等自然资源的可持续管理”，以应对农民减少温室气体排放的需要，发挥积极作用。

为实现这一目标，政策体系引入“简单、一般化、年度和非合约支付”形式的“绿色支付”，并对交叉遵守的要求相应进行了调整，部分原有的良好农业和环境条件的标准构成了新的绿色直接支付的基础。

在支柱 1 中纳入绿色直接支付是 CAP 的理念和架构的重大战略变革。

这种调整原因在于①：

①为向农民给予直接支付提供合理理由。由于 CAP 支出给欧盟财政造成沉重的压力，是否需要向农民及农业提供巨额的财政支持一直是争议的焦点。引入农业提供环境公共物品的观点并对其进行合理支持，为向农民提供直接支付建立了理论基础，也将成为稳定 CAP 预算的一种方式。

②现有绿色措施并未达到预期效果。欧盟农业环境绩效的持续下降和对欧盟农业土地（生物多样性、水、土壤、温室气体排放、氨等）的环境压力的增加，有证据表明交叉遵守并没有提供预期的基线，而农业环境计划没有充足的资金针对当地面临的环境问题以提供解决措施。

③通过积极鼓励而非强制干预以提高环境保护的积极性。欧盟倾向于通过对成员国整个农业区域的环境管理采取更加均衡一致的方式，并通过对农民进行基于环境目标的积极支付以实现绿色发展目标，而非通过将环境条件附加到基本的收入支持支付中。

同时，这种与强制性交叉遵守不同的方式也旨在以更加集中的方式对欧盟农田，尤其是可耕地进行管理。然而也正因为它的广阔的地域覆盖和统一标准特点，使得该措施缺乏对具体问题的针对性，需要通过更具针对性的农村发展措施加以补充。

（2）绿色直接支付措施

绿色措施包括标准绿色措施、对等绿色措施，并规定了免于绿色约束的特定情况。

①标准绿色措施。标准绿色措施涉及作物多样性、永久绿地和生态重点区域的相关规定。要求耕地面积超过 10 公顷且在 30 公顷以内的农户，至少种植两种作物，主要作物不得超过土地面积的 75%，超过 30 公顷的农场至少种植三种作物，主要作物不得超过 75%，两种主要作物不得超过 95%；在划定的永久绿地区域农户不得耕种或改变其用途，且成员国须维持总农业用地一定比例为永久绿地，并对其进行监测，每年监测下降比例不能超过参考比例的 5%；耕地超过 15 公顷的农户须保留至少 5% 的

① Andrew K. Manderson, Alec D. Mackay, Alan P. Palmer. Environmental Whole Farm Management Plans: Their character, diversity, and use as agri - environmental indicators in New Zealand [J]. Journal of Environmental Management, 2005, 82 (3).

耕地为生态重点区域，2017 年后可能提高到 7%，生态重点区域包括休耕地、梯田、景观带、缓冲草带、农业林、灌木林以及固氮作物等（见表 4－11）。

表 4－11　　　　　　　　标准绿色措施要求

领域	补贴对象	要求
作物多样性	耕地面积 10－30 公顷以内的农场	须至少种植两种作物，主要作物不能超过土地面积的 75%
	超过 30 公顷的农场	须至少种植三种作物，主要作物不能超过 75%，两种主要作物不能超过 95%
永久绿地	永久绿地区域农场	保持总农业用地一定比例为永久绿地，每年监测下降不得超过参考比例的 5%；不得耕种或改变其用途
生态重点区域	耕地超过 15 公顷的农场	须保留至少 5% 的耕地为生态重点区域，可包括休耕地、梯田、景观带、缓冲草带、农业林、灌木林以及固氮作物等

资料来源：欧盟委员会网站资料整理。

②对等绿色措施。成员国允许农户通过对等（可选择的）措施以达到绿色要求。对等措施须满足成员国农村发展项目的农业—环境—气候计划或与国家、地区认证计划相一致，并须具有相同或更高水平的气候环境效益。

③免于绿色约束的情况。根据规定从事有机农业可免除全部绿色义务，有机农业的认证农民即使没有完成绿色实践也可给予每年的绿色支付；部分免除特定绿色义务的情况有三种：第一，部分或全部位于鸟类及栖息地指令或水资源框架指令下地区的农户；经营农场为草场、休耕地或水下作物的农户；第二，低于特定可耕地面积的可免除（如作物多样性及生态重点区域中低于其要求耕地面积的）；第三，参加小农计划的农户，此类农户不接受绿色直接支付而是一个总的直接支付①。

对于绿色直接支付计算方法，成员国有两种可选择的方法②，采取以

① Kim, C. G. Policy Development for Integrating Agriculture and the Environment [J]. Journal of Rural Development Seoul, 2001, 24 (2): 247－71.

② Francesco Tropea. Common Agricultural Policy 2014－2020: Direct payments [EB/OL]. http: //www. eprs. ep. parl. union. eu. 2016. 12.

合格耕地面积平均分配的方式以及采取占支付权益价值一定百分比的方式。其中以合格耕地面积作为支付依据的计算方法，每年通过将直接支付预算的30%除以有关成员国或地区申报的合格公顷的总数量来计算。以这种方式计算，成员国或地区的所有农民的绿化年支付金额是相等的，例如，80欧元/公顷或120欧元/公顷；采取支付权益价值百分比计算方式时，年度支付额为支付期内每年总支付权益价值的一定百分比。以这种方式，在一个成员国或地区，不同的单位支付价值的农民每年绿化支付不同。

4.3.3 农业—环境措施

（1）农业环境措施（Agricultural - Environment Measure，AEM）的演进

①2000—2006年欧盟农村发展政策体系中的环境关注。20世纪80年代开始，一些成员国便自发实施农业环境措施，1985年欧委会农业结构条例的第19条中在欧盟层面建立农业环境措施，但在成员国层面仍为可选择的政策。1992年，欧盟要求所有成员国在境内引入农业环境措施，将其作为共同农业政策CAP改革的“配套措施”。农村发展政策措施从设计之初就将关注点放在了农业农村在提供环境公共物品的作用上。2000—2006年欧盟农村发展政策框架中第二部分的5项措施均侧重于农村生态环境的修复与改善（见表4-12），且资金占比高达52%。

表4-12　2000—2006年欧盟农村发展政策与环境有关措施①

政策类别	政策措施
第二组	对自然条件不利地区的支付
	与农业、林业有关的环境保护
	改善农业环境
	农用地造林
	其他林业

资料来源：根据*EU-25 Agricultural Situation Rural Development in the European Union 2004*整理所得。

① 宋洋．欧盟农村发展支持政策研究［D］．河北农业大学，2018.

②2007—2013 年欧盟农村发展政策体系中的农业环境措施。2007—2013 年欧盟基于内部农村发展的需要和财政压力以及外部贸易伙伴对欧盟高支持高补贴的指责和批评，在对长期高保护下农业快速的发展所造成的农业污染问题反思的基础上，开始对农村发展政策进行改革与调整。欧盟理事会条例（EC）第 1698/2005 号规定了 2007—2013 年期间农村发展政策的基本规则以及成员国和地区的政策措施。新的农村发展政策分为四个主题轴，共有 44 项备选措施。其中第二主题轴与环境问题关系密切，共包括 13 项措施。第四轴以其他三个主体轴中的一个或者多个为基础，通过促进农村发展的农村地区发展行动联合项目（LEADER）①，为当地参与者设计高度个性化项目，以解决实际问题。成员国可以根据当地需求选择如何支出农村发展资金，但要求至少 25% 用于改善环境和乡村发展（轴 2）②，如表 4 - 13 所示。

表 4 - 13 2007—2013 年欧盟农村发展政策与环境有关的主题轴及具体措施③

主题轴	代码	具体措施
第二轴	211	对山区受自然条件限制的农民支付
	212	对除山区以外受自然条件限制的农民支付
	213	自然 2000 项目的支付以及和 2000/60/EC 指令相关的支付
	214	农业环境支付
	215	动物福利支付
	216	对非生产性投资的支持
	221	农业用地上的首次造林
	222	在农业用地上的首次建造农业森林系统
	223	非农用地上的首次造林

① 农村地区发展行动联合（Liaison Entre Actions De Développement Rural，LEADER）通过调动和联合农村地区社会发展各种要素，因地制宜的促进农村本土问题的解决。

② The CAP in Perspective：from market intervention to policy innovation [EB/OL]. http：//ec. europa. eu/agriculture/analysis/perspec/index_ en. htm.

③ T. Rodríguez - Ortega，A. M. Olaizola，A. Bernués. A Novel Management - based System of Payments for Ecosystem Services for Targeted Agri - environmental Policy [J]. Ecosystem Services，2018，34.

续表

主题轴	代码	具体措施
第二轴	224	自然 2000 支付
	225	森林环境支付
	226	恢复森林潜力和引入预防措施
	227	对非生产性投资的支持
第四轴	411	本地发展战略——竞争力
	412	本地发展战略——环境/土地管理
	413	本地发展战略——生活质量/多样化
	421	跨地区合作
	431	当地行动小组（LAGs）的运行，技能的获取和运用
技术援助	511	技术援助
	611	保加利亚和罗马尼亚直接支付的补充措施

资料来源：根据 *Rural Development in the EU Statistical and Economic Information Report 2013* 整理所得。

③2014—2020 年欧盟农村发展政策体系中的农业环境措施。2014 年改革欧盟农村发展政策重点关注生态环境改善、农村可持续发展。改革设立 6 个优先方面和焦点领域以及具体项目措施。成员国可从诸多具体措施中选择适合自身的措施，赋予了成员国更大的灵活性。

2014—2020 年期间，与农业绿色发展有关的政策领域与支出包括：可再生能源生产的资金约 27 亿欧元；能源效率资金 28 亿欧元；接受保护/封存碳的管理合同的农业和林地 410 万公顷；接受减少温室气体和/或氨排放的管理的农业土地预计有 510 万公顷。新投资主要用于牲畜的养殖场所符合环境友好条件，共覆盖 2% 的牲畜养殖场所，以期减少农业排放[①]。

④2021—2027 年欧盟农村发展政策体系中的农业环境措施。2021—2027 年欧盟委员会预计将 54.5 亿欧元用于支持环境和气候行动项目，比上轮增加 19.5 亿欧元。其中保护自然和生物多样性投资 21.5 亿欧元；循环经济和提高生活质量方面投资 13.5 亿欧元；缓解和适应气候变化投资

① Yano, Yuki. Incentives and Moral Hazard in Agri - Environmental Policy [D]. France: Penn State University. 2008.

9.5 亿欧元；清洁能源转移投资 10 亿欧元（见表 4 - 14）。

表 4 - 14　2021—2027 年支持环境气候行动项目投资资金　单位：亿欧元

项目名称	本轮金额	新一轮金额
2021—2027 环境气候行动支持总额	35	54.5
保护自然和生物多样性	—	21.5
循环经济和提高生活质量	—	13.5
缓解和适应气候变化	—	9.5
清洁能源转移	—	10

资料来源：新的 LIFE 计划——环境和气候行动文献①。

农民在应对气候变化、保护环境、保护景观和生物多样性方面发挥着关键作用。欧盟委员会在其提案中对改善环境和气候变化方面有较大的信心。强制性要求包括：①保护湿地和泥炭地，保护富碳土壤；②使用必需的营养管理工具，改善水质，减少氨和一氧化二氮含量；③轮作代替作物多样化。欧盟国家将制定自愿生态计划，以支持和激励农民遵守有利于气候和环境的农业做法，因而农民还可进一步做非强制性要求的贡献，并将获得额外奖励。为更好应对环境气候变化，具体措施包括以下方面，一是最少将支柱 2 中 30% 的资金用于与气候和环境有关的措施；二是计划支出 CAP 总预算 40% 的资金用于气候行动；三是对各国所采取气候行动进行年度监测，对不履约的国家暂停拨款；四是用最多不超过 5% 的财政业绩储备金来奖励达到其气候、环境和生物多样性目标的成员国；五是成员国必须为参与具体生态计划的农民保留部分直接付款；六是改善与欧盟关于气候行动与环境的其他政策和方案的协同作用，如为知识转移、生态友好型投资、创新与合作等创造有利条件。

（2）制定程序

农业环境措施具体由成员国或地区制定，并提交欧盟委员会批准，作为成员国农村发展计划的一部分，有时也会在规划期间提交新的措施或修正。欧盟委员会详细审查拟议的措施以检验其合规性。必要时，委员会与

① European Commission：https：//ec. europa. eu/commission/sites/beta - political/files/budget - may2018 - new - life - programme_ en. pdf.

成员国/地区之间进行讨论，以了解这些措施是如何改进的。这些建议随后提交到农业结构和农村发展委员会，该委员会由参加委员会的成员国代表组成。如果农业结构和农村发展委员会的意见是肯定的，经欧委会批准后，则可以采取措施。

成员国和地区设立农业环境项目，并细分成不同性质的计划。每一个项目或计划由一系列的措施组成。项目或计划有许多不同的形式。其中一个主要的区别就是“广覆盖 VS 专项”计划（或者可理解为浅绿 VS 深绿计划）。广覆盖或浅绿计划往往包括大量农民，覆盖大部分地区，在农民生产上设定相对较宽松的要求，但是对环境服务所提供的支付会较少。深窄或深绿计划倾向于聚焦特定地区的环境问题，因此覆盖的农民范围较小，对农民的环境要求更高，所涉及支付也更多。一些项目同时包括两种类型的计划以满足不同的环境目标，如既包括低水平要求的措施以吸引更多农民加入该计划，同时又包括旨在提供更多（或更高水平）环境服务的严格苛刻的措施计划（见图 4 -5）。作为农村发展计划的一部分，农业环境措施更倾向于激发当地人民的积极性，鼓励地区目标的制定，并动员当地民众参与当地问题的处理[①]。

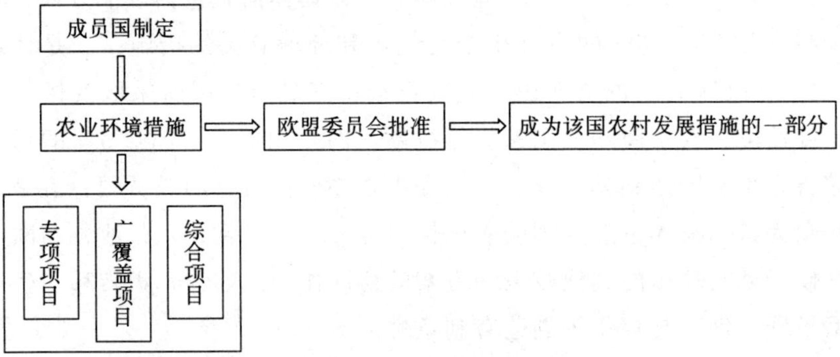

图 4 -5 欧盟农业环境措施制定程序

（3）农业环境措施特征分析

①成员国层面的强制性与农民层面的选择性。一方面，欧盟对于成员

① The CAP in perspective: from market intervention to policy innovation [EB/OL]. http://ec.europa.eu/agriculture/analysis/perspec/index_ en. htm.

国农业环境措施采取强制性要求，并将预算设定在第二支柱预算的 30%。而另一方面，在成员国实施层面上对农民而言则是具有选择性的措施：他可以自由选择是否签订合同以执行提供特定环境服务的措施，而一旦签订即对其具有约束力。这种可选择的性质往往促进农民建设性合作和对环境的积极态度，在这一方面它比法定环境义务具有更大优势。

②针对具体环境问题灵活制定措施。农业环境政策是针对具体问题的政策：由于欧盟和各成员国具体农艺和环境情况存在较大差异，因此成员国可以针对不同情况量身定制措施。在反映他们不同的环境需求时，成员国和地区可以选择以多样化的方式实施政策。该种灵活性使得农业环境措施成为一种高度整合的环境治理工具，能够实现某些其他措施达不到的环境结果。例如，不利地区（LFA）支付有助于避免环境脆弱型土地的弃耕，但他们的主要目标不是环境改善，且定义的地理尺度比农业环境措施更广泛，因此环境保护不是该措施主要的关注。

成员国在如何实施农业环境措施方面具有广泛的自由裁量权。这意味着更广泛的环境和制度问题以及态度对农业环境措施的吸收和环境有效性有很大的影响。例如，执行受成员国农业环境措施的历史水平、对每一层次农业环境措施的不同态度、基于农业环境措施的知识、可获预算（欧盟及共同融资）以及成员国利用措施对目标农民的支付水平的影响。

③支付水平足够高才可以吸引农民参与。从经济角度衡量，农民在选择是否参加农业环境措施相关合同时需权衡履行合同所获得的补偿与所放弃的土地收益或提高的成本问题。因此，农业环境措施支付水平的设定必须足够高以吸引农民加入计划，同时避免过度补偿，这需要成员国科学计算适当的支付水平。

④保护水平在基本参考水平之上。从农业环境措施与交叉遵守机制关系来看，作为大部分直接支付基础的交叉遵守机制所提出的是环境保护的基准水平，在此基础上农业环境支付要求更高的环境保护水平，这也体现了污染者付费原则，要求个体行为者必须承担纠正或避免破坏环境的费用。

⑤WTO 规则下该政策归于绿箱。由于农业环境措施下的支付仅限于“额外费用或涉及的收入损失”，根据《乌拉圭协定》附件 2 属于 WTO 规则下的绿箱支持，因此划为不存在贸易扭曲的支持，是允许的补贴形式。

从早期可选择的措施到支柱 2 中强制性措施，农业环境措施已经成为欧盟农村发展政策中关键组成部分。通过这一演进，欧盟成功地完成了 WTO 规则下转箱操作。

4.3.4　其他政策措施

（1）自然条件不利地区支付[①]（Less - Favoured - Area Scheme，LFA）

在被指定为“自然条件不利”的地区，由于自然缺陷，农业生产或活动更加困难，例如气候条件困难、山区的陡坡或其他不利地区的土壤生产力较低。由于耕作困难，农业土地撂荒的风险很大，因此有可能进而引起生物多样性、荒漠化、森林火灾和高价值农村景观丧失等方面问题。此类维持型农业对环境、景观及旅游有积极效果，但由于自然条件恶劣，高生产成本、居住条件较差需要补贴予以支持。

自然条件不利地区（LFA）支付方案由所有成员国实施，但并非是强制措施。保护农田景观和森林是欧盟 2007—2013 年农村发展战略指导方针确定的关键行动之一。“适当的耕作制度有助于保护从湿地到干燥的草地和高山牧场的景观和栖息地。在许多地区，这是文化遗产的重要组成部分，也是农村地区作为生活和工作场所的整体吸引力的重要组成部分。”LFA 计划作为 2007—2013 年农村发展政策主题轴 2 的一部分，旨在通过支持可持续土地管理改善环境。LFA 方案的目标（理事会条例（EC）第 1698/2005 号）包括通过对自然条件不利地区的支付以继续利用当地农业用地，为维护农村、维护和促进可持续农业体系作出贡献。根据理事会条例（EC）1257/1999 条款规定，并非所有 LFA 中的农场都获得补偿津贴。LFA 的受益者必须承诺从第一次付款起至少耕种 5 年，并耕种成员国规定的最低面积。支付水平一般在 25—200 欧元/公顷之间。

从实施情况来看，欧盟农业利用面积的 57% 被列为不利的地区。尽管指定为 LFA 的地区有较大比例，但仅有有限比例的农民从补贴中受益。2005 年，大约有 140 万个农场，约占欧盟 25 国农场总数的 13% 得到支持。而且由于成员国之间制定的资格规则不同，造成各成员国受补贴比例

---

① LFA 支付计划 [EB/OL]. https://ec.europa.eu/agriculture/rural - development - previous/2007 - 2013/less - favoured - areas - scheme_ en.

及额度有显著的差异。

2000—2006 年对 LFA 的财政支持达 80 亿欧元，约占农村发展资金的 18%。2007—2013 年，欧洲农村发展农业基金（EAFRD）专门用于该方案的分配额为 126 亿欧元，占共同体资金分配总额的 13.9%，相当于 32% 的资源通过支持可持续土地管理用于改善环境和农村（农村发展政策的轴心 2）。

（2）Natura2000 保护区

Natura2000 保护区是根据 1992 年《栖息地指令》建立的全欧盟范围的自然保护区网络。保护区包括“特别保护区”和“特殊保护地”两部分。作为欧盟保护生物多样性的主要工具，Natura2000 同时也是将生物多样性纳入农业政策的重要手段。在 Natura2000 保护区内强调对保护区的可持续管理，并不完全排除人类活动。但在相关活动开展之前必须进行环境评估，项目在通过环境评估，证明不会对生态环境保护造成不利影响时才可以实施①。

2016 年，Natura2000 覆盖了欧盟 28 国 18.2% 的陆地面积。Natura2000 下的农业和林业区域占可利用农业面积的 11% 和总林地面积的 22.9%。特别保护区和特殊保护地分别覆盖了欧盟 28 成员国陆地面积的 12.4% 和 13.9%。

Natura2000 保护区下的可利用耕地比例分布不均，最高的是克罗地亚（25.7%）、保加利亚（22.4%）和斯洛文尼亚（23.2%），最低的是芬兰（1.2%）和英国（2.5%）。成员国之间的差异在 Natura 2000 之下的林业领域更为显著，从英国的 6.6% 到保加利亚的 53.2% 不等。

除了上述政策措施外，促进可持续性的一个关键因素是有效的知识转让和创新，以确保一个资源高效利用、生产性和低排放的农业部门。欧洲农业生产力和可持续性创新伙伴关系以及“地平线”2020 年的研究活动也对实现这一总体目标作出贡献②。另外，还包括 LIFE③ 项目以及 68 条

① 张风春，朱留财，彭宁．欧盟 Natura2000：自然保护区的典范［J］．环境保护，2011（6）．

② 政府文件．农业农村发展战略计划 2016 - 2020［Z］：p. 26.

③ LIFE 介绍［EB/OL］．http：//ec. europa. eu/environment/life/about/index. htm # life2014. 由于该项目不仅仅关注农业对环境问题的作用，因此不作详细分析

款 73/2009[①] 的相关规定。

4.4 农业绿色发展支持资金管理与监督机制

4.4.1 资金管理

欧盟农业绿色发展支持政策主要通过 CAP 实施，分布在 CAP 两大支柱措施中，本部分主要介绍 CAP 资金来源和管理情况。

1962 年欧洲理事会决策建立欧洲农业指导与保障基金（European Agricultural Guidance and Guarantee Fund，EAGGF），为欧共体提供农业政策资金保障。2005 年在原有欧洲农业指导与保障基金 EAGGF 的保障基金基础上成立了欧洲农业保障基金（European Agricultural Guarantee Fund，EAGF），为市场干预和直接支付提供资金；原在保障基金下与农村发展相关的部分以及 EAGGF 的指导基金则并入新的欧洲农业农村发展基金（European Agricultural Fund for Rural Development，EAFRD），为农村发展提供资金（见图 4－6）。其中保障基金 EAGF 全部来自于欧盟预算，资助措施和方案是在欧盟一级制定的，而欧洲农业农村发展基金 EAFRD 则由欧盟和成员国共同融资。由成员国制定具体政策措施以应对本国自身情况。

对应农业绿色支持政策体系，直接支付资金主要来源于 EAGF，农业环境政策措施资金主要来源于 EAFRD 与成员国共同融资。

由于直接支付 2005 年开始均以交叉遵守作为申领基础，2014 年 CAP 改革中又在直接支付中设立绿色直接支付，因此对直接支付中的绿色支持政策支出分别考量直接支付的总体情况以及绿色直接支付支出情况。由表 4－15 可知，自 2005 年以来，直接支付逐年增加，占总预算比例也有所提高。2014—2020 年直接支付占到 CAP 总预算 4083.1 亿欧元的 70% 多，大约每年 420 亿欧元（欧盟年度预算的 27%）。绿色直接支付自 2015 年

① 政府文件. Council Regulation (EC) No 73/2009 [Z]. 19 January, 2009.

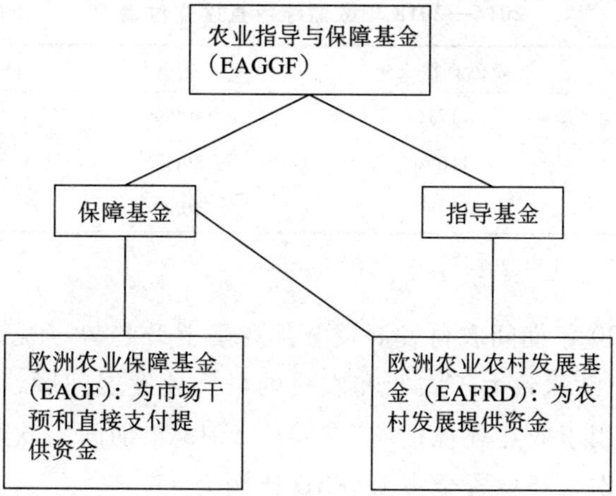

图 4－6　CAP 主要资金来源构成

开始实施，每年预算及占直接支付情况基本保持稳定（117 亿欧元，30%）（见表 4－16）。

表 4－15　　2005—2018 年欧盟农业农村发展及直接支付预算

单位：百万欧元；%

财年	总预算	直接支付	占比
2005	53060	33856	63.81
2006	54541	34163	62.64
2007	52027	37046	71.21
2008	54072	36832	68.12
2009	54680	37779	69.09
2010	58880	39676	67.38
2011	57291	39771	69.42
2012	58587	40511	69.15
2013	60167	41658	69.24
2014	58047	41447	71.40
2015	57603	40909	71.02
2016	57208	40984	71.64
2017	53315	39662	74.39
2018	55464	40669	73.33

资料来源：欧盟各年财政预算整理。

表 4-16 2016—2018 年欧盟绿色直接支付情况 单位：百万欧元；%

财年	绿色直接支付	直接支付	占比
2016	11716	40984	28.59
2017	11696	39662	29.49
2018	11789	40669	28.99

资料来源：欧盟各年财政预算整理。

2000—2020 年期间农村发展资金预算呈上升趋势（见表 4-17），尤其 2007 年后，欧盟致力于农业和农村的可持续发展问题，农村发展资金中的大部分被用于农业环境措施。2007—2013 年期间，欧盟 27 国中第二轴改善和提升农村环境资金占 EAFRD 比例为 45.4%，为各主题轴最高比例，表明各成员国均将支持农村环境的改善作为主要的政策目标。2014 年 CAP 改革中农村发展措施重点关注六大优先事项，多个优先事项均涉及农业环境问题，其中环境限制地区财政拨款为 270.1 亿欧元，农业环境措施预算 263.7 亿欧元，两者占预算比例达 34.56%。

表 4-17 2000—2020 年欧盟农村发展资金预算 单位：百万欧元

时间	资金来源	资金预算
2000—2006 年	EAGGF 等*	643790
2007—2013 年	EAFRD	961980
2014—2020 年	EAFRD	996730

资料来源：欧盟统计局（Eurostat）http：//ec. europa. eu/eurostat/。

注：* 2000—2006 年间农村发展资金包括农业指导与保障基金（EAGGF）和农村临时发展基金、农业和农村发展特别加入计划。

另外，自 2015 年起，为灵活应对各成员国具体问题，欧盟构建两大支柱资金之间的调节机制，各成员国可将本国获得的 CAP 资金在两个支柱间相互转换，但转换额不超过本国 CAP 总额的 15%，这也为充实各成员国绿色支持资金提供了保障。

4.4.2 监督机制

（1）检查机制

作为强制性约束，欧盟制定了交叉遵守的监督与处罚机制（见图 4-

7)。根据第 796/2004 号委员会条例的规定，为保证交叉遵守的实施，成员国必须对申请单一农场补贴的农民进行现场检查，核查比例不少于 1%。一般农民可获得为期 14 天的检查通知期，牲畜补贴检查将在 48 小时内通知农民。检查方式有随机抽取和基于风险评估两种方式，一般随机抽检比例为农场数量的 20%—25%，剩下的 75%—80% 以风险评估为基础进行选择。风险评估或基于农场等级、农场类别或地理位置，也可综合考虑其他因素，如农民是否参与了农场咨询计划等①。

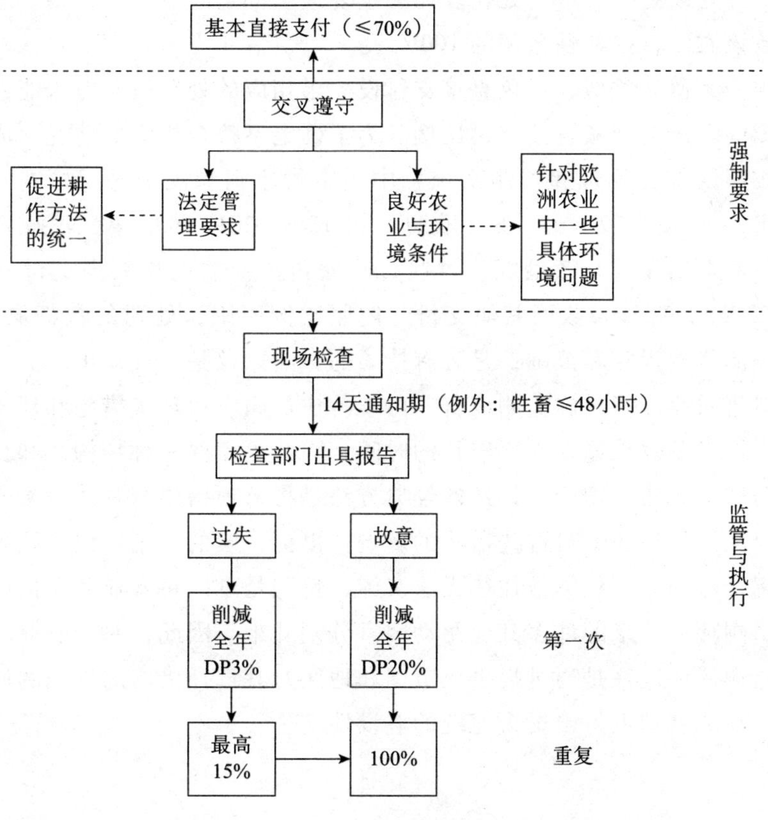

图 4－7　交叉遵守制度监督审查机制流程

---

① 姜双林．欧盟共同农业政策交叉遵守机制探究［A］．中国法学会环境资源法学研究会（China Law Society Association of Environment and Resources Law），桂林电子科技大学．生态安全与环境风险防范法治建设——2011 年全国环境资源法学研讨会（年会）论文集（第三册）［C］．中国法学会环境资源法学研究会（China Law Society Association of Environment and Resources Law），桂林电子科技大学：中国法学会环境资源法学研究会，2011. 6.

（2）惩罚措施

对未遵守强制交叉遵守的农户，处罚将取决于未遵守是过失行为还是故意所为。如果第一次未遵守是由于过失导致的，则减少当年发放直接补贴的3%；如果是故意行为则减少20%的补贴。如果故意行为还涉及其他补贴，则可能影响其下年该补贴的发放。重复违反遵守规定的情况，将被处于更严厉的处罚。如果违反遵守规定均为过失所致，处罚数额最高达到全年发放的直接补贴数额的15%。达到该限制，则此后的违规均将视为故意，并处以更为严厉的处罚。如果重复违反都是故意，处罚则会达到当年发放该农民直接补贴数额的100%①。

与交叉遵守类似，绿色直接支付设立了相应的处罚机制。未能遵守绿色规则的农户会削减直接支付比例。为了确定不符合规则的情况，成员国必须按照《综合管理和控制系统》中规定的原则和规则进行检查。截至2017年，根据第77（6）条（欧盟）第130/2013号的第三项规定，减少支付的费用伴随行政处罚。这些行政处罚包括进一步减少支付（最高可达25%），并涉及收回其他支付。按照比例原则，处罚的数额取决于：不遵守的严重程度和范围；是否有持久的影响以及是否反复出现。

对于农业环境措施监测而言，由于各成员国农业环境措施和环境状况的多样性以及效果显现需要较长的时间，因此更需要一种结构化和长期的监测与评估方法。理论上评估的经典方法是将每项措施与其环境影响联系起来，然后从整体上对这些措施的影响得出更一般的结论。但实践来看由于缺乏足够的监测数据，往往无法实施，特别是难以将农业环境措施的效果与影响环境结果的许多其他驱动因素分割开来。因此，对于农业环境措施的监测评估往往是通过提供成员国和地区对其选择措施的影响的调查结果，并在此基础上得出更为笼统的假设性结论。

① 徐前兵．欧盟共同农业政策中交叉遵守制度研究［D］．浙江农林大学，2011.5.

4.5　农业绿色发展支持政策特征

4.5.1　欧盟农业政策与环境政策一体化

1998 年 6 月，欧委会作为落实《阿姆斯特丹条约》的重要步骤，提出由欧委会制定的主要政策建议须对其环境影响进行评估并制定监测指标。同年 12 月明确了《2000 年议程》背景下农业政策决策与环境一体化，1999 年 12 月赫尔辛基会议明确将环境维度纳入 CAP。这一系列举措表明在欧盟制定所有政策时，均需考虑环境问题，从而欧盟层面已经将环境问题放在重要位置，这种方式有利于避免农业政策与环境政策割裂的情况，有利于农业发展与环境保护问题的协调解决。

4.5.2　政策目标所包括的范围不断扩大，功能不断强化

欧盟农业绿色发展支持政策目标所包括的范围不断扩大。最初支持政策仅针对农业污染问题的解决，后扩展至生物多样性、历史遗迹保护、农村传统文化传承、农耕文化保护、气候改变等方面，内涵不断扩大，越来越多的政策措施赋予其绿色特征放入这一框架。欧盟通过这种方式，以绿色发展支持政策促进农业可持续发展及农村问题的全面解决，并成功规避了国际规则约束。

4.5.3　政策结构由欧盟层面、国家层面和农民执行层面组成，自愿与强制相结合

由于欧盟政治结构的特殊性，支持政策结构分为三个层次：欧盟层面、成员国层面和农民层面。欧盟层面兼顾了政策的统一性和灵活性，各国绿色发展支持框架均包括交叉遵守机制、直接支付和农村发展措施中的农业环境措施三方面，但具体交叉遵守规则及农业环境措施均由各成员国依据自身面临的具体问题量身制定；成员国层面农业环境措施由自愿改为强制措施，预算比例固定，但具体措施可由成员国政府自行决定；农民执行层面则由强制和自愿两部分组成。将交叉遵守规则和直接支付作为强制

性措施，获得直接支付必须遵守相应的交叉遵守规则，而农业环境措施多采取合约式由农民自愿申请，一旦签约则按合约执行。这种政策结构既是欧盟的政治现实选择也是解决具体问题的有效方式。

4.5.4 完善的监督评价机制

无论是交叉遵守规则还是绿色直接支付欧盟均设立了完善的监督评价机制，这种监督评价机制对于保障政策执行效率，优化支持政策体系均起到重要作用。对于2021年后绿色支持政策体系调整中将绿色直接支付取消的建议也得益于完善的监督评价机制，及时发现存在的问题并进行调整，提高资金的利用效率。

4.5.5 绿色支持政策体系处于相对稳定与不断动态调整过程中

从欧盟绿色支持政策的演进来看，其政策体系既有相对稳定性又处于不断动态调整过程中。自欧盟以交叉遵守机制、第一支柱直接支付和第二支柱农业环境措施三层次绿色支持政策体系构建以来，随着国内、国际经济环境的不断变化以及经济体内部农业的不断发展，欧盟也在政策体系框架内不断调整其政策措施，欧盟支持政策的发展以简政放权、提高政策实施效率为主要方向。在欧盟层面的控制与区域层面灵活间进行权衡，以期保证政策在农民层面的顺利实施，提高政策效率。

4.5.6 规范农业生产方式的交叉遵守机制

欧盟的交叉遵守机制产生背景为欧盟直接支付的脱钩趋势以及对农业绿色发展问题的逐渐重视。从交叉遵守内容来看，法定管理要求旨在建立统一的欧洲耕作方法，良好农业与环境条件则针对一些欧盟的具体问题。交叉遵守机制并非致力于达到高水平的环境要求，而是通过欧洲统一耕作方法的规范，对欧洲农业生产模式予以保障，也就是说交叉遵守机制建立的是最基本的生产规范，因此这一规范为欧洲农业生产方式的标准化起到重要作用。

4.5.7 灵活应对区域具体问题的 LEADER 策略

由于欧盟特殊的政治结构和各成员国资源禀赋的差异性，在成员国层面上欧盟将赋予最大的区域灵活性作为其农业绿色发展支持政策的现实选择。灵活性一方面体现在各成员国农业环境措施的千差万别，另一方面很重要的是灵活应对区域具体问题的 LEADER 策略。其重要特征在于：①参与主体多元化。参与主体涉及地区发展的所有相关利益者，构建了公共—私人合作机制，且私营社会团体和协会组织以及个人必须占到协商机制最少 50% 的名额。②融资渠道多元化。其资金中基础性投资来自欧盟财政预算，除此之外还包括政府补贴、私人融资等。③自下而上的反馈机制。通过地方行动小组（其成员包括专业行会联合会、专业协会、地方居民代表及组织、地方政党派代表、环保组织等各种相关利益者）最大程度激发地区民众参与积极性，是对自上而下的政府决策机制的有效补充。④因地制宜。通过各方利益群体的广泛参与，建立开放性的讨论机制，推动解决具体地区问题的创新方案产生。最终 LEADER 的决策会吸收进地方发展政策中，成为地区政策的一部分，而地方行动小组也可以通过项目立项或政策采纳的方式得到欧盟资金支持。

4.6　本章小结

（1）欧盟共同农业政策历经数次改革，改革目标由关注产量到提高农民收入再到农业绿色发展、区域均衡发展。所使用的政策工具也由价格支持、市场干预转向直接支付再向直接支付和农村发展措施兼顾转移。欧盟农业绿色发展支持政策体系始于 1992 年共同农业政策改革，逐渐形成了以交叉遵守、直接支付和农村环境措施为体系架构的支持政策体系。交叉遵守规定了农业生产必须遵守的基本环境要求和生产规范，并以此与直接支付挂钩，作为直接支付的前提。在此基础上，成员国层面通过农业环境措施赋予成员国灵活性以应对具体环境问题，欧盟建立了强制与自愿相结合的支持体系。

（2）欧盟通过欧洲农业保障基金为市场干预和直接支付提供资金，该资金全部来自欧盟预算，资助措施和实施方案也由欧盟总体制定；欧洲农业农村发展基金则主要为农村发展提供资金，其资金来源由欧盟和成员国共同融资，因此具体政策措施也由成员国自行确定以应对本国具体情况。欧盟对资金的使用和政策的监督建立了完善的监督评价机制，尤其对于欧盟管理的市场干预和直接支付资金，欧盟建立严格的监督评价机制，定期和不定期检查结合，处罚措施涉及直接支付的减让或取消。由于直接支付主要功能是保障农民收入，因此这种惩罚措施可有效的制约农民以规范生产。

（3）欧盟农业绿色发展支持政策以其政策目标的广泛性、政策结构的清晰性、政策发展的相对稳定与动态调整为主要特征。基于农业的多功能性，欧盟农业绿色发展支持目标具有广泛性特征，将生态、环境、乡村绿色发展均纳入政策体系中；同时欧盟架构了层次分明的政策结构，从欧盟层面、国家层面和农民执行层面保障政策的运行；随着新问题新环境的变化，欧盟支持政策体系也在不断地进行调整，从调整思路来看以简化执行程序、提高政策效率为主要目的。

第5章　美国农业绿色发展历史演进与政策选择

以土地私有制、大农场生产为主要特征的美国农业绿色发展，也有其鲜明特征。本章通过对美国农业绿色发展支持政策的演进梳理、政策体系和主要政策工具的分析、资金管理情况以及政策特点分析，对美国农业绿色发展支持政策进行系统的把握。

5.1　农业绿色发展支持政策演进阶段

美国对农业绿色发展的关注经历了单一土壤问题转向综合治理阶段，进而随着面临问题的复杂化和提升政策效率的需要，进行政策整合调整三个阶段。表5－1对美国农业绿色发展支持政策演进阶段进行了描述。

表5－1　　美国农业绿色支持政策演进

阶段划分	政策关注	主要政策
早期阶段（1930—1969年）	减少过剩农产品生产，保护受侵蚀土地	耕地休耕项目、土壤银行项目
全面推进阶段（1970—2001年）	农业资源环境问题的综合治理	休耕计划、在耕地项目、保护遵从条款
调整阶段（2002年至今）	提高资金利用效率	加大在耕地项目、现有项目整合

资料来源：根据相关资料整理。

5.1.1 早期阶段（1930—1969年）：土壤保护和限产政策结合

美国环保意识的觉醒始于1930年尘暴前后。20世纪30年代的沙尘暴，使美国开始意识到必须采取有效政策，保护农业生态环境、农业资源。这一时期，主要关注土壤保护，出台了一系列土壤保护立法和政策，1935年通过《土壤保护法》，将控制和防止土壤侵蚀作为国会的一项永久政策，成立专门的土壤保护局（Soil Conservation Service，SCS）加强土壤侵蚀的治理。1936年通过《土壤保护和国内配额法》，对种植消耗地力的作物转向增强地力作物的农场主，政府给予一定的补贴，进而将土壤保护和限产政策结合起来①。

第二次世界大战后，美国农业生产主要依赖于技术进步和集约化生产，其特点是各种农业机械的普遍使用，生物技术及化学产品等最新科技成果在农业中广泛应用，管理方式向企业化转变。但是在农业产量不断提高的同时，美国农业环境问题诸如土地资源、土壤污染、水资源、空气质量等问题越来越严重。这一时期政府对农业绿色政策的关注仍然延续了20世纪30年代土壤侵蚀治理的思想，忽视了农业用地大量减少、土壤污染、水污染等问题，因此造成了农业环境保护法律、政策的滞后。这一时期主要的政策法规是《1956年农业法》，其目的是通过停耕计划（短期和长期）保护受侵蚀土地，减少农产品过剩生产。主要措施包括土壤银行计划和土壤保护储备计划，前者要求农场主停耕一部分土地，通过与政府签约的方式获得政府补贴；后者要求农场主1956—1960年与政府签订土地退耕计划，每年可按合同获得一定的土地租金和保护措施的成本分摊费用。1962年进行了实验性的耕地保护计划，1965年进行耕地调整计划。据统计，1959—1968年10年间，仅根据土壤银行计划退耕的土地每年就有445万—1174万公顷。可以看出这一时期主要关注土壤问题，措施主要是退耕休耕措施②。

---

① 王庆国．美国早期的农业环境问题及其治理［J］．黑龙江八一农垦大学学报，2009，21（5）：100－104.

② 张玉环．美国农业资源和环境保护项目分析及其启示［J］．中国农村经济，2010（1）.

5.1.2 全面推进阶段（1970—2001 年）：由单一土壤保护向综合治理推进

1969 年《国家环境政策法》确立了环境影响评价制度，标志着美国将环境保护作为国家的基本国策予以实施。这一制度要求联邦政策的出台必须提供详细的环境评估报告，考虑政策的环境影响。在环保运动的影响下，农学家和农场主探索出有机农业、生态农业、生物农业、自然农业等环保型农业生产模式。美国在这段时间制定了《清洁空气法》（1970 年）、《清洁水法》（1972 年）、《农业和消费者保护计划法》（1973 年）、《土壤和水资源保护法》（1977 年）等法案，为农业环境问题的综合治理奠定了法律基础，美国农业环境治理从单一的土壤保护开始转向综合治理，即对土壤污染、投入品污染、面源污染及大气和水污染等问题的治理。同时随着公众意识的提高，环保教育与技术研发活动也开始蓬勃发展。1970 年国会通过环境教育法案，1971 年在国家层面以及很多州和地区均成立了环境教育协会，积极推动农业环境宣传教育，为提高公众的农业环保意识以及环境问题治理创造了条件。此后，农业科研机构研发重点也从提高单产向环保型技术转变，如发展精细农业、保护性耕作、自然耕作法等，为美国农业发展向可持续发展道路迈进奠定了技术基础。

自 20 世纪 70 年代以来，为适应农业发展的新变化，美国农业法每 5 年修订一次。其中，《1985 年食品保障法》在农业环境保护上具有里程碑意义，首次明确将环境保护作为政府追求的独立目标①。这次出台的很多农业环境保护政策如休耕项目、在耕地项目以及环保遵从条款等在以后的农业法中延续。《1990 年食品、农业、资源保护和贸易法》涵盖农产品计划、资源保护、全球气候变化共 25 章内容，是美国农业立法史上涉及内容最广泛的立法。《1996 年联邦农业完善和改革法》和《2002 年农业安全与农村投资法》推行长期资源保育计划并进一步扩大资源保育面积。相关研究表明，1985—2002 年，共涉及 37 万农民，1360 万公顷耕地退出农业生产。美国政府每年用于支付土地租金和分担农民转换生产方式的成

① 王世群. 2014 年美国新农业法农业环境保护政策分析［J］. 世界农业，2015（8）：p. 88.

本约15亿美元，平均每公顷每年补偿116美元。退耕土地60%转为草地，16%转为林地，5%转为湿地①。

5.1.3 调整阶段（2002年至今）：在耕地保护与政策整合

2000年以来，美国政府开始逐渐意识到仅对休耕地进行管理无法完全解决农业环境问题，更重要的是通过在耕地的管理以达到环境改善的目的，而且在耕地保护是成本更低、环境收益更高的政策。因此，2002年农业法预算提高在耕地项目环境质量激励项目（Environmental Quality Incentives Program，EQIP）的预算资金。《2008年食品、环境保护和能源法案》资金支持重点进一步向在耕地项目转移。2014年农业法案延续了以在耕地项目为支持重点的思路，并且通过在耕地项目保护的耕地面积进一步增加。项目的整合力度不断加强，项目集中度提高，更强调项目资金的使用效率，强调因地制宜。通过整合，环保项目或是整合形成新的项目，或是整合进现有项目或直接取消，使得环保项目数量从23下降至13个。作物保险补贴自1996年首次与环保遵守挂钩，2014年新法案再次与其挂钩。通过这种整合为美国农业部环境保护项目在更大范围内协调资源保护工作创造机会，并通过简化流程便于管理②。环保遵从条款将基本资源保护项目与作物保险保费补贴结合，还鼓励农业生产者及其合伙人自主设计资源保护项目。

5.2 农业绿色发展支持政策选择

环境保护不仅带来健康的土壤、水、空气、动植物和生态系统，还可以提供具有可持续性的生产农业用地。环境保护不仅有益于当前农业生产更有益于未来农业的可持续发展。美国农业部通过行政规章、环保遵守、土地休耕、成本分摊、激励支付、技术教育支持等方式应对农业发展中的

① 朱文玉．我国生态农业政策和法律研究［D］．东北林业大学，2009.

② Potter C. Against the Grain：Agri－environmental Reform in the United States and the European Union［J］．Wallingford，UK：CAB International. 1998.

环境与生态问题。帮助土地所有者制定保护计划，并记录保护计划中的土地数量，与 50 多万农民和牧场主一起实施保护措施，清洁空气，保护和清洁水资源，防止水土流失，创造和保护野生动物栖息地。

5.2.1　农业绿色支持政策基本架构

由于美国 70% 的土地是私有的，美国农业部主要向土地所有者提供自愿的、基于激励的保护措施。美国农业部绿色发展支持政策框架如图 5－1 所示分为三个层次，1985 年农业法建立的以高侵蚀土壤保护和湿地保护条款为代表的环保遵守条款，作为绿色发展支持政策体系的基础，是农民及相关利益者在申请所有项目时所必须遵守的土壤保护规则[①]；在此基础上，美国农业部通过农场服务机构 FSA 和自然资源保护局 NRCS 向农业生产者提供财政支持和技术支持[②]。FSA 和 NRCS 均提供环境保护相关的财政支持，同时共同为环境保护提供技术支持，但在项目管理上，两者各有侧重，FSA 侧重于休耕地项目支持，而 NRCS 侧重于在耕地项目支持。

农场服务局的历史可追溯至 1933 年大萧条时期，罗斯福通过新政获得人民支持，1935 年成立农场安全机构（Farm Security Administration，FSA），最初的任务是将整个农业社区迁移至农业更有利可图的地区。但是移民安置的争议性和昂贵费用使结果充满不确定性，因此该机构包括标准农村重新安置贷款在内的其他作用变得重要起来，它可以提供信贷、农场和家庭管理计划和技术监督。这是农民家庭管理局的农业贷款项目的先驱。1953 年农业部重组，在该机构下引入土壤银行等保护项目以使生产和需求一致，需将土地停耕 10 年。社区、县和州委员会正式确定为农业稳定服务机构。1961 年农业稳定服务机构改名为农业稳定和保护服务机构，新命名反映了该机构在农业稳定和资源保护上的职责。1994 年美国农业部重组中对农业稳定和保护服务机构进行了整合，1995 年更名为农场服务局 FAS，新的农场服务局涵盖农业稳定和环境保护服务，联邦作物

① 2014 年农业法中将该规则同样适用于农业保险项目。

② 美国农业部负责环境保护项目管理的机构主要包括 FAS、NRCS 和林业服务机构，本书主要侧重农业绿色支持范畴，因此主要关注 FAS 和 NRCS 管辖下的环保项目。

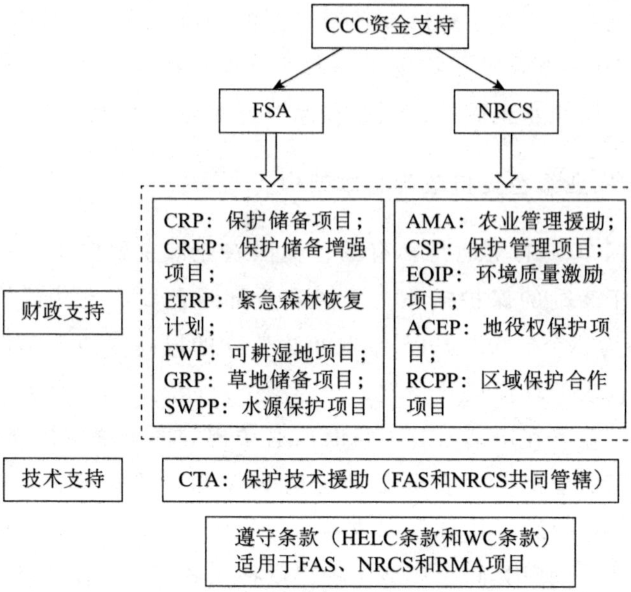

图 5－1 美国农业绿色支持政策框架

注：CCC：Commodity Credit Corporation，商品信贷公司；FSA：Farm Service Agency，农场服务机构；NRCS：Natural Resources Conservation Service，自然资源保护局；RMA：Risk Management Agency，风险管理局；HELC：Highly Erodible Land Conservation，高侵蚀土壤保护；WC：Wetland Conservation，湿地保护；CRP：Conservation Reserve Program，保护储备项目；EQIP：Environmental Quality Incentives Program，环境质量激励项目；CSP：Conservation Stewardship Program，保护管理项目；AMA：Agricultural Management Assistance，农业管理援助；ACEP：Agricultural Conservation Easement Program，地役权保护项目；RCPP：The Regional Conservation Partnership Program，区域保护合作项目；CREP：Conservation Reserve Enhancement Program，保护储备增强项目；Emergency Conservation Program；FWP：Farmable Wetlands Program，可耕湿地保护；GRP：Grassland Reserve Program，草地储备项目；SWPP：Source Water Protection Program，水源保护项目；CTA：Conservation Technology Assistance 保护技术援助。

保险公司及农民家庭管理局的农场信贷部分。1996 年成立联邦作物保险公司（Federal Crop Insurance Corporation，FCIC），剥离其作物保险业务。CRP 项目作为其传统保护自然的项目一直保留下来。

农场服务局 FAS 管辖的与环境有关的财政支持项目包括保护储备项目 CRP，保护储备增强项目 CREP，草地储备项目 GRP（2014 年农业法案合并进入 ACEP）等。从资金占比来看，主要的财政支出为 CRP 支出，因此主要分析 CRP 的运行机制。

自然资源保护局 NRCS 最早可追溯至 20 世纪 30 年代，1934 年的沙尘暴使政府意识到土壤侵蚀危机的严重性，1935 年 4 月 27 日罗斯福总统签署《土壤保护法》，在美国农业部设立土壤保护局（Soil Conservation Service，SCS）。1994 年，土壤保护局改名为自然资源保护局 NRCS，其职责范围从片面的土壤问题扩展至所有自然资源养护。NRCS 向符合条件的土地所有者和农业生产者提供自愿方案，提供财政和技术援助，以可持续的方式帮助管理自然资源。通过这些项目，帮助生产者作出环保规划和实施保护措施，解决自然资源问题或在农业领域节约能源、改善土壤、水、植物、空气、动物和相关资源。主要的管辖项目包括农业管理援助 AMA、环境质量激励 EQIP、环境保护管理 CSP、地役权保护 ACEP 等。NRCS 通过当地导向的解决方案，结合科学技术研究，为农牧民提供财政和技术支持，促进生产者以自愿的方式采取保护措施，促进农业生产方式的转变。

美国农业部的政策工具包括强制性措施和自愿性激励项目。保护项目主要依靠自愿激励计划解决自然资源问题。其优点在于可以避免难以监测污染源方面固有的困难，并且可以通过提供一系列奖励和援助计划来尽量减少对农民的经济损害。表 5－2 对美国农业绿色支持主要自愿激励项目从支持类型、管理机构、支持手段、目标及具体措施等方面进行了概括。从支持类型来看，可以分为休耕/退耕类支持、在耕地支持、地役权保护、技术支持以及环保遵从条款。下面分别对主要的支持措施从其运行机制、运行效果方面进行分析。

表 5－2　　　　美国主要农业环境保护项目

类型	项目	管理机构	对象	激励手段	目标	措施
休耕/退耕类	保护储备项目 CRP	农场服务局	高度侵蚀的耕地	补偿土地收入，分担种草种树成本，激励性补贴和技术支持	1989 年以前，通过恢复植被减少水土流失；1990 年后，恢复植被，减少水土流失，改善水质、空气质量和野生动物栖息地	空闲退耕地，种草种树、恢复植被

续表

类型	项目	管理机构	对象	激励手段	目标	措施
在耕地保护类	环境质量激励项目EQIP	自然资源保护局	农业生产用地	成本分担和激励性补贴	保护和改善农业在用地环境质量	工程措施、生物措施和土地管理措施
	环境保护管理项目CSP	自然资源保护局	私有耕地(在用)、草地和非工业用林地以及印第安部落土地	分担成本、补偿收入、激励性补贴和研究示范活动补贴	针对特定资源环境问题	工程、生物及土地管理措施
	农业管理援助AMA	自然资源保护局	使用中的耕地、牧场、草地以及非工业私有林地	成本分担	通过多样化经营或者增加支持水土流失防治的保护措施来减轻风险，害虫综合治理和有机农业	协助农业生产者进行风险管理，将保护措施纳入农业的生产经营，自愿解决环境问题
地役权保护类	农业保护地役权项目ACEP①	自然资源保护局	耕地、湿地、草地、牧场和非工业私有林地	购买地役权，恢复成本	农业用地及湿地保护与恢复，防止农地转为非农用途	购买地役权
技术支持类	环保技术援助CTA	自然资源保护局和农场服务局	所有项目	提供技术支持	提供技术援助、项目方案制定	技术支持
环保遵守条款	湿地及高侵蚀土壤保护条款	自然资源保护局和农场服务局	高侵蚀土壤、湿地	申请其他项目资金的基础	保护高侵蚀土壤机湿地	申请其他项目的前提

资料来源：作者根据相关资料整理。

① 该项目是在合并2008年农业法中的湿地储备项目、草地储备项目及农田保护项目的基础上产生的。

5.2.2　休耕退耕类项目

休耕退耕类项目以退（休）耕还草还林项目 CRP 为代表。1985 年农场法案授权设立该项目并于 1986 年实施，是延续时间最长的环境项目，也是最大的私人土地保护项目。项目长期目标是涵养土地，帮助改善水质，防止土壤侵蚀，减少野生动物栖息地的破坏。该项目由农场服务局 FSA 管理，政府与农牧场主签订对高侵蚀和环境敏感地块采取保护措施的自愿性合约，保护包括土壤、水源和野生动植物在内的资源。

（1）运行机制

参加项目的农场主须通过签订合同自愿选择退（休）耕，休耕地用于种植改善环境质量的物种，联邦政府对此给予补偿。项目周期大部分为 10 年期，最长可至 15 年。期满后可以选择恢复耕作也可以继续申请参加项目，若选择恢复耕作则需要遵守相应的生产规范化条款。CRP 合同越来越倾向于资助高度优先的部分田间实践，如过滤带和草水道，而不是全田或全农场的登记。

（2）加入方式

加入方式有两种：一种方式是通过一般注册的竞争过程，由农业部长定期宣布；另一种方式是通过 CRP 的连续报名，所有申请均通过当地农场服务局 FSA 办公室处理。资质上要求申请人必须在前一个 CRP 注册期之前对申请地块至少拥有或经营 12 个月。例外情况包括由于先前所有者死亡，新所有者获得的土地；由于丧失抵押品赎回权而改变所有权的土地；或由新所有者购买的土地。农业部农场服务局根据环境效益指标体系评估结果对所有申请进行排队，筛选标准并不单纯依赖项目成本，而是综合项目成本和生态环境效益①。一些特殊用地，如计划建成生态用地的地块、国家与州两级政府划定的生态环境重点地区以及恢复为湿地的地块可随时申请，随时接受，不需排队，并可获得额外的一次性和（或）年度补贴。土地必须合法并适宜下列保护实践：野生动物的缓冲带；湿地缓冲

① 这套环境效益指标体系综合考察候选地块在保护和改善野生动物栖息地方面、改善水质和空气质量方面、减少水土流失方面、通过恢复和保护植被从而提供永久性生态环境效益方面的作用。

带；滨岸缓冲带；湿地恢复；过滤带；草皮水道；防护林带；活雪篱笆；等高线草带；耐盐植被；野生动物浅水区。

（3）支付方式

支付以地租补贴、成本分担与激励支付为主。地租补贴因各州参加该项目的土地质量和地租情况的不同，补贴标准有异。成本分担支付：对于退耕地块种植改善环境的物种，FSA 会根据物种类型进行补贴，支付 CRP 最高 50% 的成本。激励支付：包括维护激励支付、签约激励支付和绩效激励支付两部分。维护激励支付是对特定的维护措施给予的补偿；签约激励支付给予特定参与者一次性奖励支付，用于为合同（CRP—1）的每一年注册的合格面积，该合同（在作出所有资格确定之后）参与者参加连续注册实践；绩效激励支付是对在 CRP 注册土地的参与者保护性措施一次性的奖励性支付，用于所有连续的注册实践，支付比例相当于合格参与者的保护措施成本的 40%（见表 5－3）。

表 5－3　美国 CRP 补贴内容与标准

补贴类型		补贴内容	上限	适用项目
地租补贴		基于每个县的土地生产率和平均旱地地租的年度支付	年均不超过 5 万美元（个人或法人）	普通合同和持续合同
成本分担		给予适宜的保护措施成本一定比例的补贴	不超过实际成本或平均成本的 50%	普通合同或持续合同
激励支付	维护补贴	补偿特定的维护措施	12.35 美元/公顷/年	特定的持续合同
	签约支付	在签约时给予特定参与者一次性的激励补贴	24.70 美元/公顷/年	特定的持续合同
	绩效支付	补贴特定保护措施	保护措施成本的 40%	特定的持续合同
	其他资金激励	防护林、草地排水沟、河边缓冲带	年度地租补贴上浮 20%	特定的持续合同

资料来源：李靖等．美国农业资源和环境保护运行机制及对我国的借鉴．农业现代化研究，2017（1）．

（4）效果

1986 年项目之初，每年退耕休耕 500 万到 1000 万英亩，至 1990 年将累计达到 4000 万—5000 万英亩。自 1992 年起下调项目规模上限目标到 3800 万英亩，1996 年下调至 3640 万英亩，2002 年回调到 3920 万英亩，2008 年又下调到 3200 万英亩，2014 年下调至 2400 万英亩并基本保持了稳定（见图 5 - 2）。

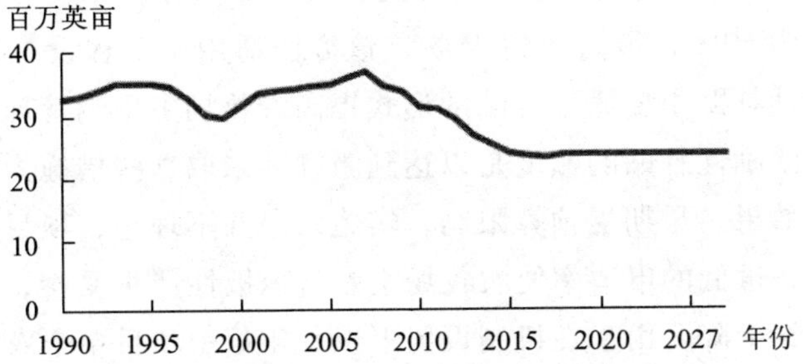

图 5 - 2　美国历年休耕面积上限情况

资料来源：https：//www. ers. usda. gov/publications/pub - details/? pubid = 87458。

作为美国最早执行和执行期最长的项目措施，CRP 在美国农业环境保护的历史上发挥了重要作用。但是随着环境问题的恶化，美国政府和民众逐渐意识到仅仅依靠土地休耕不能完全解决环境问题。因此美国环保项目的重心逐渐转移至在耕地项目。

5.2.3　在耕地项目

与休耕地项目的政策措施单一化相比，美国在耕地项目措施呈现多样化且处于不断的动态调整中。主要的在耕地项目包括环境质量激励计划、保护管理计划、农业管理援助等。

（1）环境质量激励项目

1996 年农场法案授权设立的环境质量激励项目 EQIP 由自然资源保护局 NRCS 负责管理实施。该项目通过向农牧场主提供技术、资金及信息支持，帮助农牧场主在生产中改善环境质量，满足政府对环境的要求。

①运行机制。拟申请的农牧场主向 NRCS 递交项目申请书，项目申请书需明确项目位置、针对问题、解决方案（养分管理、保护性耕作、田边过滤带和篱笆）和成本分析。NRCS 综合考虑项目所涉及问题的严重程度、生态效益、与现行资源保护规章相关程度及措施的成本效益分析，对

项目进行筛选。2002 年农业法案调整将规模在 1000 头以上牲畜的农场废弃物处理工程设施建设也包括在内。2002 年和 2008 年农场法案要求将 60% 的项目资金用于解决畜牧业引起的水土污染问题，并要求至少 5% 用于与野生动物相关的实践①。

②NRCS 对项目提供两方面的资助：成本分担和激励性补贴。成本分担比例一般为 50%，最高达到 75%，该方法适用于工程设施建设和植被建设。激励性补贴主要通过补贴的形式提高农牧场主采纳管理型措施的几率。因而，激励性补贴的额度是以达到激励其采取这些措施为限。

③实施效果。早期受预算限制，实施效果并不理想，项目通过率仅为 30%—35%，过低的申请率使农牧场主参与积极性严重受挫，1997—2001 年申请量持续下降。由于在机制设置上以每年每个项目单个农牧场主不超过 1 万美元资助金额、整个项目资金金额不超过 5 万美元为限制条件，导致部分申请者为了获取项目资金，故意压低预算成本，17% 的工程设施无法进行下去，资源浪费严重（Cattaneo，2003）。2002 年农场法案改革大幅提高了项目预算，项目期资助金额上限上调到 45 万美元，并不再把农牧场主自报成本最低作为申请者的筛选条件，使得 2002 年的申请者数量与 2001 年相比，增加了 1 倍，申请的竞争性得以维持。

（2）保护管理项目

保护管理项目（Conservation Stewardship Program，CSP）自 2002 年农场法案设立，2004 年实施并于 2008 年进行了大幅修改。该项目由自然资源保护局 NRCS 负责，其目的是帮助生产者建立和改善农场管理，提高农场的自然保护价值。

①运行机制。针对申请人，地方自然资源保护机构会进行一对一咨询以评估目前的管理体系和自然资源状况，然后提供一系列改进目前自然资源保护的操作方案选择，供申请人根据自身情况进行选择以满足管理目标。一旦选择了保护管理计划的相关内容，NRCS 将每年提供实施操作的激励性支付，参与者获得 CSP 支付额度与保护措施绩效有关，绩效越高，支付越高。如果申请人想提高管理水平，CSP 也将提供可供选择的执行操作并将提供更高水平的激励性支付（见图 5-3）。

① 2014 年农业法案将野生动物栖息地激励项目吸收合并到环境质量激励项目中。

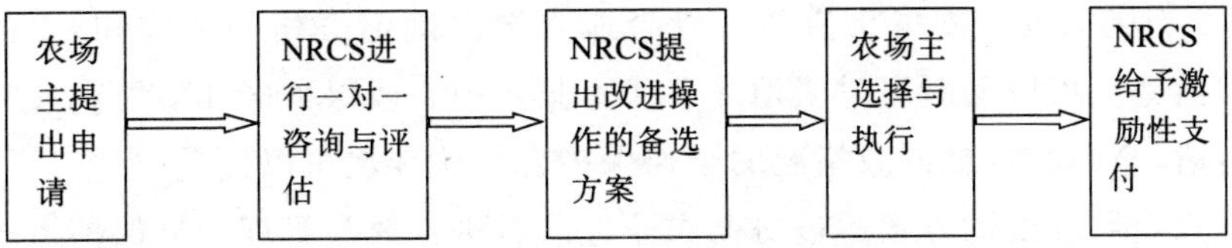

图 5-3　美国保护管理项目运行机制

该项目针对在生产过程中已经切实采取了资源保护和改善环境的方法或措施，使用中的耕地、草场和私有非工业用林地，目的是为了针对其他重要的资源环境问题。申请资格上要求没有参加联邦政府的其他资源和环境保护项目。项目筛选原则包括：衡量目前采取的方法和措施的作用程度；衡量拟采取方法和措施所可能的作用程度；可能解决的重要资源和环境问题的数量；对其他资源和环境问题的作用程度以及项目的成本—效益分析（并不单纯考虑成本最低）。

②支付方式。CSP 合同一般为 5 年，履约完毕通过采取额外保护活动的方式可以续约，5 年项目期内一般单个申请者总资金补贴不超 20 万美元。整个周期内将有一个环保机构人员密切配合。支付分为两部分：根据采用满足管理级别的操作类型和资源支付维护现有保护费用以及对执行额外保护行为的支付。所有合同年最低支付为 1500 美元。CSP 补贴资金通过项目实施成本、因此而放弃的收入以及预期生态环境效益来确定。

（3）农业管理援助

农业管理援助（Agricultural Management Assistant，AMA）根据《2000 年度农业风险保护法》（第 133 条公法 106—224）获得授权，并经 2002 年《农业安全和农村投资法》、2008 年《粮食、保护和能源法》（2008 年《农业法案》）进一步修订。农业管理援助 AMA 方案主要负责三方面：美国农业部自然资源保护局 NRCS 负责 AMA 的自然保护，风险管理机构 RMA 负责减轻金融风险，农业营销服务机构（Agricultural Marketing Service，AMS）负责有机认证成本分担计划。但从资金分配上自然保护是其主要部分，三者资金比例大致为 50:40:10。

①运行机制。对申请该项目的区域需制定 AMA 运营计划，NRCS 与申请人合作制定运营计划。运营计划作为制定 AMA 合同的基础。参与者在整个实践周期中将获得成本分摊，合同至少一年最长不超过 10 年。

NRCS与国家技术委员会协商，以当地为导向确定合格的结构和/或植物保护措施。可以随时通过当地的USDA服务中心或保护区办事处获取和提交申请。NRCS批准的或指定的合作保护合作伙伴也可以接受申请。

农业管理援助方案通过协助农业生产者进行风险管理，将保护措施纳入农业的生产经营，自愿解决诸如水资源管理、水质和侵蚀控制等问题。合格土地包括农用地、非工业私有林地或者生产农产品、畜牧业或者与森林有关的产品的其他土地，并且可以通过多样化经营或者增加支持水土流失防治的保护措施来减轻风险，害虫综合治理和有机农业。生产者获得保护技术和财政援助以建造或改善水资源管理或灌溉结构，植树造林以防风或改善水质，并通过包括土壤侵蚀控制、综合虫害管理或过渡到有机农业等生产多样化或资源保护措施减轻风险。

②支付方式。该项目最高可获得75%的启动保护实践成本的财政补贴。每个财政年度该项目的个人和法人接受的支付（来自NRCS、AMS和RMA）不得超过5万美元。参加者不受1985年食品安全法案的高度可侵蚀土地和湿地保护条款的限制，但参与者须遵守1985食品安全法案的调整后的总收入规定。

该计划可在16个州申请参加，这些地区作物保险计划在历史上处于较低水平：康涅狄格、特拉华、夏威夷、缅因州、马里兰、马萨诸塞州、内华达州、新罕布什尔州、新泽西、纽约、宾夕法尼亚、罗得岛、犹他、佛蒙特州、西弗吉尼亚、怀俄明。

5.2.4 地役权保护项目

2014年农业法案将原有的湿地储备项目WRP、草地储备项目GRP以及农牧田保护项目FRPP进行整合并入新的农业保护地役权项目（Agricultural Conservation Easement Program，ACEP）。2018年NRCS该项目计划投资2.5亿美元，以帮助私人土地所有者、部落、土地信托和其他团体保护土地资源。地役权保护项目ACEP的重点是恢复和保护湿地、保护生产性农业用地和草地。土地所有者因在地役权中登记土地而得到补偿。

湿地作为自然界最具生产力的生态系统之一，提供了许多生态、社会和经济效益，包括各种野生动物物种的重要栖息地，储存洪水、清洁地下水和补给地下水、固碳物、捕集沉积物，并过滤污染物以净化水。美国

75% 的国家湿地位于私人和部落土地上，通过 ACEP 湿地保护地役权，NRCS 帮助土地所有者及部落恢复和保护湿地生态系统。

运行机制与支付标准：土地所有者不直接向 NRCS 申请资助。土地所有者继续拥有自己的财产，但自愿与合作实体签订地役权购买法律协议。合作单位向 NRCS 申请配套资金，向土地所有者购买地役权，永久保护其农业用途和保护价值。土地所有者可以随时在当地的 USDA 服务中心申请通过湿地保护地役权。NRCS 通过购买湿地保护区地役权，直接向私人土地所有者及印第安部落提供财政和技术支持，以恢复、保护和改善湿地。湿地保护地役权有几种购买方式如表 5-4 所示。

表 5-4　　美国不同地役权购买方式下支付标准

购买方式	支付标准
永久地役权	支付 100% 地役权价值和 75%—100% 的恢复成本
30 年地役权	支付 50%—75% 的地役权价值和 50%—75% 的恢复成本
最大地役权[1]	支付 50%—75% 的地役权价值和 50%—75% 的恢复成本
30 年合同[2]	支付 50%—75% 的地役权价值和 50%—75% 的恢复成本

资料来源：美国农业部网站相关信息整理。

注：[1] 最大地役权为法律允许范围内最大期限的地役权；[2] 该合同仅适用于印第安部落拥有的耕地。

对于湿地保护地役权，NRCS 支付与地役权在当地土地登记办公室登记有关的所有费用，包括登记费、摘要费、调查和评估费以及产权保险。

对于农业用地，该项目向符合条件的合作伙伴提供财政支持，支持费用占农业用地地役权公平市场价值的 50%，对于具有特殊环境作用的草地，财政支持的这一比例将达到 75%。符合条件的合作伙伴包括印第安部落，州和地方政府以及拥有农田或草原保护计划的非政府组织。

5.2.5　区域保护合作项目

区域保护合作项目 RCPP 是由美国农业部自然资源保护局 NRCS 领导的以合作伙伴驱动、当地主导的保护计划。项目着力于解决当地水资源及相关问题、土壤健康、野生动物、空气质量、能源及退化的植物条件等问题，其中水资源及相关问题占到近 70%。

该项目运行模式为将合作伙伴与生产者和私人土地所有者联系起来，设计和实施自愿保护解决方案。合作伙伴包括农业或林业生产者协会、农民合作社或其他生产者团体、州或当地政府、美洲印第安部落、市政水处理机构、灌溉区、自然保护型非政府机构和高等教育机构。RCPP 具有很强的竞争性，拟议的项目经过严格的审查过程，基本每五个提交的拟议项目有一个项目可获得资金援助。成功的 RCPP 项目具有创新性、突出的贡献、提供有效解决方案以及吸引更多的参与者的特点。根据 RCPP，合格的农业用地和非工业私人林地生产者和土地所有者可在合作框架协议下签订保护计划合同或地役权协议。生产者和土地所有者可以直接联系合作伙伴参与项目，或联系当地 NRCS 办公室了解现有项目信息。RCPP 的资金分配如表 5-5 所示。

表 5-5 美国 RCPP 资金类别及资金比例 单位:%

项目类别	解释	资金比例
关键保护区	农业部长指定	35
国家级	全国性和跨州性项目	40
州一级	单一州项目	25

资料来源：美国农业部网站。

到目前为止，已有 2000 多个合作伙伴通过 RCPP 参与当地主导的自然保护工作。RCPP 通过将合作伙伴和生产者联系起来，设计和实施有利于自然资源和农业的解决方案。作为为美国特定地区提供创新性资源保护解决方案的重要项目之一，RCPP 为促进私人土地环境保护工作带来了更多的资源。

5.2.6 环保遵守条款

1985 年农业法制定的环境遵守条款包括高度可侵蚀土地保护（HELC）和湿地保护（WC）。该条款目的在于减少易受侵蚀土地上的水土流失和保护湿地，保护生产能力，改善水质等。除非美国农业部确定豁免，参与农场服务局 FSA、自然保护局 NRCS 及风险管理局 RMA 管理的大多数项目必须遵守这些规定。

高度可侵蚀土地和湿地认定标准如表 5-6 所示。

表 5－6　　　　　　　　美国环保遵从条款规定

土地类型	认定标准
高度侵蚀的土地	由于其土壤特性而易快速侵蚀的任何土地，由现场田地指定并且基于包含高度易腐蚀土壤的总田地面积的比例。
湿地	1. 含水土壤（湿土）占主流。 2. 被地表水或地下水（水文学）淹没或饱和，足以支持大量耐水植被的存在。 3. 排除类似于阿拉斯加的具有较高农业发展潜力和冻土的区域。

资料来源：美国农业法规整理。

运行机制：生产者须签署表格 AD－1026，明确其不得在高度易侵蚀的土地上种植农产品，除非受 NRCS 认可的保护计划或制度授权下；不得在转换的湿地上种植或生产农产品；不得在可能转换为湿地的区域进行农业生产。此外，可能影响其高度侵蚀土地或湿地遵从性的一些活动，例如移除栅栏排、进行排水活动或组合田地，必须通过提交表格 AD－1026 通知 FSA。FSA 将通知 NRCS，由 NRCS 提供高度可侵蚀的土地或湿地技术评估，并在需要时发布。

确定生产者是否符合遵守条款的程序如图 5－4 所示，其中 NRCS 负责进行技术认定以及与生产者合作制定保护计划，确定是否符合某些技术豁免等。FSA 则主要负责资格认定，如根据 NRCS 对高度侵蚀土地或湿地不合规的技术认定进行资格认定，同时对某些资格豁免如善意豁免请求进行处理。

5.2.7　技术性援助

技术援助是 NRCS 以及在 NRCS 监督下的其他实体机构提供的技术帮助，以解决与自然资源使用有关的技术问题，并帮助土地使用者就私人、部落和其他非联邦土地作出合理的自然资源管理决定。技术援助包括维护和改善私人土地管理、实施更好的土地管理技术、保护和改善水质、维持和改善野生动植物和鱼类栖息地、探索农业经营多样化、开发和应用可持续农业系统等。技术援助目的在于减少水土流失、解决土壤、水质、水源涵养、空气质量和农业废弃物管理问题、提高野生动物栖息地质量、提高土地的长期可持续性。技术援助计划虽然不提供财政支持，但是往往是申请相关财政支持和满足环保遵守条款的必要条件。

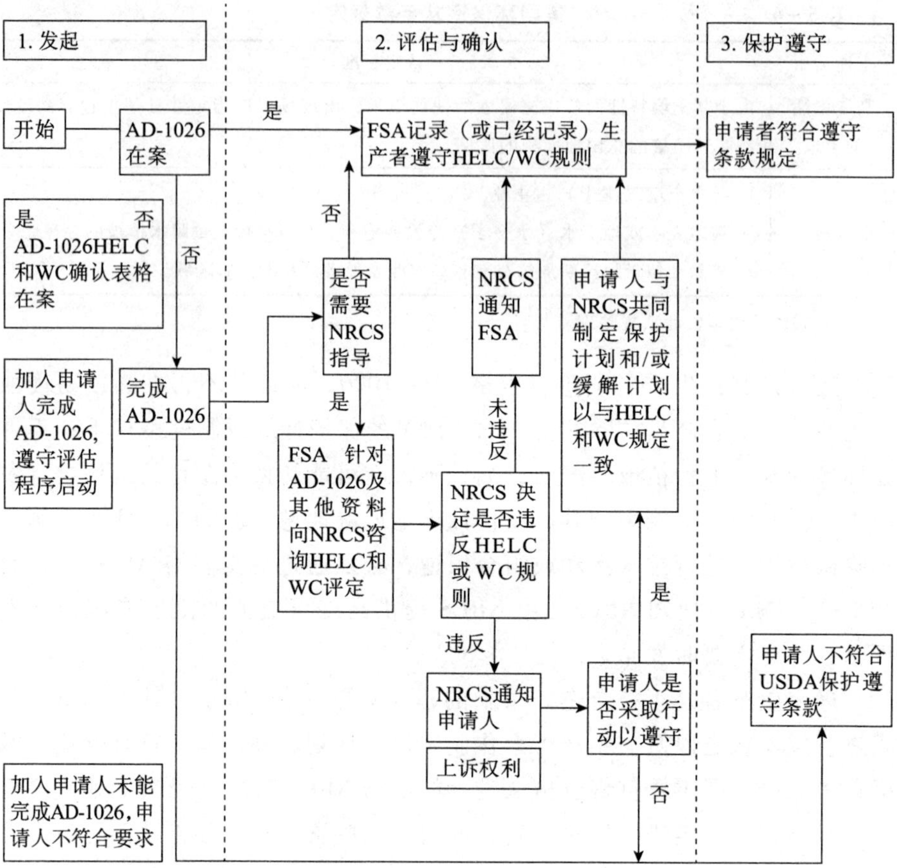

图 5－4　生产者是否符合保护遵从条款的审核流程

技术援助计划的主要工作包括：

（1）协助决策者、社区、保护区、州和地方政府单位、部落等个人或团体自愿保护、维护和改善自然资源。

（2）与地方政府合作，提供社区、流域和区域范围的技术援助，以制定和执行资源管理计划，保存、维护和改善自然资源。

（3）协助农业生产者遵守经修订的1985年《粮食安全法》的《高度可侵蚀土地和湿地（沼泽地）保护遵守规定》。

（4）协助决策者遵守联邦、州、部族和地方环境法规和相关要求，帮助其获得参加其他联邦、州和地方保护项目的资质。

（5）帮助决策者、社区、国家和其他人的个人或群体合理利用和管理土壤资源，向其提供土壤信息和相关解释。

(6) 通过收集、分析、解释、显示和传播有关土壤、水和相关自然资源的信息，有助于人们对自然资源的使用和管理进行判断。

(7) 评估保护实践对自然资源状况的影响。

CTA 的工作机制：NRCS 通过一个自愿保护网络将 NRCS、保护区、国家保护机构和数百万私人土地所有者联系在一起，所形成的伙伴关系有助于将保护工作落到实处；NRCS 工作人员及其合作伙伴通过提供技术援助来帮助客户。这种援助以自愿合作为基础，承认客户的需要，并协助各方实现有助于健康土地的可持续自然资源系统；NRCS 对土地进行资源评估，并依此制定计划以帮助客户实现特定目标和自然保护目的。该方案向所有 50 个州、哥伦比亚特区、波多黎各、美属维尔京群岛、关岛、美属萨摩亚、北马里亚纳群岛联邦、费德的个人、决策者团体、部落、政府单位和非政府组织提供。

5.2.8　其他与环保相关政策措施

(1) FSA 负责的其他环保项目

美国农业部农场服务局（FSA）负责许多与保护环境有关的自愿性项目。这些项目致力于解决农业和牧场相关的保护问题，包括保护饮用水、减少水土流失、野生动物栖息地保护、森林和湿地保护与恢复、帮助因自然灾害受损农场的农民。

①保护增强项目（Conservation Reserve Enhancement Program, CREP)。保护增强计划（CREP）是 CRP 的一个分支，以政府和非政府组织确定的高度优先的保护问题为目标。该项目与 CRP 的区别主要在于该项目是州政府和联邦政府共同融资的项目，州政府和联邦政府是伙伴关系，通过这种伙伴关系的建立，以解决本地高度优先的资源保护问题。通过该项目保护的农田退出生产进而获得每年的租金支付，参与是自愿的，合同期限通常为 10 至 15 年。

申请该项目，首先要求所在州与 FSA 签有 CREP 协议。如果双方签有协议，只要土地符合计划的资格要求，就可以在 CREP 中连续登记。申请通过当地的 FSA 办公室处理。

②紧急保护项目（Emergency Conservation Program, ECP)。紧急保护

方案（ECP）为农民和牧场主提供资金和技术援助，以恢复遭受自然灾害破坏的农田，并在严重干旱时采取紧急节水措施。之所以将 ECP 纳入绿色支持政策中是因为自然灾害或严重干旱所造成的损害可能产生新的环境问题，如果不加以处理可能进一步损害土地、影响土地生产能力，由于恢复费用过高，需要通过联邦政府的援助方式恢复农业生产能力。

FSA 县委员会根据对受损土地的现场检查和损坏的类型及程度来确定土地是否符合 ECP。合格土地包括商业农场、牧场和经营的果园；苗木种植和圣诞树种植园；商业牲畜生产的牧场；环境保护型结构，如水道、梯田、改道和防风林。值得注意的是灾难之前或严重干旱之前就已经存在的资源保护问题不适合 ECP 援助。ECP 的经费由国会决定。实施紧急保护措施的费用可高达成本的 75%，稀缺资源生产者高达成本的 90%，最高每人或合法法人每种灾害 20 万美元。但最终数额由审查申请的委员会决定。FSA 县委员会可以批准高达 50000 美元的申请，而 50001—100000 美元则需要州委员会的批准。超过 100000 美元需要 FSA 国家办公室的批准。

所执行的保护性操作包括农田除杂（农田、牧场的木料、沙子、岩石、垃圾等）；平整土地（填筑沟渠、开垦农田、掺沙）；恢复篱笆（牲畜十字篱笆、边界围栏、牛门或野生动物除外围栏）；恢复保护结构（水道、导流沟、埋地灌溉干线和永久安装的沟渠系统）；在严重干旱期间提供紧急用水（放牧和限制饲养的牲畜以及果园和葡萄园的现有灌溉系统）。

③可耕湿地规划（The Farmable Wetlands Program，FWP）。湿地和湿地缓冲区是保持健康环境的关键。可耕湿地规划（FWP）旨在恢复湿地和湿地缓冲区，以改善植被和水流。通过恢复可耕地湿地，FWP 改善地下水质量，有助于圈闭和分解污染物，防止土壤侵蚀，减少下游洪水灾害，并为水鸟和其他野生动物提供栖息地。FWP 给予农民和牧场主每年租金支付作为恢复湿地和建立植物覆盖物（包括部分浸没或特定类型的树木植物）的补偿。FSA 还提供成本分担和其他激励措施，以帮助抵消与实施这些做法相关的成本。FWP 作为自愿计划，参加者必须同意恢复湿地，建立植物覆盖，不将登记用地用以商业用途。

FSA 全年均可接受 FWP 申请。申请资质上，任何州的农民和牧场主都可以参加这个项目。但是有土地类型和耕地面积限制。FWP 合同期限为 10—15 年。所有的申请都是通过当地的 FSA 办公室处理的。FSA 在其他政府机构和当地保护组织的协助下，通过自然保护计划 CRP 实施这一计划。

④草地保护计划（Grassland Reserve Program，GRP）。草地保护计划致力于防止牧场和草地被转换成农田或用于城市发展，同样属于自愿性计划。作为自愿限制土地未来发展的回报，农民获得租金支付。该计划强调支持放牧作业，加强生物多样性，保护草原和含有灌木和林分的土地，以免面临退耕的威胁。2014 年《农业法》废除了草原保护计划，将其并入 ACEP。

⑤水源保护计划（Source Water Protection Program，SWPP）。水源保护计划（SWPP）是美国农业部农场服务局（FSA）和全国农村水协会（NRWA）① 的一个联合项目。SWPP 旨在防止农村居民饮用水的主要来源地表水和地下水的污染。工作机制为通过 NRWA 聘请具有实际经验的全职农村水源技师与来自美国农业部自然资源保护局（NRCS）的专家以及州和县 FSA 工作人员一起确定最需要污染预防的地区。再由技术人员与州农村水协会合作，成立由联邦、州、地方和私人组织的公民和个人组成地方小组。地方小组合作创建因地制宜的农村水源保护计划，以促进清洁水源。由农民和牧场主自愿安装以防止水源污染。

⑥对有机农场的支持。为了鼓励有机农场的发展，农场服务局（FSA）对有机农场提供全方位的支持服务。包括有机认证、房地产、建筑物、修理、保险、田间缓冲、日常操作费用、储存和处理设备、作物损失、水土保持、绘制田间界线以及耕地面积报告等。

认证补偿：自 2017 年 1 月开始，经认证的有机生产商和经营商可以通过美国农业部的 2124 个地方县办事处之一，获得每年高达 75% 的认证费用的补偿，每种认证范围最多 750 美元。

建立保护缓冲区的财政援助：这种财政援助帮助有机农民承担生产有机作物的田地建立保护性自然边界的成本。

自然灾害导致的农作物损失的财政援助：非保险作物灾害援助计划为

① 非盈利的水和废水公用事业成员组织。

平均市场价格的55%—100%提供财政援助，以弥补由于自然灾害造成的有机作物损失中预期产量的50%—65%。

收获后的中期融资：市场援助贷款可以提供临时融资，以帮助有机生产者满足现金流需求，而不必在收获期由于市场价格过低出售作物。

储存设施贷款：为过渡到有机生产的农户建立或升级有机商品的储藏设施，包括冷藏、谷物仓、散装罐以及干燥和搬运设备等提供低息贷款（包括小额贷款和保护贷款），贷款可用于购买或扩大房屋、建设或改善建筑物、水土保持、日常运营费用、燃料、保险、设备维修等。

服务：向农场的有机认证机构或作物保险代理人提供的服务，如绘制农场和田野边界，并报告有机面积。

此外，FSA提供具有低利率和长期偿还期的保护贷款，可以帮助有机农场主和牧场主资助保护措施，以帮助过渡到有机农业的生产方式。

（2）NRCS负责的其他环保项目

①水岸项目（The Water Bank Program，WBP）。水岸项目（WBP）目的是保护和改善主要作为迁徙水鸟和其他野生动物栖息地的湿地；保护地表水；减少土壤风蚀；防洪；改善水质；改善地下水及增强景观的自然之美。WBP仅适用于明尼苏达、北境和南达科他州。除非在特殊情况下，如严重干旱时期通过NRCS授权，否则登记WBP的土地不得随意变动。NRCS可以在必要时授权放牧，以提高协议下的土地的湿地功能和价值。WBP为一般10年的租赁协议。每个参与的农场或牧场将签订WBP协议，该协议将在批准协议日历年的1月1日生效。租金每年支付一次，耕地50美元/英亩/年；草场和牧场（牧场）35美元/英亩/年；林地20美元/英亩/年。参加者资格需在协议签订之日前至少两年申请注册为合格土地的所有者，除非因原所有者死亡而通过遗嘱或继承获得新的所有权；或在协议签订之日前至少两年内，以书面租赁方式占有协议中所有指定面积的土地。

②紧急流域保护项目（Emergency Watershed Protection，EWP）。紧急流域保护项目（EWP）用以应对自然灾害造成的紧急情况。EWP项目通过提供技术和财政援助，帮助当地社区，如城市、县和城镇，减轻由洪水、火灾、暴风雨和其他破坏流域的自然事件引起的对生命和财产的紧急危害。美国农业部自然资源保护局（NRCS）管理该项目，它包括两个选

择：EWP—恢复计划（Recovery）和 EWP—洪泛区减缓计划。

EWP—恢复计划（Recovery）旨在减轻洪水、火灾、暴风雨和其他自然事件对生命和财产造成的紧急危害。公共和私人土地所有者均有资格获得援助，但必须由项目赞助者代表，项目赞助者必须是国家的法定机构，如城市、县、乡镇或保护区以及美洲土著部落或部落政府。NRCS 可以支付高达 75% 的应急措施的建设费用，剩下的 25% 来自当地，可以是现金或实物形式。

工作机制：由 NRCS 完成一个损害调查报告，对恢复所必需的工作进行逐个个案调查。EWP 项目所处理的流域损害包括碎片堵塞的河道、受损的和不稳定的河岸、受到危害的水控制结构和公共基础设施、风载碎片清除以及因火灾或干旱而失去保护性植被的被破坏的高地地点。

EWP—洪泛区减缓计划旨在对受洪水破坏的土地实施援助。私有土地或者地方政府和国有政府所拥有的土地，凡在上一年内被洪水毁坏至少一次或在过去 10 年内遭受洪水毁坏至少两次均有资格参与 EWP—洪泛区减缓计划。这些计划有助于恢复蓄洪和流动、控制侵蚀，或改善滩涂地役权的实际管理以及由于堤坝溃决而被淹没或受到不利影响的土地。

③湿地保护项目（Wetlands Reserve Program，WRP）。该计划用于帮助土地所有者进行湿地恢复工作。与其他项目类似，该计划采取自愿形式，由 NRCS 提供技术和财政支持，以期参与该计划的土地实现最大的湿地功能和价值以及最佳的野生动物栖息地。2014 年农业法案将其合并入 AECP 项目。

④农业用水强化项目（Agricultural Water Enhancement Program，AWEP）。AWEP 向农民和牧场主提供财政和技术援助，帮助他们开展农业用水改善活动，保护地下水和地表水，改善农业土地的水质。NRCS 可通过与直接适用的农业生产者签订合同或通过与代表农业生产者申请的实体签订伙伴关系协议来执行 AWEP。2008 年农业法案设立该项目取代了原地下水和地表水保护计划，2014 年农业法取消该项目。

⑤环境市场开发和金融工具创新。

A. 开发环境市场。除了传统的政策支持外，NRCS 还积极在生态交易市场以及环保融资工具创新方面发挥作用，吸引非联邦资金积极参与私人土地保护，为农业生产者和农村经济开发新的收入来源和资金来源。据估计，从2016年到2020年，全球资源保护投资的总潜力在200亿—4000亿美元，环境市场和环保创新金融存在巨大机会。健康的生态系统提供的环境效益，如清洁的水和空气、防洪、健康的土壤和野生动物栖息地，统称为生态系统服务。当生态系统服务能够被衡量和量化时，例如土壤中储存的碳量，它们可以通过生态系统服务市场或环境市场交易。农民和牧场主在他们的土地上实施保护措施时，会产生生态系统服务。产生生态系统服务的生产者可以自愿参与环境市场，获得额外的收入来源。

NRCS在生态交易市场中主要的工作是增强意识建设和教育、发展生态系统服务量化工具、技术援助以及早期的市场发展补助金，吸引私人资本到在耕地土地保护，以补充和扩大NRCS与私人土地所有者的工作。例如在水质量交易市场上，NRCS在全美资助水质贸易试点项目，支持制定可复制的贸易框架和政策；建立国家水质交易网络，该网络由各种利益相关者组成，代表农业、废水设施、环境利益、管理机构和从业人员。NRCS担当技术顾问，确保农民、牧场主和林地所有者的需求得到体现；NRCS基金项目支持温室气体市场。温室气体市场可以帮助农民、牧场主和森林所有者减少温室气体排放并改善土壤健康，同时为从事产生碳信用实践的生产者提供新的收入来源。

B. 金融工具创新。虽然NRCS每年为数百万英亩的农业和林地土地所有者和农业生产者提供技术和财政援助，然而，NRCS的可用资源和美国私人土地的总保护需求之间存在差距。因此，如何开发新的金融工具吸引私人资本进入环保领域是NRCS近年来的一个工作重点。NRCS支持开发一系列新的、补充资金来源，以便在农业和森林土地上实施自然资源保护解决方案。NRCS通过现有的项目和政策来探索创新资源保护金融方法。NRCS通过保护创新补助金和区域环保伙伴关系计划（RCPP）等支持交易市场和环保融资的发展，还开发了技术工具，用于帮助估算环保工作的收益，提供基础设施，帮助新的金融工具发挥作用。

保护创新补助金等项目为环保金融创新活动提供财政支持，降低创新实体的风险，启动早期资源保护金融市场。保护创新补助金资金为测试新的金融工具和方法提供支持，直到技术成熟可以在市场中得以扩展和复制。

5.3　农业绿色发展支持政策资金来源与分配

5.3.1　资金来源

美国商品信贷公司（CCC）负责为 FSA 和 NRCS 下的保护项目提供资金支持。CCC 向美国财政部借入项目所需资金，通过所获收益和国会拨款进行偿还。

表 5－7　美国主要管理机构农业绿色支持支出情况（2011—2019 年）

单位：百万美元；%

年份	NRCS	FSA	总支持支出	占总预算比例
2011	4052	1919	5971	4.3
2012	4336	1925	6261	4.1
2013	4297	1932	6229	4
2014	4272	1737	6009	4.2
2015	4125	1741	5866	4.2
2016	4414	1826	6240	4.1
2017	4520	1886	6406	5
2018	4307	2130	6437	4.4
2019	4336	2086	6422	4.6

注：2019 年为预算情况，2018 年为估计水平。

资料来源：美国年度预算。

5.3.2　资金使用

从支出总额角度来看，美国农业绿色支持支出基本稳定在 64 亿美元左右，其中 NRCS 管辖项目资金占三分之二，FSA 项目占三分之一。绿色支持占预算总比例维持在 4% 以上，近些年有所提高，2019 年预算比例 4.6%（见表 5－7）。分项目支出情况中，CRP 支出仍为绿色支持项目的最大支出，占绿色支持总支出的三分之一左右；其次是 EQIP 项目和技术支持支出，占比在四分之一左右；而 CSP 项目支出是近年来支出增加较快的项目，2019 年预算水平甚至超过 EQIP，达到 16.45 亿美元（见表 5－8）；根据 2014 农场法案，AECP 支出近两年支出有所下降，占总支持比重不足 4%，预计资金大约是前几项计划（湿地储备计划、农田保护计划和草地储备计划的地役权部分）的一半。

表 5－8　美国主要项目资金支出情况（2011—2019 年） 单位：百万美元；%

年份	CRP		EQIP		CSP		ACEP		CTA*		总支持
	总额	占比	总额	占比	总额	占比	总额	占比	总额	占比	总额
2011	1939	32.47	1238	20.73	601	10.07	—	—		0.00	5971
2012	2070	33.06	1373	21.93	742	11.85	—	—	1409	22.50	6261
2013	2202	35.35	1400	22.48	768	12.33	—	—	1436	23.05	6229
2014	2160	35.95	1350	22.47	1079	17.96	366	6.09	1572	26.16	6009
2015	1736	29.59	1347	22.96	1164	19.84	394	6.72	1746	29.76	5866
2016	1821	29.18	1529	24.50	1225	19.63	419	6.71	1753	28.09	6240
2017	1882	29.38	1551	24.21	1149	17.94	466	7.27	1768	27.60	6406
2018	2128	33.06	1524	23.68	1334	20.72	234	3.64	1748	27.16	6437
2019	2220	34.57	1614	25.13	1645	25.62	250	3.89	1519	23.65	6422

注：2018 年为估计水平，2019 年为预算情况；* 技术援助包括在各支持项目中。

资料来源：美国年度预算。

5.4 农业绿色发展支持政策特征

5.4.1 支持主要采取自愿、激励机制

美国 48 州的土地，有 70% 为私有土地。土地的私有性质决定美国农业绿色发展的支持，必须充分发挥私有土地生产者的参与积极性。因此，美国农业绿色支持政策大多采取自愿、激励型政策措施。表 5－9 对美国与绿色发展相关的政策法规进行了汇总，从中可以看出自愿、激励是其典型特征。政府在其中的角色仅为提供财政支持、相关技术及培训、制定规则和标准，起到引导的作用。农户是否参与取决于自主行为，往往从成本收益角度进行决策。这种机制也对政策的制定提出更高的要求，要求制定

的支持政策能够补偿农户产生的额外成本，稳定农户收益。只有这样，农户才会自主性选择该政策措施下的生产实践。

表 5－9　　　　　　美国与环境有关的政策法规特征

政策工具	参与类型	政府角色	项目
政府标签标准	自愿，但标准必须符合认证	政府设置标准，尤其包括自愿的“生态标签”指导	有机认证
激励政策：长期合同	自愿	对休耕 10 年及以上土地支付	CRP—新注册
激励政策：长期合同	自愿	对部分田间作业费用支付，如草场、过滤带	CRP—持续注册
激励政策：长期合同	自愿	对采取最佳管理时间的成本予以支付； 支付来自环境信贷交易程序	EQIP CSP：stewardship
激励政策：地役权	自愿	协助州或其他有资格的实体资助地役权以限制非农用地	ACEP
激励政策：地役权	自愿	恢复和保护长期或永久湿地的地役权	ACEP
遵守机制	非自愿，作为进入农场项目的前提	设置标准并审核发放付款前是否满足要求	高价值土地保护；湿地保护
行政法规	非自愿	如自愿措施未能实现环境目标，生产者要接受管理； 需排水许可证； 某些杀虫剂的限制与禁止； 物种及栖息地保护、恢复	海岸带管理法案修正案； 清洁水法案； 联邦杀虫剂、杀菌剂和灭鼠法案； 濒危动物法案

资料来源：https：//www. ers. USA. gov/topics/natural － resources － environment/environmental － quality/policy － instruments － for － protecting － environmental － quality/。

5.4.2　支持形式以财政支持和技术支持为主

美国农业绿色发展支持形式以财政支持和技术支持为主。政府通过农业法案将每年的实施项目及资金分配固定下来。财政支持包括成本分摊和货币性激励两部分，以鼓励采用具有公共利益的环保型生产实践。由于美国农业绿色发展支持项目均为自愿类型，政府与农场主共同分摊项目成本的优势在于可以激励农场主参加环保项目、节约政府的项目成本、更能激励农场主承担项目责任。另外技术支持是美国农业绿色发展支持政策的基础，通过技术支持项目帮助私人土地所有者、环境保护区、部落以及其他组织制定计划和实施环保实践并为遵守基本的保护遵守条款提供技术支持、为决策者提供土壤信息以管理和利用土壤资源以及评估环保实践。

5.4.3 支持结构层次清晰

美国的农业绿色支持具有层次清晰的特点。交叉遵守作为基本的环保要求，划定为申请其他项目的前提条件，尤其是与作物保险申请挂钩后，几乎将美国所有农地纳入规范范畴；在此基础上，将支持重点细分成休耕地、在耕地、地役权保护，并在各保护重点中均辅以技术支持，进而形成层次分明的支持体系。实施部门各司其职，责权明确，互相补充。FSA 主要负责休耕地项目，NRCS 主要负责在耕地和地役权项目，并由 NRCS 主要负责技术支持，资金的发放则主要通过 CCC 来进行。

5.4.4 交叉遵守机制注重高侵蚀土壤和湿地保护

从美国农业绿色支持政策的发展可知，美国的农业绿色支持始于土壤保护，并一直以来将土壤保护放在重要位置。环保遵守制度的目的就是为了减少由于侵蚀造成的土壤流失；保护国土生产粮食的长期能力；减少沉积改善水质；对保护湿地价值、面积和功能提供帮助。因此，凡是申请 FSA 和 NRCS 大多数项目以及联邦作物保险公司 FCIC 保费补贴时均需要遵守环保的规定。土壤质量代表了农业生产能力，通过交叉遵守机制保证了美国几乎所有农地均纳入保护范围，对农业生产中基本的环保要求予以了保证。

5.4.5 支持注重通过金融创新开发新的支持工具

虽然美国对农业绿色发展的支持力度逐年加大，但是与环境保护的需求相比，资金仍比较匮乏，因此如何开发新的金融工具吸引私人资本进入环保领域是 NRCS 近年来的一个工作重点。NRCS 支持开发一系列新的和补充的资金来源，以便在农业和森林土地上实施自然资源保护解决方案。NRCS 通过现有的项目和政策，探索新的保护金融方法，通过保护创新补助金（CIG）和区域环保伙伴关系计划（RCPP）等支持交易市场和环保融资的发展，还开发了新技术工具，用于帮助估算环保工作的收益，提供基础设施，帮助新的金融工具发挥作用。通过金融创新，有利于调动私人资本的积极性，充实支持资金；提高社会环保意识，并给予社会资本寻找新的利润增长点。

5.4.6　参与机制注重发挥市场机制作用

美国保护项目资金的申请发放采用市场竞争机制，并通过一系列立法和行政决定予以保证。这种资金分配机制用于帮助筛选哪些农地适合该保护项目，哪些农民和土地所有者可以获得财政资助，获得份额、如何发放以及项目所能达到的环境效益有哪些。其中，拍卖是一种常用资金分配机制。特别是通过反向拍卖的方式，规定投标程序、选择标准，明晰参与机制，形成简单透明的资金分配机制（一个买家即美国农业部，众多潜在卖家如农场土地所有者）。通过引入拍卖机制，农民在竞拍支持项目的过程中，将市场化的特征融入保护计划。农民在项目申请方面的竞争可以减少支持资金规模，当资金发放与申请排名相结合时，可以降低保护成本，并鼓励更多环保效益。

5.5　本章小结

（1）美国自 20 世纪 30 年代开始关注农业生产所引起的环境问题，早期阶段主要关注土壤问题，通过土地休耕和限产政策保护土壤；全面推进时期则从单一的土壤保护向综合治理推进，关注问题包括土壤、空气、水资源等，注重生态环境的综合治理。这一阶段很多相关法规密集出台，为政策实施提供了法律依据；自 2002 年开始，进入政策的调整阶段，政策重点开始注重在耕地项目，通过政策的整合和创新提高政策效率。

（2）美国通过政策工具的不断调整和创新、机构的整合、资金的持续性投入，构建了较为完善的支持政策体系：以 FSA 和 NRCS 作为项目主要管理机构，分别负责休耕地及在耕地和地役权项目的管理；大部分项目资金通过国会财政预算方式拨款，由 CCC 负责支持项目资金发放；以保护遵守条款作为基本的环保标准，成为申领其他各项目资金的基础。

（3）美国农业绿色发展支持政策包括强制性措施和自愿性项目两种。由于美国农业用地私有权特征，因此支持政策更倾向于在农民层面采取自愿、激励的方式，以财政支持和技术援助的形式为有意愿提高农场生态环境效益的农场主提供支持。项目涉及休耕退耕类、在耕地项目、地役权保护项目、区域保护合作项目、技术性援助等，范围广，政策工具丰富。为了最大限度地激发农民参与的积极性，财政支持涉及成本分担和以采取符合生态环境改善要求的管理方式的激励支付。

（4）美国农业绿色发展支持政策特征包括支持机制以自愿、激励机制为主；支持形式为财政支持和技术支持；构建了层次清晰的支持结构；在对农业绿色发展的支持中引入竞争机制，通过拍卖的方式进行项目筛选，这需要农户在申请项目资金时必须有明确的生态环境效益目标及相应的成本核算。另外，NRCS 还在如何扩大私人资本的参与性、提高支持资金力度方面进行不断创新，开发新的金融工具，充实支持资金，这是在一定程度上为社会资本寻找新的利润增长点。交叉遵守机制作为强制性措施则注重高侵蚀土壤和湿地的保护。

第6章　欧盟美国农业绿色发展支持政策比较：背景、机制与效果

欧盟与美国虽对农业的绿色发展均提供支持政策，但两者在面临的政策背景、发展问题、支持机制及支持效果方面存在显著差异。本章主要对两大经济体的绿色支持政策进行多层次多角度的对比分析，从演进机制和政策选择两方面归纳共性规律和差异特征。

6.1　农业绿色发展支持政策背景比较

对农业绿色发展的关注及重视程度的提高与经济发展总水平、农业发展水平及所面临的发展问题密切相关，因此本节从农业发展水平和所面临的农业发展问题几个方面对欧盟与美国进行比较，衡量比较两大经济体对农业绿色发展关注的时机选择。由于对农业绿色发展的关注及重视是渐进式过程，因此比较阶段选择两大经济体开始全面关注该问题的历史阶段。从第4章和第5章可知，欧盟自1992年、美国自20世纪70年代开始对农业绿色发展全面关注，因此比较阶段选择欧盟1992—2007年和美国1970—2001年。

6.1.1　农业发展水平比较

农业绿色发展的关注与总体经济发展水平、农业发展水平有密切关系。以下从经济发展水平、农业生产条件、农业支持力度以及重大历史事件角度对政策转型的时机选择进行比较分析。

（1）经济综合实力的增强和农业生产水平的提高为农业支持政策转型提供了经济基础

1970—2001 年，美国经济发展水平不断提高，人均 GDP 从 5500 美元上升至 37000 美元（见表 6-1），欧盟对应的 1992—2007 年这段时间人均 GDP 也上升至 35000 美元，表明经济综合实力的提高是农业支持政策转型的基础。

表 6-1　农业绿色发展全面关注期欧盟与美国人均 GDP 水平　单位：美元

	时期	人均 GDP
欧盟	农业绿色发展全面关注期 1992—2007 年	25000→35000
美国	农业绿色发展全面关注期 1970—2001 年	5500→37000

资料来源：世界银行数据库。

这段时期两大经济体农业增加值占比一直呈下降趋势，欧盟从 2.5% 降至 1.5% 水平，美国由于数据的缺失，从现有数据来看，2001 年已经接近 1% 水平（见图 6-1），谷物产量分别达到 3700 千克每公顷（美国，1971 年）、3900 千克每公顷（欧盟，1992 年）（见表 6-2），表明在工业化进程中随着农业所占重要程度的不断下降，谷物产量不断增加，政策关注从提高农业产量向提高质量、结构调整转变。

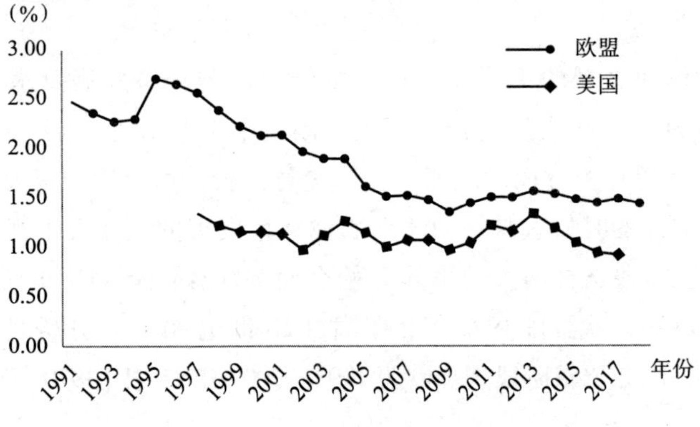

图 6-1　农业增加值占比

表 6-2　欧盟与美国农业绿色发展全面关注期谷物产量比较

单位：千克/公顷

	时期	谷物产量
欧盟	农业绿色发展全面关注期 1992—2007 年	3900
美国	农业绿色发展全面关注期 1970—2001 年	3725

资料来源：世界银行数据库。

(2) 农业要素禀赋变化与农业投入的不合理是农业支持政策转型的现实基础

由于土地荒漠化和城市用地占用等问题，美国人均耕地面积一直呈下降趋势，20世纪70年代人均耕地降至不满1公顷，而2016年下降至0.5公顷以下。进入农业绿色发展的全面关注期之前，1961—1970年人均耕地降幅达6.1%，年均下降幅度达到1.5%。欧盟也呈现类似的趋势，1961—1992年人均耕地降幅达到2.2%。不断缩减的耕地面积是两大经济体开始关注农业发展可持续性的关键因素之一。但由于两大经济体要素禀赋的差异，无法获得政策转型期人均耕地面积方面的数量性标志（见表6-3）。

表6-3　欧盟与美国人均耕地面积比较（1961—2016年）　单位：公顷/人

年份	美国	欧盟	年份	美国	欧盟
1961	0.98	0.32	2000	0.62	0.24
1970	0.92	0.29	2010	0.50	0.21
1980	0.83	0.26	2016	0.47	0.21
1990	0.74	0.25			

资料来源：世界银行数据库。

劳动力资源作为农业生产的核心要素之一，随着工业化进程的加剧、机械设备在农业生产中的广泛使用，农村人口比例一直呈下降趋势，从事农业的劳动力相应减少。欧盟与美国在全面关注农业绿色发展时期农村人口比例均降至30%以下（美国1970年26.4%；欧盟1992年29.27%）（见表6-4）。

表6-4　1960—2018年欧盟与美国农村人口比例（%）

年份	美国	欧盟	年份	美国	欧盟
1960	30.00	38.79	2000	20.94	28.23
1970	26.40	34.33	2002	20.59	27.81
1980	26.26	31.09	2010	19.23	25.99
1992	23.90	29.27	2018	17.74	24.33

资料来源：世界银行数据库。

20世纪90年代美国种植业施用化肥量2479万吨，占到世界施用量的18.5%；农药施用量占到世界总价值的23.9%（见表6-5）。从欧盟数据来看，化肥农药的投入量甚至要高于美国（见表6-6），这种高投入高产出的集约化生产带来产量增加的同时也带来了严重的土壤和水资源污染问题。由于美国农作物种植专业化，集中成片施用农药在杀灭害虫的同时也杀灭了害虫的天敌——益虫，出现了抗药性的害虫，因此仍然遭受到严重的病虫害损失。同时，每年平均发生2万多人农药中毒，全国由于农药致癌的达6000人，直接间接经济损失22亿美元（见表6-7）。

表6-5　美国农业施用化肥、农药情况

单位：亿公顷；万吨；亿美元

项目	世界	美国	美国占世界%
耕地面积	13.5	1.879	13.9
种植业施用化肥	13397.8	2479.1	18.5
农药	204.5	48.9	23.9
养殖业使用化学剂	93.65	25.53	27

资料来源：蒋自立编译．美国农业施用化肥和农药的概况．内江科技，1995（3）．

表6-6　化肥、杀虫剂消费情况　单位：千克/公顷

年份	美国		欧盟		年份	美国		欧盟	
	杀虫剂	化肥	杀虫剂	化肥		杀虫剂	化肥	杀虫剂	化肥
1990	2.14	—	3.24	—	2004	2.5	67.15	3.04	88.75
1991	2.05	—	3.11	—	2005	2.31	65.63	3.12	85.18
1992	2.15	—	2.72	—	2006	2.41	71.3	2.88	84.79
1993	2.12	—	2.85	—	2007	2.43	70.43	3.06	90.68
1994	2.31	—	2.78	—	2008	2.31	67.42	3.09	83.02
1995	2.3	—	2.83	—	2009	2.23	66.18	2.73	78.36
1996	2.39	—	2.86	—	2010	2.36	69.75	2.74	85.92
1997	2.41	—	3.02	—	2011	2.54	78.08	2.93	84.51
1998	2.37	—	3.08	—	2012	2.59	77.47	2.85	85.9
1999	2.44	—	3.03	—	2013	2.63	78.71	2.85	90.25
2000	2.41	—	2.92	—	2014	2.6	76.39	3.08	91.76
2001	2.31	—	2.95	—	2015	2.63	77.07	3.05	93.84
2002	2.37	62.29	3.09	87.18	2016	2.63	77.74	3.14	92.97
2003	2.4	66.16	2.96	93.11					

资料来源：世界银行数据库。

表 6-7　　美国农产品病、虫害损失

年份	农产品损失%			总损失	
	虫害	病害	莠害	百分比	亿美元
1910—1935	10.5	—	—	—	60
1942—1951	7.1	10.5	13.8	31.4	270
1951—1960	12.9	12.2	8.5	33.6	300
1974	13	12	8	33	770
1989	13	12	12	33	1500

资料来源：蒋自立编译．美国农业施用化肥和农药的概况．内江科技，1995（3）．

（3）农业重视程度和支持力度的稳定使农业支持政策转向侧重支持结构调整

农业支持投入额反映了一国为农业支持做出的努力，农业支持投入力度越大表明一国越注重农业的发展。由于欧盟与美国国民经济和农业体量不同，因此选用%TSE 指标，即 TSE 在 GDP 中的占比衡量两大经济体在农业支持上的投入水平，并通过农业支持投入与人均 GDP 的比较考察支持政策转型期指标特征。

从图 6-2 曲线走势可以看出，美国和欧盟农业支持总水平占 GDP 比重%TSE 一直呈下降趋势。从选定的两大经济体比较期来看，在进入对农业绿色发展全面关注的支持期，欧盟（1992—2007 年）%TSE 降至 2%—1%的区间水平；美国（1970—2001 年）则降至 1%—0.5%的区间水平。虽然两大经济体开始对农业绿色发展全面关注的时期农业支持投入比重有所差别，但仍能得出共性结论：在进入农业绿色发展转型期时，农业支持投入在 GDP 中所占比重不断下降表明，两大经济体均逐渐减少对支持政策的依赖，注重提高农业竞争力和政策效力，且在之后的一段很长时间内支持力度大致稳定，更注重支持结构的调整。

虽然欧盟与美国的%TSE 水平持续下降，但 TSE 水平却保持增加的趋势。图 6-3 和图 6-4 将欧盟与美国的 TSE 水平与人均 GDP 分别进行了比较。可以看出，两者 TSE 支出和人均 GDP 变动趋势基本一致，均呈逐渐提高趋势。从两大经济体全面关注农业绿色发展的比较期来看，TSE 水平的高低与国民经济发展水平以及政府财力密切相关，且近年来对农业的支持关注程度越来越高。

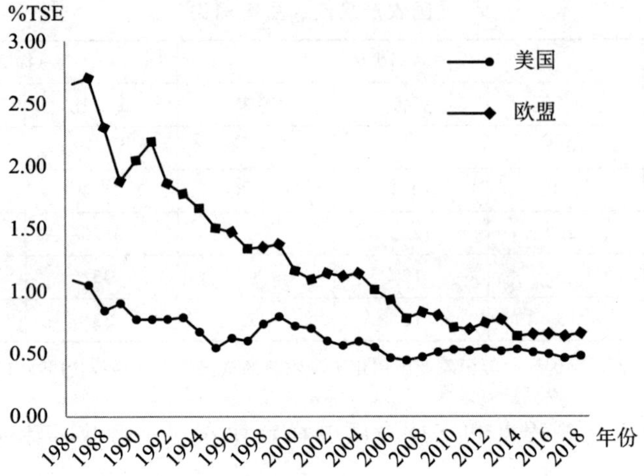

图 6－2　1986—2018 年欧盟与美国%TSE 水平比较（%）

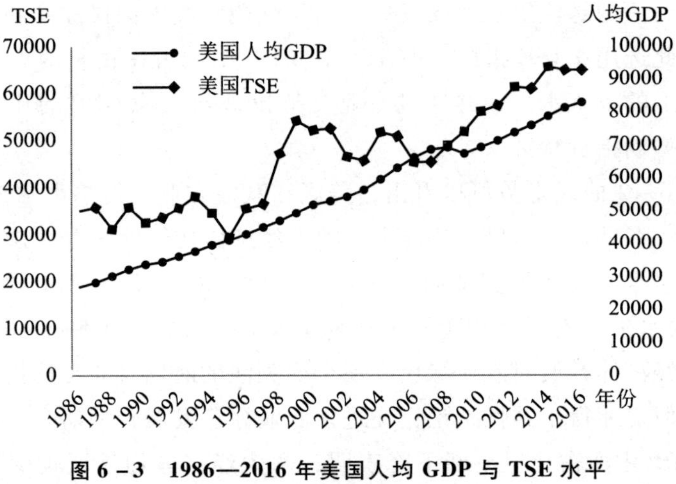

图 6－3　1986—2016 年美国人均 GDP 与 TSE 水平

单位：百万美元；美元

（4）重大历史事件成为农业支持政策转型调整的外在动因

除上述因素外，一些重要的政治经济事件及自然环境变化也对农业支持政策的转型产生影响。如 1994 年《WTO 农业协议》的签订，对各国黄箱支持提出限制，欧盟国内支持需削减 20% 左右，这也成为农业支持政策调整的重要外部原因。

自 1995 年世贸组织《农业协定》生效后，两大经济体均通过农业支

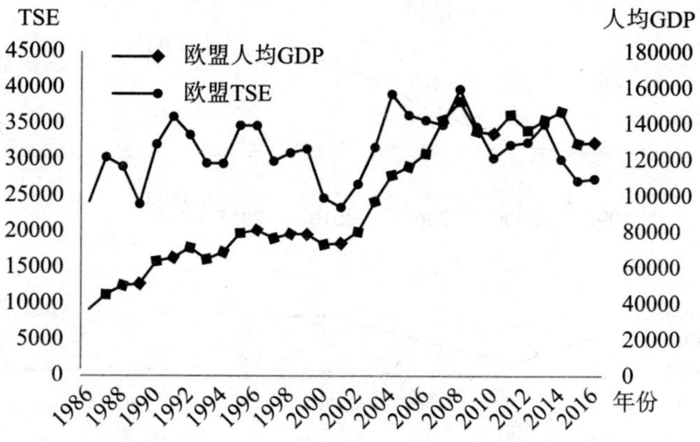

图6－4　1986—2016年欧盟人均GDP与TSE水平

单位：百万美元；美元

持政策调整，逐步将农业支持实现由“黄箱”向“绿箱”的转变①。1995年到2015年期间，美国绿箱水平由460亿美元增至1214亿美元，增幅达到164%，绿箱占总国内支持比重也从88%升至97%。这一趋势在欧盟更为明显。欧盟绿箱水平由1995年的187亿欧元增至2015年的608亿欧元，增幅高达225%，绿箱占国内总支持比重从27%升至90%。黄箱支持水平则不断减少（见图6－5），两大经济体均存在明显的黄转绿特征，尤其欧盟通过限产类支持等蓝箱政策作为过渡，将大部分黄箱支持转向绿箱支持。

6.1.2　农业发展问题比较

（1）美国农业发展问题

美国的农业发展问题带有明显的阶段性特征。早期美国对农业环境的关注开始于20世纪30年代的沙尘暴，1935年，流失黑土约3亿吨，粮食减产一半。因此，此后的一段很长时间内美国所针对的农业环境问题以荒漠化治理为主，鼓励农场主种植增强地力的作物或禁止开垦未被占用的草地；第二次世界大战后，随着农业生产技术水平的提高和集约化程度的提升，大量农用地流失。1950—1972年，每年约120万—200万英亩农田变

①　林学贵．我国与美国、欧盟、日本的农业“绿箱”支持的比较及借鉴［J］．农业．农村．农民，2013（28）：40－42.

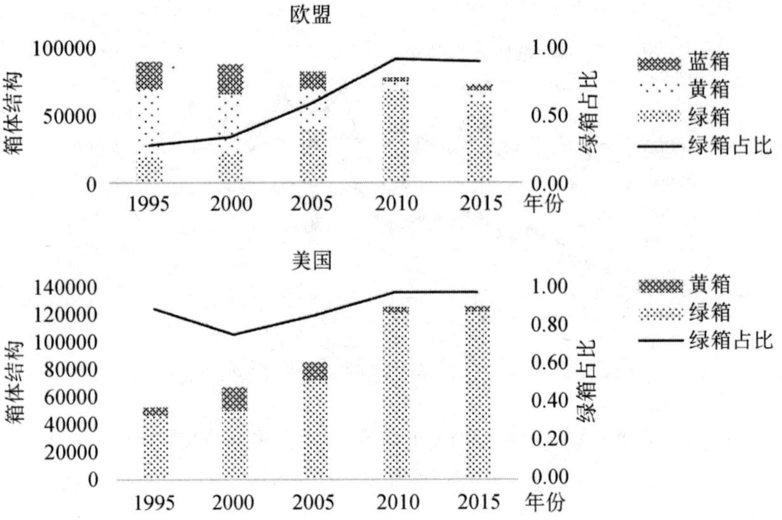

图 6 -5　欧盟、美国 1995—2015 年黄箱与绿箱支持

单位：百万美元，百万欧元，%

资料来源：WTO 网站整理所得。

为城市用地。由于化肥农药的大量使用造成的耕地板结严重、有机质丧失、微生物活性减弱等问题，土壤污染问题严重。国内 47 条主要河流湖泊，污染面积占 40% 以上的达 22 条。因此这一时期的农业环境问题以水土污染和提升土壤质量为主。但是由于这一时期美国农业环境治理重点尚未转移，仍关注荒漠化治理问题，环境污染问题没有得到有效遏制，反而导致农业整体环境恶化。

随着生产力的发展，20 世纪 70—80 年代美国对自然资源掠夺式开发越来越严重，引发综合性环境问题，包括严重的土壤污染、侵蚀和水体污染。这一时期美国关注通过法制化促进农业环境治理。国家环境保护署成立后，颁布了一系列环保法案，如《环境政策法》《环境质量改善法》《资源保护和恢复法》《联邦水污染控制法》《联邦土地和管理法》等。美国农业环境治理思路开始发生转变，由以治为主向以防为主转变。

20 世纪 90 年代后，土壤侵蚀、水土资源污染问题得到改善。但农业生态环境又开始面临农场规模的不断扩大，引发农田生态系统单一化、脆弱化等新的问题。这一阶段的治理思路转变为健全管理机构、创新管理方式、提高治理效率为主。

（2）欧盟农业发展问题

欧盟农业环境面临的主要问题是农业集约化生产所带来的环境问题、生态问题。在共同农业政策财政预算不断紧张的情况下，则面临着如何以有限的预算解决日益严重的环境生态问题的改革压力。

①集约化生产方式带来土地利用率提高，污染问题加剧。在西欧，农业用地占欧共体土地使用面积的 44%，在英国和爱尔兰等一些成员国甚至达到 70%。共同农业政策的高保护性质激励农民更多地采用集约化经营和高成本生产方式，大量的使用农业技术和最大化地利用耕地。据统计 1945—1984 年，英国 30%—50% 的原始林地、80% 的未开发利用草地、泥炭沼泽地等，消失或遭受重大损失[①]。20 世纪 70 年代以来，集约化大规模的大农场逐渐取代粗放经营小规模的农场，有数据表明 1975—1995 年以专业化养殖家畜为主的农场数量减少了三分之一，但每户农场家畜存栏量增长一倍以上。这种集约化还包括大量化肥农药的使用。1970—1989 年以化肥为基础的氮肥平均消费增长 75%，农药使用量在减少，但浓度在提高。

②农业生产实践对生物多样性造成负面影响。据报道，1945—1984 年，在英国总共有 10 种有花植物、3—4 种蜻蜓以及 1 种蝴蝶灭绝[②]。另据报道，在同一时期有 149 种植物、11 种蜻蜓、13 种蝴蝶、36 种鸟类、4 种爬行动物或两栖动物以及一些哺乳动物，尤其是水獭和蝙蝠等一直面临严重的种群衰落[③]。生产实践对生物多样性造成越来越严重的负面影响。

③杀虫剂及化肥的使用导致严重的水污染及富营养化。2003 年根据欧共体环境局的报道，超过三分之一的地下水体中硝酸盐含量均超过最高

① Clark Jonathan. Greening the Factory Farm: Toward a Theory of Agri - Environmental Technoscience [D]. France: Penn State University. 2010.

② Bazzani Guido Maria, Viaggi Davide. Improving the Design of Agri - environmental Policies: A case study in Italy [J]. Agricultural Economics Review, 2004, 5 (2): 21 - 35.

③ Salhofer K, Glebe T W. National Differences in the Uptake of EU Agri - environmental Schemes: An Explanation [C] //2006 Annual Meeting, August 12 - 18, 2006, Queensland, Australia. International Association of Agricultural Economists, 2006: 23 - 31.

标准①。另外过度放牧造成水土流失以及作物管理技术加重了水土流失问题，如为了使用农业机械提高效率而清除绿篱，同时也会破坏土壤保护层。

④国内外市场环境变化给农业共同政策带来的改革压力。20世纪80年代中叶以来，欧共体许多农业部门出现生产过剩。由于国家对农产品的干预性购买和出口退税补贴当时列在共同体预算内，因此对共同体的财政预算造成沉重负担。1973—1988年这些费用占预算比例不到63%，而1985年时支出占到预算的70%。国际方面，由于根据1994年WTO《农业协议》规定，共同体须将国内支持降低20%，同时由于新成员的加入（10个中欧和东欧国家），尤其是以农业作为主导产业的新成员加入，也给共同农业政策改革带来巨大压力②。

从两大经济体面临的农业绿色发展问题来看，带有一定的共性方面，如均面临着水土污染及土壤退化问题，均面临着协调政策资源，提高政策效率的管理问题。从差异性来看，由于两大经济体农业资源禀赋的差异，欧盟问题主要来源于集约化生产所带来的土壤过度使用以及大量农药化肥等投入品施用的环境污染问题；美国土壤问题则一方面来自土壤过度利用造成的水土流失，另一方面来自城市用地侵占农业用地问题。

6.1.3 农业绿色发展支持政策制定的逻辑起点

基于对欧盟与美国农业绿色支持政策背景的比较分析可知，对农业绿色发展的关注以及农业绿色发展支持政策的制定要建立在对本国经济发展和社会、政治需求基础上。具体而言，一国农业绿色发展支持政策制定的关键因素包括以下几个方面：

（1）经济发展水平

农业政策的制定是一项复杂的系统工程，要受到来自自然与社会的各种因素的影响和制约，其中最为重要且起着决定性作用的是一国的经济发

① Smith, Katherine R.. The Growing Prevalence of Emergency, Disaster, and Other Ad Hoc Farm Program Payments: Implications for Agri - Environmental and Conservation Programs [J]. Agricultural and Resource Economics Review, 2004, 33 (1): 1 - 7.

② 布莱恩·杰克著，姜双林译．农业与欧盟环境法［M］．北京：中国政法大学出版社，2012.2：27 - 61.

展水平①。如果没有一定的财源做保证，将无法实现支持效应。根据经济发展过程中农业与工业相互关系的演化顺序，经济发展过程一般划分为三个阶段。发展阶段不同，工农关系不同，农业政策特征也不同。第一阶段为以农补工阶段。这一阶段的重点是工业发展，农业通过为工业提供原材料的方式支持工业发展；第二阶段为工农并重阶段。工业发展到一定阶段后，进一步发展主要来自自身剩余的积累，农业不再从资金积累上支持工业发展，农业发展速度开始加快；第三阶段为以工补农阶段。到了工业化后期，工业部门为农业部门发展提供资金支持，形成工业反哺农业。农业发展通过工业剩余积累的注入获得快速发展。经济发展过程中两者关系的演进具有内在的客观性和必然性。随着工业化程度的不断提高，意识水平的不断增强，财政在农业的发展过程中发挥坚实的支持基础作用。

从欧盟与美国农业支持政策目标的阶段性特征来看，支持目标遵循了提高产量→稳产增收→保供给、稳收入、可持续发展的脉络。当一国农业生产供给能力尚不能满足本国农产品需求时，支持政策主要是支持农业生产，包括基础设施建设、教育科研等，以此提高本国农产品的生产，保障农产品供应；当经济发展到一定阶段，农业生产能力能够满足本国农产品需求甚至出现农产品过剩时，农业支持政策的重心将逐步转向控制农业生产，稳定农民收入；随着经济发展水平的提高，政策目标越来越多元化，通过支持政策调节和优化农业生产结构，提高农业生产率、资源的利用率、农业资源的可持续利用和良好生态环境上，以保证农民收入、稳定农产品供应以及实现农业的可持续发展。因此支持政策转向对农业绿色发展的支持是经济发展到一定阶段的必然产物。

(2) 农业绿色发展的认知水平

马斯洛的需求层次理论认为人类的发展需求包含了从生理需求到精神需求的发展过程。环境作为人类的栖息地，人类按照自己的需求改造着生存环境。初期阶段，人类主要通过对环境的资源索取以满足其基本生存需要，而随着社会的不断发展和文明程度的不断提高，人类开始重新审视人与自然关系，需求也趋于丰富和细化。从注重物质层面的满足到追求更高

① Mann, Stefan. Different Perspectives on Cross - Compliance [J]. Environmental Values, 2005 (4): 471 - 482.

的精神满足，这与马斯洛的需求层次理论相一致，是其理论外化于环境的表现。随着经济发展水平的提高，人们可支配收入的增加，人们对居住环境的要求不断提高。而农业作为环境重要的提供者也逐渐受到重视。公众意识的提高进而影响到国家政策法规的出台。如美国20世纪六七十年代的环保运动极大地推动了美国环境理念的加强和政府立法的进步。

但是对于农业绿色发展内涵存在认知上的差别，不同国家理解不同，这种不同也代表了不同国家在采取支持政策时在政策目标和政策工具的选取上有所差别[①]。美国对农业多功能性的认知，强调农业与环境特性相关的功能，而欧盟则认为农业具有更广泛的多功能性，包括一切与土地相关的功能，如野生动植物保护，生物多样性，农村农业景观保留，文化遗传和粮食安全等。因此这也直接导致了美国农业环境政策以保护储备计划（CRP）为主，政策目标关注环境产出的最大化；而欧盟则政策目标涉及环境产出、农村发展以及文化传承等多方面，政策工具也呈现多样化（Blandford et al.，2004）。

（3）要素禀赋状况

人的行为或意愿要受到资源禀赋的支持或者限制。要素禀赋往往以数量的多寡来反映，通过比较相对优势，合理配置资源，达到整体利益最大化[②]。要素禀赋是农业生产活动需要的基本物质条件和投入要素，包括土地、劳动力、资本技术等传统生产要素以及制度、信息、管理等现代生产要素。资源禀赋是决定农业发展的重要因素，尤其在农业发展向绿色转型过程中，农业资源禀赋的差异性决定农业政策选择的差异。美国具有充裕的环境资源容量，拥有世界第三大的国土面积，但人口总量却仅有3.1亿人，其主要国土面积都位于最适宜人类居住的北温带，而且拥有东西两条海岸线，气候湿润，平原多、荒漠少，人口分布比较合理。因此在政策选择中以土地休耕作为其主要的政策措施；而欧盟由于土地资源稀缺，人口密度较大，则更倾向于通过集约化生产中不断注入新发展思路来支持绿色发展问题解决。农业的绿色发展本质上就是在现有资源水平下既能满足当

① 陈秋珍．国内外农业多功能性研究文献综述［J］．中国农村观察，2007（3）．

② 殷秋霞．农业补贴政策对不同资源禀赋农户种粮决策行为影响机理及政策优化研究——以江西省为例［D］．江西农业大学．2014．

前需要又能满足未来需要的发展模式，因此农业政策措施的制定要结合农业发展的资源禀赋状况，以本国的农业资源情况作为基本约束条件。

（4）政治结构

以诺思为代表的新制度经济学认为国家是理性的，国家既追求经济效益最大化同时也要求政治支持最大化。政策决策中，为了政治支持的最大化目标，执政者会考虑各方利益，尤其是一些强势集团的需求。正如舒尔茨（1988）所指出的那样，“处在统治地位的个人在政治上依赖于特定群体集团的支持，这些集团使政体生存下去。经济政策在这个意义上讲是维持政治支持的手段”①。

农业政策制定时，政府必须考虑各利益集团的政治反应，也即农业政策的供给取决于相应的政治收益与政治成本。同样各利益集团也会通过各种渠道向政策制定者施加压力和表达利益诉求。农业政策的制定过程就是一个不断对各方利益进行权衡妥协的过程，从本质上讲就是各利益集团的相互博弈过程②。在美国，农业利益集团利用政府三权分立的政治体制，可以通过游说、施压、示威等行动对国会两院、总统和农业部门施加影响，获取政治支持，对农业有关法案施加影响，维护自身利益③。欧盟理事会是欧盟层面的决策机构，由各成员国政府部长组成，成员国在理事会内部通过讨价还价、妥协与竞争，利用投票机制、决策程序将提案变成法律与规定④。因此欧盟共同农业政策体现了众多成员国在农业领域利益的调和和相互妥协。

（5）国际因素

作为WTO的成员，国内农业支持政策的制定也需要考虑国际规则的约束。世贸组织制定的《农业协议》在市场准入、国内支持和出口补贴三个方面进行了规范。乌拉圭回合农产品贸易谈判将国内支持政策分为两

---

① 王彬，高强．我国农业政策制定的基础和作用的研究综述［J］．中小企业管理与科技，2011（2）．

② 梁謇．农业政策演变规律的政治经济学解析［J］．理论研究，2007（13）．

③ Bergschmidt, A., H. Nitsch, B. Osterburg. Good Farming Practice – definitions, Implementation, Experiences [R]. Reports on the results of workpackage 2 within the EU Concerted Action "Developing cross – compliance in the EU——background, lessons, opportunities". London: IEEP. 2003.

④ 杨娜．欧盟理事会权力的嬗变．政府间主义与超国家主义的博弈［D］．南开大学，2010. 5.

类：对贸易产生扭曲作用的政策——黄箱支持和不会对贸易产生扭曲作用的政策——绿箱支持。对于黄箱支持，《农业协议》要求各方用综合支持量（Aggregate Measure of Support，AMS）计算黄箱支持的货币价值，并作为削减尺度逐步进行削减。绿箱支持由于不对贸易产生扭曲则可免于减让，成为可以采取的支持措施。此外，对于通过限产等方式进行的补贴方式也可暂时免于削减——蓝箱支持。因此，各成员需要调整国内支持政策适应世贸组织对国内支持的规定。最初，按照《农业协议》的规定，欧盟要在协议生效六年内削减国内支持的17%，即由基期的920多亿美元削减至770亿美元，这也成为欧盟农业支持政策调整的外部影响因素。

此外，农业作为各国支持政策的主要领域，贸易对手所执行的国内支持政策，同样会传导至农产品贸易领域，影响贸易格局。因此，为了在农产品贸易中拥有更多比较优势，贸易对手农业支持政策的力度、结构以及调整趋势也会对本国国内支持政策产生影响。农业绿色发展的支持政策目前已经成为主要发达国家农业国内支持的重要领域，这也必将影响各国农产品贸易格局。

6.2 农业绿色发展支持政策支持机制比较

总体来看，两大经济体均建立了适应自身情况的支持机制，并根据外部环境的改善，不断调整。欧盟的支持机制强调强制约束和自愿激励并重，而美国的支持机制则主要以自愿激励为主。

6.2.1 政策目标比较

（1）支持背景与目标

两大经济体对农业环境问题的关注均起源于农业环境的负外部性问题。美国对农业环境的认识开始于20世纪30年代，经历了1934年尘暴袭击后，美国主要的环境关注点放在土壤的侵蚀防治、农药化肥污染问题、水体污染问题以及农地改用等具体环境问题上；欧盟对农业环境的关注则起步较晚，但从起源来看也是受国内环境问题的困扰。1992年麦克雪利（McSharry）改革将农业多功能性正式列入共同农业政策，将多功能性划分为社会功能、文化功能、生态景观功能等。

因此，从支持背景与目标来看，欧盟农业绿色发展不仅关注农业产生的直接污染问题，而且将农业景观构建、农业文化功能、生态多样性保护等均纳入进政策范围。相比而言，美国则更注重具体农业环境污染问题的化解。从这个角度来看，虽然两大经济体均将农业绿色支持作为化解环境问题以及向农民转移公共资金的手段，但欧盟在此基础上还将农业绿色支持措施作为了农村发展的驱动力，赋予了更广泛的意义。

（2）农业与环境关系的理解

欧盟认为农业不仅仅提供食物，还提供环境等公共物品，而公共物品存在市场失灵，因此不能完全通过市场交易实现其价值。应对农民提供环境公共物品的行为进行补偿，补偿的主要形式即为补贴支持；美国则认为农业的过度利用会带来环境恶化的问题，化解手段就是减少土壤的过度使用，而作为私有财产的土地若减少其使用，就应通过政府补贴的方式以补偿土地所有者放弃正常使用土地而丧失的损失。由此可以看出，两大经济体差异的根源在于对农业和环境关系认识的差异。美国认为农业与环境是替代关系，正是过度使用土地、过量投入等农业生产问题引致了环境恶化问题，解决之道也是减少农业用地的过度使用、土地休耕；欧盟则认为两者是互补关系，改善环境问题的关键在于如何更好地利用土地，通过农业改善环境，创造良好的农村环境。

（3）支持政策的侧重点

正是这种对农业在环境问题中所发挥作用的认识差异，使得两大经济体对农业环境措施的侧重点存在较大差异。美国大部分的支持集中在减少农业的负外部性上。直到 20 世纪 80 年代中期，美国的农业环境政策都集中在防止水土流失上。此后扩张到减少农业用水污染，并确保农业不会导致湿地的减少和野生动物栖息地的丧失。在美国的大部分地区，认为土地退出农业恢复到自然状态会获得更高的环境价值，因此主要通过 CRP 和 WRP 将农田退回原来状态。而欧盟的支持则主要集中在如何调动农民积极性增加对农业正的外部性进行补偿和激励。在欧洲，认为土地用于耕作时才会达到最高的环境价值，因此很大部分的农业环境支付是限制土地弃耕，欧盟通过保留欧洲农村的耕种景观，吸引游客前往。带动田园旅游业的发展。而美国则侧重于如何减少负的外部性如降低地下水污染等。表

6－8列出两大经济体在支持项目目标侧重方面的比较。可以看出，欧盟项目更注重农业生产的正的外部性，通过农业环境支付、绿色直接支付、有机农业等措施促进农业景观的形成、动物栖息地的构建、生物多样性以及历史文化遗迹的保留。而美国支持项目如CRP、EQIP则更注重如何减少土壤侵蚀、投入品过量、水质污染、动物栖息地破坏等减少农业生产的负外部性方面。

表6－8　　欧盟和美国项目目标对比

目标		项目	
增加正外部性	减少负外部性	欧盟	美国
	土壤侵蚀	绿色直接支付	CRP
	化学品及营养流失	有机农业支出；低存栏率支付	EQIP；CRP
	水污染	农业环境支付	EQIP；CRP
	动物栖息地	自然2000、绿色直接支付	WHIP；WRP；CRP
动物栖息地		自然；非弃耕支付	WHIP
景观		农业环境支付、绿色直接支付	
生物多样性		绿色直接支付	GRP
农村经济发展		有机农业的农业环境支付；LFA支付	AMA
文化遗迹		传统耕作方式支付；LFA支付	ACEP

资料来源：作者整理。

表6－9对欧盟与美国在政策起源、农业环境关系、政策作用及政策侧重方面进行了归纳总结。

表6－9　　欧盟与美国政策目标与作用比较

比较项	欧盟	美国
政策起源	现实环境问题	现实环境问题
农业与环境关系	互补关系	替代关系

续表

比较项	欧盟	美国
政策作用	化解环境污染问题、保护农业文化功能、生态功能、保证农民收入功能	化解环境污染问题、向农民进行公共资金转移支付
政策侧重	增加正外部性	减少负外部性

资料来源：作者整理。

6.2.2　政策体系比较

从两大经济体政策体系结构来看，均具有突出的层次性特征。如第 4 章图 4 -2 所示，欧盟目前政策体系包括作为基本环保法定义务的交叉遵守，在此基础上通过强制性绿色直接支付提高保护力度以及为应对各种具体环境问题而由各成员国设置的，由农户自愿参加的农村环境措施三个层次。这三个层次保护水平依次递进，越来越接近具体环境问题的解决，并且在三个层次中均贯彻技术咨询和技术支持；而美国政策体系结构则以保护遵守机制作为申请其他环境项目的前提，在此基础上通过申请筛选为项目提供资金和技术支持，FSA 和 NRCS 作为实施环境项目的两大机构，各司其职，FSA 主要负责休耕地项目，NRCS 主要负责在耕地项目和技术支持（见第 5 章图 5 -3）。两大经济体政策体系结构层次清晰，功能明确。相比较而言，欧盟政策体系更具灵活性，具体政策措施的制定成员国具有更高的自由性。

从政策体系的演进来看，两大经济体体系的完善性不断增强，约束性也有所增加。在欧盟，最初环境政策仅通过零散的法规条例体现，2000 年设立第二支柱农村发展措施并明确其在农业环境改善方面要发挥的作用，建立自愿的交叉遵守机制，2003 年交叉遵守制度改为强制实施，并不断完善，2014 年交叉遵守机制成为成员国的法定义务并在第一支柱中创立绿色直接支付。在政策的演进过程中，政策体系不断完善，约束性也不断提高。目前体系中强制性措施包括交叉遵机制和绿色直接支付两部分，农村发展措施中的农业环境措施在成员国层面也属于强制实施，并规定农村发展措施资金的 30% 必须用于农业环境措施，但在农民实施层面仍以自愿为主。同样，美国演进趋势特征类似，一方面通过机构职能的划分，对 FSA 和 NRCS 在环境保护方面的作用进一步加强；另一方面最新的农业法案中将交叉遵守应用于作物保险申请，由于作物保险在美国农业中发挥了重要作用，此举必然加强交叉遵守机制在规范农业生产和减少环境影响中的作用。

交叉遵守机制的作用和内容有较大差别。在政策体系中，两大经济体均设计了交叉遵守机制，但两大经济体又存在较大差别。欧盟的交叉遵守机制作为农民的法定义务，是获取其他基础直接支付的前提，即满足交叉遵守的法定管理义务和良好农业环境条件即可获得基本直接支付。美国的交叉遵守则作为申请其他环境项目的前提，在此基础上才可以申请环境项目，因此两种机制均将政府支付资本化为部分土地价值。但是由于直接支付在欧盟主要发挥保障农民收入的功能，而美国将交叉遵守机制作为其他环境项目的基础，由此来看，两大经济体的交叉遵守发挥作用机制有所差别。美国通过交叉遵守和环保项目更加聚焦环境问题的改善，而欧盟交叉遵守机制则兼顾了环境和保障农民收入两种功能。从包括的内容来看，欧盟交叉遵守内容较为广泛，除与环境有关的内容外还涉及动物健康与福利、食品安全等多领域，而美国的交叉遵守则仅涉及环境问题。从对绿色发展具体内容来看，欧盟交叉遵守所涉及问题不仅有土地休耕问题还包括水资源问题、生物多样性问题等各个方面，而美国的交叉遵守仅涉及高侵蚀土地和湿地的保护问题。由此可以看出，与美国的交叉遵守相比，欧盟机制更强调了保障农民收益与环保规制之间的协同性（见表 6-10）。

表 6-10　欧盟与美国交叉遵守机制比较

比较项	欧盟	美国
法规名称	SMRs、GAEC	Sodbuster compliance、Swampbuster
内容	涉及环境保护、动物健康与福利、食品安全等	高侵蚀土壤保护及湿地保护
机制	获得直接支付的前提	申请其他项目的前提
作用	基本的环保要求、保障农民收入	基本环保要求
共性	均将政府支付资本化为部分土地价值	

资料来源：作者根据相关资料整理。

6.2.3　运行机制比较

（1）支持主体

政策、法规及标准的制定权归属不同，进而影响政策的实施效率。美国所有的立法、支持政策及环境标准的制定均在联邦政府一级进行，联邦政府直接负责资金的分配与管理。中间环节的缩短减少了政策传导过程中的不确定和政策效能的损耗。欧盟由于其政治结构的特殊性，支持主体由欧盟层面和成员国层面两部分组成，欧盟负责欧盟一级相关法律和政策的制定，并为成员国一级保留一定的自主权，具体政策的制定和实施则由成员国一级根据其具体问题负责。同样，资金的来源与管理也由两者共同进行，一方面欧盟为各成员国分配支持资金，并要求成员国按照一定比例配套资金；另一方面则赋予成员国资金使用的灵活性以应对具体环境问题，环境标准由各成员国自行制定。因此从经济学角度，每个成员国不会将自己的基准提高到比竞争贸易伙伴更高的水平。Osterburg（2004）比较了欧盟内部的良好农场生产标准，发现各成员国之间存在较大的差异。由于成员国负责自己的管理成本，自然希望避免高昂的管理成本，因此，各成员国往往使用少量和间接指标进行控制。由此来看，国家态度和国家资金的可用性决定了农业环境政策渗透到国家政策的程度。由于欧盟支持主体的双重性，使得欧盟对农业绿色发展的支持存在欧盟与成员国之间以及成员国与支持对象之间两个层面的博弈，相较美国更为复杂。

（2）支持客体

直接客体即针对的环境问题上，美国更倾向于针对抑制农业生产所产生的负外部性问题，而欧盟则对农业生产所带来的积极外部性更为关注。最初美国农业环境政策主要集中在防止水土流失上，20 世纪 80 年代中期开始关注减少农业用水污染，确保农业生产不会导致湿地的退化和野生动物栖息地的丧失（Claassen 等，2008）；欧盟虽然也关注农业产生的负外部性问题，但更注重如何通过政策鼓励积极外部性。例如鼓励 LFA 地区持续农业生产以保留耕种景观和传统耕作方式，鼓励石墙、梯田等特定景观设施等。即使在负外部性问题上，两大经济体的关注点也有所差别，对于欧盟，土地的集约化使用是产生环境问题的主要原因，因此政策主要关注由于农业的集约化生产所带来的负外部性，即单位土地投入过多导致的问题，如化学投入过量、不可持续的灌溉水平、空气污染及农业生物多样性下降等问题，政策主要作用于如何降低土地使用强度，降低放养率，或采用有机农业等。而美国则认为环境问题的原因是土地的大量使用，包括不宜耕土地的过度使用，因此政策主要侧重粗放式生产所带来的负外部性，即过度使用环境敏感土地所导致的问题（Baldock 等，2002），主要政策是以 CRP 为主的关注减少土地使用量的政策类型（见表 6－11）。

表 6－11　欧盟美国支持粗放农业与集约农业的农业环境项目比较

项目目标	欧盟	美国
减少集约化生产	减少化学品支付；有机农业支付	—
减少粗放式生产	—	CRP；WRP；
支持集约化	意大利和西班牙对集约化生产的额外 LFA 支付	EQIP 支付
支持粗放化生产	LFA 支付；非弃耕支付	—
支持集约化向粗放式转变	对降低存栏率支付	—
支持粗放式向集约式转变	—	—

资料来源：作者整理。

（3）目标的关注度

美国更强调制定具有可衡量性的指标体系对政策实施情况进行衡量。而欧盟则往往面向多个目标，甚至是模糊不清的目标，如保护生物圈、防止农田弃耕以及保留农村景观等各种广泛定义的目标。对目标的聚焦程度的不同，也反映了政策效率的差异。

（4）支持方式

两大经济体支持方式均涉及资金支持、技术支持。支持资金的发放形式存在较大差异，美国环境保护项目的参与引入竞争机制，每个项目都有一套项目挑选机制。各州根据分配的配额，通过指标体系进行排名，决定接受哪些申请，直至配额用尽（李靖等，2017）。这种竞争性拍卖机制要求农民根据其土地特有的环境效益提交投标，然后根据成本高低分配合同，以获得最低成本，由于农民不可能提交低于其土地生产性使用损失的出价，机会成本被自动考虑在内。这种资金分配方式有助于确保生产者不会获得过多的额外报酬。另外，美国的环境保护项目几乎均贯彻成本分摊

（保护管理项目根据环境绩效得分给予补贴）也即成功竞标至少需要生产者自己一定份额的出资保证，这种机制在一定程度上调动了农民参与项目的积极性，也有利于项目执行效率的提高。欧盟第一支柱下的交叉遵守机制和绿色直接支付肩负保障农民收入和提高环保水平的等多种目标，采取直接支付方式，不与所付出的环境成本挂钩，绿色直接支付向农民提供每公顷的支付，申请是自愿的，通常没有竞争，也不涉及与农民进行费用的分摊。第二支柱下的农业环境措施则与美国类似，通过对农民实施环保项目所放弃的收入及承担的额外成本补偿，采取成本分摊和激励支付方式。

技术支持是政府在技术方面为愿意采取措施对自然资源和环境进行管理和保护的个人和机构提供帮助。两大经济体均意识到在农业绿色发展中技术支持的重要作用，并给予了高度重视。在美国所有的支持项目中均会辅以技术支持，指导受助者衡量农地质量、指导科学生产方式、进行项目评估等。欧盟同样将技术支持作为其推行农业绿色发展的基石，支持绿色发展更注重新技术的研发、推广和应用，以期通过技术支持推进农业生产方式的可持续。

（5）支持范围

支持范围的选择与支持关注的侧重点有密切关系，欧盟主要的支持范围包括：环境有益型生产模式，如鼓励减少投入、推崇有机农业、畜牧业的粗放式经营、保护具有生物多样性利益的区域等；非生产型土地管理，如休耕、废弃土地养护、乡村景观的维护等；社会—经济措施，如培训、就业、支持农场收入等（Joseph Cooper 等，2005）。欧盟农业环境措施不仅具有维护和改善农业农村环境的作用，也兼具了对农民的收入转移功能。美国的支持范围则目的性更强，包括以 CRP 为代表的休耕地项目支持以及以 EQIP 为代表的在耕地项目及地役权项目支持。

（6）补贴标准

美国支持项目补贴主要以成本分摊及激励性支付两部分组成，并在具体项目中设定分摊比例和激励支付比例（见表 6 - 12）。欧盟补贴标准的设计较为简单，直接支付补贴以面积或支付权益价值的一定百分比为依据，农业环境措施支付则采取对采取有益于农业环境的生产实践所产生的收益损失进行补偿以及激励支付为主。从两大经济体比较来看，欧盟的直接支付补贴标准过于简单化，生态环境绩效不明显，更多地体现了保障农民收入的作用，而且农业环境措施也是由各成员国自行决定补偿标准，没有明确的成本分摊机制。而美国补贴标准的设定，注重成本的分摊，通过这种方式使得农民更有自主性实施符合政策规定的生产实践，激励支付则侧重于调动农民的参与积极性。

表 6－12　　欧盟与美国补贴标准比较

	项目	补贴标准	具体规定
欧盟	绿色直接支付	以合格耕地面积或支付权益价值一定百分比作为补贴标准	每年通过将直接支付预算的30%除以有关成员国或地区申报的合格公顷的总数量来计算或采取支付权益价值百分比计算方式时，年度支付额为支付期内每年总支付权益价值的一定百分比
	农业环境措施	收益损失的补偿和激励支付	因采取对环境有益的措施而丧失的收益进行补偿以及进行激励支付
美国	在耕地项目：EQIP	成本分摊、激励支付和支付限制	成本分摊50%—75%； 激励支付额度以能够激发采取各类管理性措施为限
	在耕地项目：CSP	与保护绩效有关，满足维护现有管理方式的费用以及额外保护行为的支付	基于环境绩效得分给予补贴：年度补贴为土地面积×环境绩效得分（新增保护措施或现有保护措施）×土地补贴标准。单个申领者5年内不超过20万美元，年度最低1500美元
	休耕地项目：CRP	租金收益补偿、成本分摊和其他激励支付	成本分摊最高50%；租金收益补偿：基于每个县的土地生产率和平均旱地地租水平；激励性支付：对签约项目参与者一次性支付和所采用的保护性措施一次性支付以及维护措施的支付等
	地役权项目：ACEP	地役权价值的一定百分比、一定比例的恢复成本，依据购买方式有所差异	农田：地役权公平市场价值的50%；草地：地役权公平市场价值的75%；湿地：永久地役权（100%）另外75%—100%的恢复成本，30年地役权（50%—75%）50%—75%恢复成本，最大地役权（50%—75%）50%—75%恢复成本

资料来源：作者整理汇总。

（7）支付效率

美国农业环境计划侧重于以农业环境成果为目标，而欧盟计划则针对为实现这些成果而应用的投入或农业过程，只要满足某些行政法规，均有资格获得资金。

具体而言从支付的针对性来看，欧盟采取计划驱动，成员国保持较大灵活性的方式，虽然这种方式看似给予了成员国针对具体问题采取针对性措施的权限，但在具体实施中，因为成员国面临支持成本以及与其他成员国博弈的问题，往往最终造成政策的针对性不强。另外在欧盟获得农业环境支付，只需要承诺使用环境友好的农业投入或技术，无论其带来的环境效益大小，均可以收到相同的支付。因此，投入选择本身被认为具有内在的环境价值。相比之下，美国的支持是针对特定地区特定问题的，需要更多的信息，如 CRP 使用了非常详细的目标工具——环境效益指数，为了计算该指数，美国政府需要有关申请人领域的环境特征信息以及任何一个或多个行动所产生的利益的详细信息。CRP 在加利福尼亚州实施的土地很少，因为土地休耕的机会成本很高。如此可以看出，美国的支付基于预期的可测量污染物的减少而制定，其针对性更强。欧洲环境联盟 EEB 和国际鸟盟 BirdLife 曾对 19 个成员国/区域实施 RDP 的调查表明，“浅绿色”（普遍的，没有针对性的）措施继续占主导地位，例如促进综合虫害管理的措施，或特定作物的一般“可持续管理”或牲畜系统，没有明确的环境目标。该研究特别关注生物多样性，发现只有小部分农业环境措施资金针对特定物种/物种组、生境或特定的生物多样性问题（EEB 和 BirdLife International，2016）。也正因为如此，欧盟近年来一直在改进支付体系，以期改进支持效率（见表 6－13）。

表 6－13　欧美支持政策运行机制比较

比较项	欧盟	美国
实施主体	欧盟、成员国	联邦政府
支持客体	生产者	生产者
目标关注度	目标广泛、模糊	目标清晰
支持方式	资金、技术	资金、技术
支持范围	在耕地项目、休耕地项目	在耕地项目、休耕地项目、地役权项目
补贴标准	面积、收益损失的补偿	成本分摊、激励支付

资料来源：作者整理。

6.2.4 政策工具比较

政策工具是指政府机构为了解决特定问题或实现特定目标而采取的措施、手段和方法的总和。按照政府在政策中的作用类型不同国内外学者对政策工具类型进行划分，绿色发展政策工具划分为命令控制型、经济激励型和社会引导型三类。命令控制型政策是指政府主管部门通过制定法律法规、规章及其他规范性文件，对投入、生产环节、消费环节的直接管制，影响参与主体的行为，达到改善环境质量目的的管理手段。该手段具有针对性强、执行迅速、便于政府操作的优点；经济激励型政策工具通过市场调节机制，引导生产者和消费者从成本效益角度改变其行为，起到优化作用；社会引导型政策工具则是政府部门通过道德规劝和舆论影响，将环保及绿色发展理念深入人心，影响生产者和消费者，使其自愿作出符合政府意愿的环保行为。其实质是改变当事人在环境行为决策框架中的观念和优先性，或者说将环境保护的观念内化到当事人的偏好结构中①。

不同环境政策工具，对环境施加的影响有显著差异②。作为一个复杂的过程，政策工具的选择影响因素主要有政策目标、工具属性、工具选择的环境、组织路径等③。三种类型的政策工具也不存在孰优孰劣的问题，多举并施，优势互补，更有助于政策目标的实现。

欧盟与美国在政策工具选取上，三类政策工具相辅相成，注重经济激励型和社会引导型政策的使用（见表 6 - 14）。其选择逻辑为首先以法律法规文件对绿色发展的方向、原则做出规范与指导，如欧盟在《2000 年议程》中确定了农业多功能性，并在 CAP 历次修订中确定阶段性发展目标和方向，美国清洁空气法、清洁水法以及每四年修订一次的农业法确定某一特定领域或某一阶段的政策目标；在政策贯彻实施中则注重运用经济激励型政策工具，以污染者付费和受益者补偿为原则对政策贯彻者予以经济激励，如欧盟基于交叉遵守的直接支付，美国的休耕补贴政策、环境质

---

① 李晟旭．我国环境政策工具的分类与发展趋势［J］．环境保护与循环经济，2010（1）：24.

② 刘丹鹤．环境政策工具对技术进步的影响机制及其启示［J］．自然辩证法研究，2003（1）.

③ 陈振明．政府工具导论［M］．北京：北京大学出版社，2009.

量激励项目；同时通过公益宣传、社会化服务等社会引导方式，鼓励公众参与。从两大经济体政策工具选取趋势来看，则均遵循了从命令控制型——经济激励型——社会引导型的演进逻辑。尤其美国目前多数政策实施均贯彻项目制，通过生产者的自愿申请，签订协议的方式实施。这种方式由于是生产者的自愿行为，其实施效果也最为显著。

表 6 - 14　　欧盟与美国政策工具选择比较

政策类型	代表性政策	
	欧盟	美国
命令控制型	CAP、《2000 年议程》	农业法、清洁空气法、清洁水法
经济激励型	交叉遵守为基础的直接支付、农业环境措施	休耕补贴政策、环境质量激励项目、区域保护合作项目
社会引导型	LEADER、技术咨询等	技术支持等

资料来源：作者根据相关资料编制。

6.3　农业绿色发展支持政策效果比较

对于政策绩效的比较由于可比性数据获得难度较大，缺乏统一的比较框架，因此，本节采取首先分别评价两大经济体的政策效果；其次对政策对政策目标的完成情况进行考量，比较两大经济体对政策目标完成的精准性的研究思路。

6.3.1　欧盟农业绿色发展支持政策支持效果

2006 年欧盟为了监测环境问题纳入 CAP 的实施情况，与成员国共同制定了一套监测指标。这套指标共 28 个农业环境指标，通过这些指标旨在追踪农业对环境的影响、评估农业和环境政策对农场环境管理的影响并向公众说明农业环境关系。数据的开发和维护来自于农业和农村发展总局、环境总局、欧盟统计局、联合研究中心、欧洲环境署和卫生与食品安全总局。但在实际的操作中，由于部分环境数据较难获得使得数据更新速度较慢，因此我们从中仅选取部分指标进行分析。筛选指标包括农业环境承诺、有机农业、肥料使用、杀虫剂使用、种养模式等指标。

（1）农业环境承诺

农业环境措施是目前将环境目标纳入 CAP 和满足社会对农业提供的环境要求的主要手段。农业环境承诺指标包括 2007—2013 农村发展措施中措施 214 的执行结果以及成员国在 2014—2020 期间在农村发展优先项 4“恢复、保护和加强与农业林业有关的生态系统”中与环境有关的措施（10.1“农业环境气候承诺”，11“有机农业”）中所列目标（见表 6－15）。

表 6－15　2013 年欧盟农业环境措施覆盖的农业用地　单位：万公顷；%

国家	农业环境措施下的农业用地（公顷）		农业环境承诺面积占总可利用耕地比例（%）	
	2013 年	2020 年目标	2013 年	2020 年目标①
欧盟②	4685.5	4027.6	26.3	22.5
比利时	20.5	25	15.3	18.8
保加利亚	84.1	16	16.8	3.2
捷克	107.5	134.6	30.5	38.5
丹麦	17.2	43.2	6.5	16.4
德国	521.2	359	31.2	21.5
爱沙尼亚	55	85.4	56.9	86.0
爱尔兰	222.2	130.9	49.6	29.5
希腊	9.3	69.2	1.8	13.6
西班牙	552.6	537	23.5	22.5
法国	647.3	371	22.3	12.7
克罗地亚	—	9.9	—	6.4
意大利	287	345.6	23.1	27.3
塞浦路斯	0.9	7.8	8.8	61.5
拉脱维亚	23.5	39.5	12.5	21.0
立陶宛	29.8	28.6	10.3	9.5

① 2013 年数据不包括克罗地亚。

② 2020 年目标占比情况基于对 2020 年农业可利用土地的欧洲统计预测值。

续表

国家	农业环境措施下的农业用地（公顷）		农业环境承诺面积占总可利用耕地比例（%）	
	2013 年	2020 年目标	2013 年	2020 年目标
卢森堡	11.8	12.3	90.3	93.5
匈牙利	115.7	65	21.7	12.2
马耳他	0.2	0.07	17.4	6.0
荷兰	23.6	11.2	12.8	6.1
奥地利	220.3	221.1	76.9	81.3
波兰	261.5	250.4	18.1	17.4
葡萄牙	109.3	114.5	29.4	30.9
罗马尼亚	219.5	157.7	15.8	11.4
斯洛文尼亚	22.6	38.3	47.1	80.3
斯洛伐克	36	39.6	18.7	20.6
芬兰	211.6	227.1	93.7	99.9
瑞典	189.4	190.1	62.4	62.8
英国	685.8	497.9	39.7	29.0

资料来源：https：//ec. europa. eu/eurostat/statistics – explained/index. php/Agri – environmental _ indicator_ – _ commitments.

从表 6 – 15 可以看出，总体来看，欧盟 – 28 国 2007—2013 年农村发展措施中农业环境承诺的农地面积接近 4690 万公顷，占总可利用面积的 26. 3%。但各成员国之间差距较大，2013 年芬兰纳入农业环境措施的农业用地占可利用面积的 93. 7%，而希腊该数据仅为 1. 8%。2014—2020 年规划[①]中，欧盟 28 国总农业环境措施承诺面积近 4030 万公顷，占总可利用面积的 22. 5%，而各成员国目标也从保加利亚的 3. 2% 到芬兰的近 100% 存在较大差距。这种差距反映了以往各成员国农业环境措施执行情况以及基本国情。

（2）有机农业

2016 年欧盟有机农业总面积为 1190 万公顷，与 2012 年相比增长了

① 由于 2013 年后 CAP 修订中绿色发展支持政策发生重大调整（直接绿色支付和农村发展措施中优先项的确立），因此，2013 年数据不能直接与 2020 农业环境气候承诺覆盖面积相比较。

18.7%，占总可利用耕地从2012年的5.6%增至6.7%，预计未来几年仍将进一步增长。2020年欧盟有机农业目标为1020万公顷，其中800万公顷为有机农业的维护，220万公顷为向有机农业的转化（见图6－2）。成员国层面上差异较大，2016年西班牙、意大利、法国和德国四国占总有机耕地面积的54.4%（16.9%、15.1%、12.9%和9.5%），2015年该数据为52.8%。按国家划分占国内总可利用耕地比例来看，奥地利、瑞典和爱沙尼亚比例超过18%，而意大利、捷克、拉脱维亚和芬兰，所占比例均超10%，其余国家均低于10%。

转换面积占有机面积的百分比表明未来几年有机农业的增长潜力。2016年欧盟有10国该比例在10%—20%，15国超过20%，其中保加利亚（77.5%）、克罗地亚（68.8%）和匈牙利（51.0%）所占比例较大。

从有机农场数量来看，2010年至2013年期间，全有机农场数量不断增加，而部分有机管理农场有所下降。这表明全有机农场的创建需要持续的过程。在此期间，非有机农场所占份额下降了0.34个百分点，全有机农场增加了0.3个百分点，占到2013年全部农场比例的1.05%。2010—2013年，接受全有机农场管理的可利用耕地也增加了34%（见表6－16）。

表6－16　　2013年欧盟农场参与有机管理情况　　单位：公顷

	农场数量		可利用农业用地	
	2010年	2013年	2010年	2013年
总农场	12228020	10824360	175834040	174603020
无有机管理的农场	12040410	10621220	166746050	164441090
部分有机管理农场	96790	89790	5590240	5483040
全有机管理农场	90900	113310	3497740	4678890

资料来源：Eurostat农场结构调查，2013.

国别层面，全有机农场比例同样存在较大差异。德国、丹麦、卢森堡、捷克、斯洛文尼亚、奥地利、法国、爱沙尼亚、斯洛伐克、意大利、荷兰、芬兰、比利时和瑞典全有机农场占到全部有机农场的50%以上，而罗马尼亚仅为0.5%。

作物类型来看，有机生产区主要有三种作物类型：耕地作物（谷物、新鲜蔬菜、绿色饲料和经济作物）、永久性草地（牧场和草地）以及永久作物（果树和浆果、橄榄园和葡萄园）。牧场和草地（主要用于有机放牧）超过500万公顷，占欧盟28国有机作物总面积的45.1%，其次是农作物，占44%，而永久作物所占比例最小（10.9%）。

有机畜牧生产中牛羊是主要品种，奥地利是主要的从事有机畜牧的成员国，绵羊和山羊的有机生产占其总产量的34.3%，猪的生产占2.32%，牛的生产占20.7%。

（3）肥料使用情况

肥料使用情况与各成员国不同的作物有关，主要通过氮磷使用绝对量以及单位面积使用量来衡量。尤其是小麦、草类、大麦、谷物、玉米、马铃薯、甜菜、油菜、蔬菜和经济作物均具有较高的氮肥使用率。由于实际施肥面积统计数据的缺失，无法准确确定营养过剩风险地区。

欧盟总体来看氮肥使用情况并无减少，2015年总使用量为1140万吨，每公顷农业面积用量为64千克，2006年数据分别为1080万吨和58千克；磷肥使用则从2006年的140万吨降至2015年110万吨，减少近20%，每公顷用量从2006年的7.5千克降至6.3千克（见表6-17）。

表6-17　2006—2015年欧盟总体氮磷使用情况　单位：千吨

年份	2006	2007	2008	2009	2010	2011	2012	2013	2014	2015
氮	10821.9	10880.3	11053.4	9951.5	10312.5	10819.1	10511.4	10907.0	11077.0	11362.0
磷	1397.4	1389.9	1222.3	893.5	1044.8	1120.0	1071.0	1171.1	1158.5	1133.4

资料来源：Eurostat.

以施肥面积来衡量每公顷肥料使用情况，2006—2015年，欧盟每公顷施肥农业面积的氮肥消耗量从每公顷67.4千克增至74.4千克，其中，保加利亚（+133%）、拉脱维亚（+74%）和奥地利（+58%）增长最快，降幅最大的包括克罗地亚（-50%）、意大利（-30%）和希腊（-25%）（见表6-18）。成员国之间存在较大差异的原因与资源禀赋、发展阶段和发展重点不同等有密切关系。

表 6-18　　2006—2015 年欧盟及成员国可施肥耕地单位肥料消费情况　　单位：千公顷；公斤/公顷

国家	2006 年			2015 年		
	可施肥耕地	氮用量/可施肥耕地	磷用量/可施肥耕地	可施肥耕地	氮用量/可施肥耕地	磷用量/可施肥耕地
欧盟	160506	67.4	8.7	152691	74.4	7.4
比利时	1373	102.5	7.1	1321	108.7	2.6
保加利亚	4513	33.9	2.4	4334	78.8	6.4
捷克	3530	87.7	5.8	3458	114.8	6.1
丹麦	2657	72.2	5.3	2578	79.0	5.6
德国	16561	107.8	7.2	16341	111.5	8.0
爱沙尼亚	858	26.4	4.1	953	37.6	3.9
爱尔兰	3373	102.3	11.0	3541	93.5	10.3
希腊	2599	80.8	13.8	3073	60.2	7.2
西班牙	17646	55.0	11.2	16799	63.6	10.7
法国	30043	72.0	8.6	26813	82.4	7.0
克罗地亚	773	160.2	33.2	1081	80.9	11.9
意大利	11784	66.6	14.1	11171	46.4	6.7
塞浦路斯	145	77.9	13.8	115	65.4	6.9
拉脱维亚	1396	30.6	4.5	1425	53.2	7.5
立陶宛	2688	45.4	6.3	2903	57.4	6.8
卢森堡	129	108.9	5.8	131	99.1	3.9
匈牙利	5023	57.5	8.5	4561	78.6	7.8
马耳他	10	58.9	5.5	11	59.0	3.0
荷兰	1840	146.9	10.8	1787	137.1	2.1
奥地利	2766	35.2	5.3	2247	55.8	5.8
波兰	15480	64.4	12.5	13921	72.1	9.5
葡萄牙	2158	40.5	10.4	2098	57.7	9.2
罗马尼亚	13111	19.2	3.1	12907	27.7	45
斯洛文尼亚	427	71.2	13.1	413	68.6	10.0
斯洛伐克	1873	51.8	5.0	1855	72.5	5.9
芬兰	2025	73.2	8.5	1998	71.8	5.5
瑞典	2939	54.5	4.7	2817	67.5	4.4
英国	12789	78.4	8.0	12039	87.1	7.1

注：可施肥耕地为可利用耕地刨除粗放牧地及休耕地。

资料来源：Eurostat.

（4）杀虫剂

杀虫剂可以对抗作物害虫并减少杂草，从而提高产量，保证农产品的供应，使农民和消费者受益。但是杀虫剂的使用同样会对水质、陆地和水生生物多样性等产生负面影响。农药对环境的污染主要通过喷淋、挥发、地表流失以及向地下的渗漏等造成。在欧盟层面，对杀虫剂管理的目标是降低杀虫剂使用对人类健康和环境的风险和影响。近年来，在抑制农药负面影响方面欧盟取得较大进展，有机农业逐年增加，近 400 万农民接受安全用药培训。欧盟层面与杀虫剂有关的重要立法包括表 6－19 所示内容，涉及水质、食品、杀虫剂使用等领域。

表 6－19　　　　欧盟与杀虫剂有关的重要立法

发布时间	指令涉及内容
1998 年 1 月 13 日 98/83 条例	关于饮用水水质指令，规定任何单一农药最高浓度为 0.1 微克/升，总农药最高浓度为 0.5 微克/升
2000 年 10 月 23 日第 2000/60/EC 号指令	建立共同体行动框架—水框架指令，该框架明确了大量有毒、持久或生物累积的污染物质，包括有机磷化合物
2005 年 2 月 23 日第（EC）396/2005 号条例	关于植物和动物源食品和饲料中的最高农药残留量
2008 年 12 月 16 日第 2008/105 / EC 号指令	关于水政策领域的环境质量标准
2009 年第 128 指令（2009/128/EC）	建立共同体行动框架，以实现农药的可持续利用
2009 年第 1107 号条例（1107/2009/EC）	将植物保护产品投放市场
2009 年第 127 指令（2009/127/EC）	修订关于农药施用机械的 2006/42/EC 指令

资料来源：欧盟网站。

由于农药销售统计数据受到保密限制的影响，无法对欧盟进行整体分析。从数据可获性角度对意大利等 16 个成员国进行分析，以期获得相关信息（见表 6－20）。16 个欧盟成员国中，6 国（丹麦、爱尔兰、意大利、马耳他、葡萄牙和罗马尼亚）减少了杀虫剂总销售额。丹麦在 2013 年调整了杀虫剂税，导致农药销售大幅波动，在引入该税之前储备大量农药，并在该税生效后大幅度减少销售，总销售量减少了51%。法国、德国、意大利和西班牙的销量在欧盟国家处于较高水平，这四个国家的销量合计超过欧盟报告的总销量的50%。这些国家也是欧盟的主要农业生产国，占欧盟农业总利用面积的46%，占欧盟可耕地总量的47%。

表6-20　欧盟部分成员国杀虫剂销售情况　单位：吨;%

国家	2011年	2016年	变化率
丹麦	5285	2589	-51
葡萄牙	14024	9775	-30
爱尔兰	3716	3135	-16
意大利	70250	60219	-14
马耳他	130	115	-11
罗马尼亚	11426	10813	-5
希腊	4575	4707	3
斯洛文尼亚	1122	1156	3
西班牙	73112	76941	5
德国	43856	46890	7
比利时	6153	6826	11
波兰	21775	24452	12
匈牙利	8548	9764	14
斯洛伐克	1806	2093	16
法国	61336	72036	17
奥地利	3448	4361	26

资料来源：Eurostat.

（5）种植模式

种植模式定义为主要农业用地（耕地、永久性草地以及永久作物土地）所占农业可利用面积的比例及趋势。种植模式通过主要农业土地类型占农业可利用面积的份额来衡量。

种植模式决定了农业中土地利用强度及其对环境资源（水、土壤、空气）和栖息地多样性的影响。种植模式分析有助于深入了解欧盟内部环境与农业发展之间的关系。欧盟主要的种植作物包括可耕作物如谷物、饲料作物、经济作物，永久性作物如水果、浆果、橄榄树、葡萄园和永久性草地。种植模式对环境的影响与地区特征和管理强度有很大联系。例如，谷物作物在巴黎盆地以及英国和德国的部分地区经常采取集约化管理，而在伊利亚半岛，谷物的生产作为欧洲最重要的高自然价值农耕系统之一；苏格兰高山地区粗放管理的永久性草地与北海沿岸集约化管理的牧场对环境的影响也存在较大差异。一般认为，永久性草地对环境会产生更有益的影响。

在2013年改革中确定的CAP目前政策框架，农村发展措施确定的优先领域中包括“生物多样性和对农业林业系统及传统农业景观的保护和开发”，通过农业环境计划促进保护环境和农村的农业实践；与第二支柱的自愿特征不同，2015年CAP在第一支柱推出的绿色直接支付工具通过维护永久性草原、作物多样化和生态重点区域三种强制性农业做法，将广大农业区域纳入到有益于环境和气候的做法中，更有利于通过种植作物的调整促进环境的改善。

由于数据的缺失，最新统计数据仅能获得2013年水平（见表6-21）。与2005年相比，除永久草地外，欧盟27国2013年所有类型土地面积均有所减少①。耕地减少1%，永久作物减少6%，菜园减少近50%；永久草地面积增加了5%。永久草地增加的成员国主要是希腊（+155.1%）和保加利亚（+1086.9%）。

表6-21 2005—2013年欧盟及成员国农业用地结构演进趋势 单位：千公顷

国家	可利用农地		耕地		菜园		永久草地		永久作物	
年份	2005	2013	2005	2013	2005	2013	2005	2013	2005	2013
欧盟28	—	174358	—	104203	—	286	—	59566	—	10303
欧盟27	171996	172787	104717	103325	426	284	55984	58948	10872	10230
比利时	1386	1308	845	800	0	—	519	487	21	22
保加利亚	2729	4651	2523	3279	19	5	107	1271	81	95
捷克	3558	3491	2640	2492	3	0	875	960	40	39

① 2005年克罗地亚没有数据。

续表

国家	可利用农地		耕地		菜园		永久草地		永久作物	
年份	2005	2013	2005	2013	2005	2013	2005	2013	2005	2013
丹麦	2708	2619	2501	2397	—	0	198	195	9	27
德国	17035	16700	11903	11876	5	3	4929	4621	198	200
爱沙尼亚	829	958	584	628	4	1	237	325	3	3
爱尔兰	4219	4959	1152	1042	0	0	3065	3916	2	2
希腊	3984	4857	2058	1817	13	9	824	2102	1088	929
西班牙	24855	23300	11937	11295	5	1	8653	7962	4260	4042
法国	27591	27739	18339	18466	15	7	8131	8242	1106	1024
克罗地亚	—	1571	—	878	—	2	—	618	—	73
意大利	12708	12099	7040	6728	35	22	3347	3316	2286	2032
塞浦路斯	152	109	110	80	0	0	0	2	41	27
拉脱维亚	1702	1878	1076	1204	2	13	599	654	25	7
立陶宛	2792	2861	1873	2278	0	0	891	560	28	23
卢森堡	129	131	60	63	0	0	68	67	2	2
匈牙利	4267	4657	3607	3801	24	14	469	703	167	139
马耳他	10	11	8	9	1	1	0	0	1	1
荷兰	1958	1848	1117	1038	—	—	809	773	32	37
奥地利	3266	2727	1405	1364	5	2	1788	1296	68	65
波兰	14755	14410	11308	10760	96	32	3020	3206	330	412
葡萄牙	3680	3642	1241	1101	21	15	1769	1817	649	709
罗马尼亚	13907	13056	8867	8198	171	157	4530	4398	339	302
斯洛文尼亚	485	486	174	173	2	1	282	285	27	27
斯洛伐克	1879	1902	1319	1363	4	1	530	518	26	19
芬兰	2264	2258	2233	2223	0	0	26	31	5	4
瑞典	3192	3036	2681	2582	—	—	509	449	4	5
英国	15957	17096	6114	6269	0	0	9809	10792	34	36

资料来源：Eurostat.

注：—表示无数据。

2013 年，欧盟 28 国可利用农业用地为 1.74 亿公顷，法国、西班牙、英国和德国占近一半的面积（见图 6－6）。其中耕地为 1.04 亿公顷，占 60%，永久性草地占 6000 万公顷（34%），永久作物仅占 1000 万公顷（6%），菜园面积为 28.6 万公顷（0.2%）。

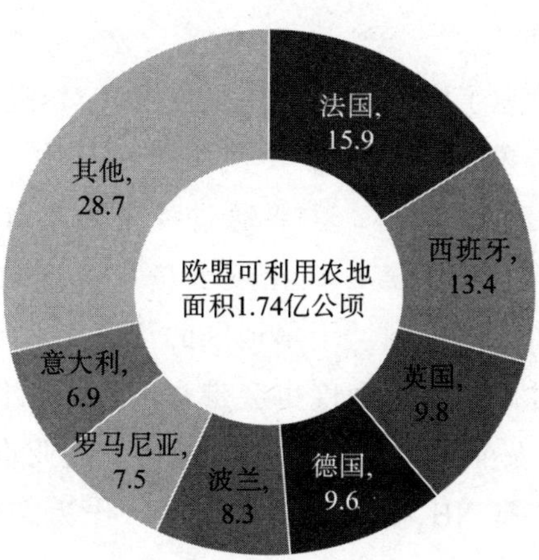

图 6-6　2013 年欧盟各成员国农用地占比情况（%）

各成员农业土地主要用途分布存在较大差异，芬兰、丹麦、瑞典、匈牙利、立陶宛和马耳他耕地占总可利用农地的四分之三以上，英国、爱尔兰、斯洛文尼亚及卢森堡则永久草地占可利用农地的一半以上，永久性作物比例较高的国家主要分布在地中海沿岸（塞浦路斯、葡萄牙、希腊、西班牙及意大利），主要与有利的气候条件以及橄榄树、葡萄园等作物的商业重要性有关（见图 6-7）。

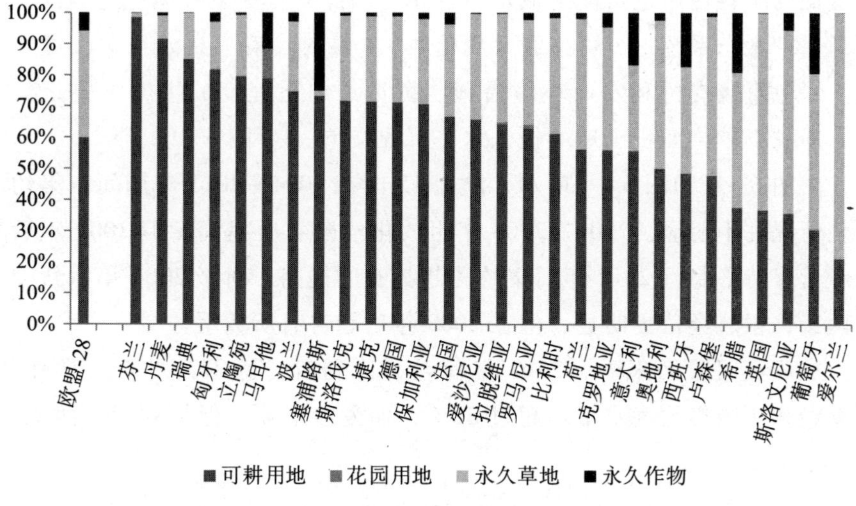

图 6-7　2013 年欧盟及成员国农业用地结构分布

（6）畜牧养殖模式

畜牧养殖模式决定了农业用地利用强度及其对环境资源和栖息地多样性的影响。畜牧养殖模式定义为主要牲畜类型（牛、羊、猪、家禽）所占比例和农业用地上牲畜密度，主要通过牲畜密度（单位农地可利用面积牲畜量）来衡量。一般而言，高密度会增加过度放牧风险，对草原会产生破坏性影响，如土壤侵蚀、干旱地区的荒漠化、水域养分污染和生物多样性破坏等，而过低的牲畜密度也会带来环境的恶化，如土壤肥力下降（缺少牲畜粪便）以及灌木侵蚀草地等情况。畜牧业也会对温室气体排放产生影响，畜牧生产是 NH_3 排放的主要来源。作为京都议定书的签署国，欧盟需要履行其减少温室气体排放的目标。

2013 年，欧盟共有 1.3 亿牲畜单位，其中从绝对量来看，法国拥有最大的牲畜总数（2187 万），其次是德国（1840 万）、西班牙（1450 万）和英国（1320 万）。

（7）粗放与集约

集约化生产是指通过化学投入、机械、水和能源使用的增加以增加单位面积产出。一般而言，集约化生产可能会对环境造成更大的压力，如大量化肥农药的使用会增加营养物和杀虫剂污染地表水和地下水的风险。由于过低的肥料使用也可能造成环境退化，因此欧盟更主张通过适当的土地管理保护生态系统——可持续集约化①。主要的政策工具涉及交叉遵守机制、绿色直接支付和农业环境措施。衡量集约化程度的指标主要是集约度，即农场单位面积土地的投入水平（见图 6 - 8、图 6 - 9）。

由图 6 - 8 和图 6 - 9 所示，欧盟 15 国在 2004—2013 年期间，集约度变化情况并不明显。2004—2008 年粗放化经营有所提高，但 2009 年后粗放经营保持平稳且 2012 年后集约化趋势有所提高；对于 2004 年后新加入的国家，粗放经营更明显，但在 2009 年后趋势有所放缓。

从成员国层面来看，2013 年荷兰、比利时、德国、丹麦、马耳他、卢森堡和法国集约度水平均超过 50%，而爱沙尼亚、保加利亚、西班牙、

① Jasmin Schiefer, Georg J. Lair, Winfried E. H. Blum. Potential and Limits of Land and Soil for Sustainable Intensification of European Agriculture [J]. Agriculture, Ecosystems and Environment, 2016 (230).

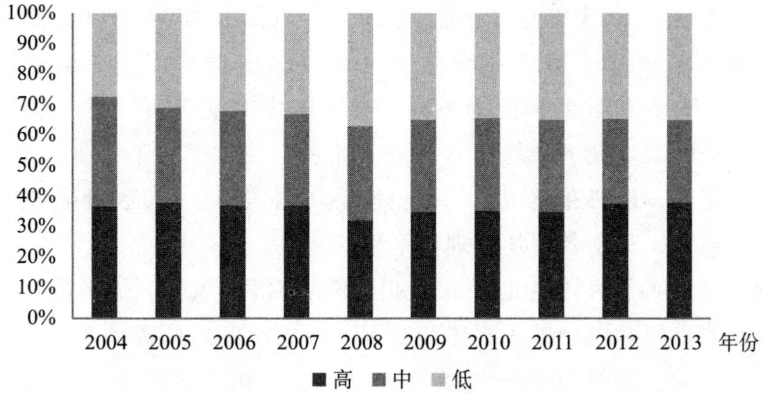

图 6 - 8　2004—2013 年欧盟 15 国①集约度变化情况

资料来源：DG Agriculture and Rural Development, European Commission.

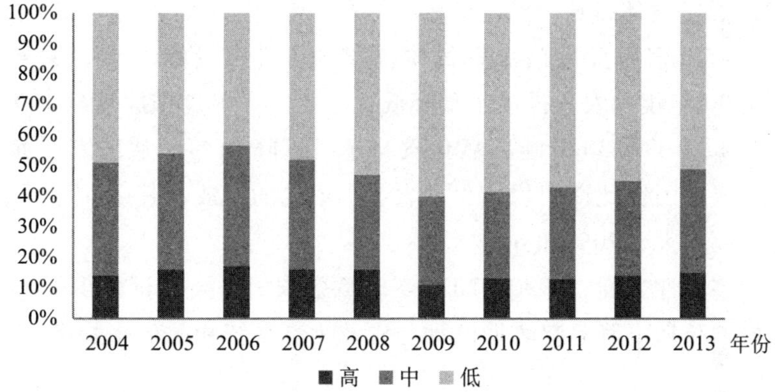

图 6 - 9　欧盟 2004—2013 年新成员国集约度变化情况

资料来源：DG Agriculture and Rural Development, European Commission.

拉脱维亚、立陶宛、罗马尼亚和葡萄牙则主要以粗放式经营为主（低集约度水平分布在 56%—82%），存在较大差距。

（8）氮磷平衡

持续的氮盈余表明潜在的环境问题，如氨排放（导致地表水富营养化）或氧化亚氮排放（强效温室气体），赤字则表明有土壤肥力下降的风险。

---

① 2004 年由于 10 个新成员国加入欧盟，2007 年保加利亚和罗马尼亚，2013 年克罗地亚加入，因此这些国家数据均从加入时间开始。

欧盟2004—2015年总氮平衡减少了10%，由2004—2006年每公顷54千克减少至2013—2015年间每公顷49千克。国家层面上由于各国使用的定义、方法和数据来源的不同，在各国之间缺乏可比性。从趋势来讲，有9个国家呈现下降趋势（丹麦、希腊、法国、克罗地亚、立陶宛、马耳他、荷兰、瑞典和英国），只有捷克、塞浦路斯、拉脱维亚和奥地利有增长的趋势，其余各国均表现出平稳的趋势。

磷平衡表明了对环境尤其是水和土壤的总潜在风险。过量的磷会影响其他元素的摄取，也会进入水体和土壤，造成污染。总磷平衡以每公顷磷的含量来表示。欧盟2004—2015年，总磷平衡由每公顷3.9千克减少至1.2千克，实现了显著的下降。国家层面来看，大多数国家均实现了下降，仅塞浦路斯、拉脱维亚、匈牙利和奥地利略有增加。

（9）温室气体排放

2015年欧盟农业部门温室气体排放占总排放量的10%，共4.26亿吨。与1990年相比农业排放水平降低五分之一。甲烷排放量自1990年至2015年间减少了6430万吨二氧化碳当量，下降21%。从国家层面来看，几乎所有成员国在此期间均减少了农业中甲烷的排放，其中保加利亚和斯洛伐克减幅最大（70%和64%）。

生物多样性方面，1990—2014年，欧盟农田鸟类数量减少了31.5%，鸟类种群的长期下降趋势表明欧洲与农业生态系统相关的生物多样性大幅下降。

从各项指标数据分析可以看出，欧盟政策对有机农业的推动效果显著。而在种植模式的改善以及集约化程度的提高、化肥农药使用、氮磷平衡调整方面作用不太明显。总体而言，欧盟CAP在农业绿色发展方面效果如表6-22所示，接受绿色生产实践的农业用地份额有所增加，有机农场面积份额有所提高，而政策在水资源管理、防止土壤侵蚀改善土壤管理以及生物多样性方面并未达到预期目标。

表6-22　2017年CAP促进农业绿色发展方面政策效果

CAP关键指标	基数	目标	实际效果
绿色生产实践的农业用地份额	75%（2015年）	维持	79%（2017年）
有机农场面积份额	总可利用耕地的5.6%（2012年）	增加	总可利用耕地的6.7%（2016年）

续表

CAP 关键指标	基数	目标	实际效果
生物多样性：支持生物多样性管理合同下的农业用地	项目起始期 0	17.7%	13.0%（2016 年）
水资源管理：改善水资源管理的管理合同下的农业用地	项目起始期 0	15.1%	8.8%
土壤：管理合同下防止土壤侵蚀和改善土壤管理的农业用地	项目起始期 0	14.5%	9%（2016 年）

资料来源：2017 欧盟年度报告。

6.3.2　美国农业绿色发展支持政策支持效果

由于资料受限，对于美国支持政策效果从可利用耕地面积及结构变化、有机农业发展和肥料消费变化方面进行分析。

（1）可利用耕地

1985 年美国总农业用地面积 4.3 亿公顷，2016 年 4.2 亿公顷，下降 857 万公顷（见表 6－23）。其中可耕作土地面积下降幅度较大，由 1985 年的 1.87 亿公顷降至 1.55 亿公顷；永久作物和永久草地面积有所提高，永久作物面积由 1985 年的 200 万公顷增至 2016 年的 210 万公顷，永久草地由 1985 年的 2.4 亿公顷增至 2016 年的 2.6 亿公顷。永久作物和永久草地面积的增加表明美国执行的休耕地项目效果明显，通过土地休耕种植草地或永久作物保护土壤质量。

表 6－23　　1985—2016 年美国可利用耕地变化情况　　单位：千公顷

年份	1985	1990	1995	2000	2005	2010	2015	2016
总农业用地面积	431 399	426 948	420 139	415 208	412 878	408 426	422 568	422 826
—可利用耕地	187 765	185 742	182 089	176 827	172 448	155 926	155 198	155 456
—永久作物	2 034	2 034	2 050	2 050	2 730	2 600	2 104	2 104
—永久草地	241 600	239 172	236 000	236 331	237 700	249 900	265 266	265 266

资料来源：OECD 数据库。

（2）有机农业

美国有机农业发展迅速，面积由 1992 年的 93.5 万公顷增至 2011 年的 538.3 万公顷，提高 475.7%（见表 6－24）。此外，有机生产面积占到总可利用耕地面积呈现逐渐上升趋势，由 2005 年占农地 0.51% 升至 2011 年 0.64%。其中有机农田 308.5 万英亩，占总耕地面积由 2005 年 0.46% 增至 0.83%，有机牧场占牧场面积由 2005 年 0.48% 增至 0.49%。

表 6-24　　1992—2011 年美国有机农场面积变动

年份	1992	1995	2000	2005	2010	2011
总量（英亩）	935450	917894	1776073	4054429	4371296	5383119
变化率%	—	-1.88	93.49	128.28	7.82	23.15

资料来源：USDA，经济研究服务机构。

表 6-25　　2000—2011 年美国有机农场结构　　单位：万英亩；%

年份	农地面积			总有机面积		有机牧场		有机农田	
	总量	牧场	农田	总量	占比	总量	占比	总量	占比
2000				178		56		122	
2005	79644	48697	37361	405	0.51	233	0.48	172	0.46
2008	84387	47321	37065	480	0.57	216	0.46	264	0.71
2011	84387	47321	37065	538	0.64	230	0.49	308	0.83

资料来源：https：//www. ers. USDA. gov/data - products/organic - production/.

（3）肥料消费

表 6-26　　1960—2014 年美国主要肥料消费情况　　单位：千吨；%

年份	主要营养成分				所占份额		
	氮（N）	磷（P_2O_5）	钾（K_2O）	总量	氮	磷	钾
1960	2738	2572	2153	7464	37	34	29
1970	7459	4574	4036	16068	46	28	25
1980	11407	5432	6245	23083	49	24	27
1990	11076	4345	5203	20624	54	21	25
2000	12334	4314	4972	21619	57	20	23
2011	12814	4295	4570	21680	59	20	21
2012	13483	4349	4614	22446	60	19	21
2013	13502	4698	4849	23050	59	20	21
2014	13295	4695	5254	23244	57	20	23

资料来源：USDA，Economic Research Service Using Data from Tennessee Valley Authority（TVA），Association of American Plant Food Control Officials（AAPFCO），and The Fertilizer Institute（TFI）.

从肥料消费来看，美国主要的肥料消费为氮肥，占到总肥料消费的 57%，磷肥占 20%，钾肥占 23%（2014 年）。从趋势来看，早期阶段总消费量不断提高，但 20 世纪 80 年代开始基本稳定在 2000 万吨左右，且在 70 年代后期钾肥消费量超过磷肥，比例有所提高。

（4）温室气体排放

美国 2016 年农业领域的温室气体总排放量 5.1 亿立方吨二氧化碳当量，占美国总温室气体排放的 10%，而农业产量仅占美国的 1%。这一指标与 1990 年相比大幅下降，当时该指标为 63.5 亿吨，降幅达 92%。这表明农业生产者通过改变生产方式或土地使用以减少温室气体排放。一些农业最佳管理做法可以帮助减少该部门的温室气体排放。例如，改善肥料管理（如降低施肥率和使用缓释肥料或硝化抑制剂）可以减少一氧化氮的排放。家畜饲料的变化可以减少动物消化系统中产生的甲烷量，家畜设施可以使用甲烷消化器来减少与粪便管理有关的甲烷排放。许多实践都是以降低生产率或增加投入和管理成本为代价的，农业绿色发展方式转变需要长期的过程，需要支持政策的有力支撑。

6.3.3　农业绿色发展支持政策效果比较

从各项指标数据分析可以看出，欧盟政策对有机农业的推动效果显著。而在种植模式的改善以及集约化程度的提高、化肥农药使用、氮磷平衡调整方面作用不太明显。总体而言，欧盟 CAP 在农业绿色发展方面如表 5-22 所示，接受绿色生产实践的农业用地份额有所增加，有机农场面积份额有所提高，而政策在水资源管理、防止土壤侵蚀改善土壤管理以及生物多样性方面并未达到预期目标。

由于资料的有限性，从现有资料来看，美国绿色支持政策的实施极大地减少了农业温室气体的排放，稳定了化肥投入品的消费，并促进了有机农业的发展。同时，美国在农业用地面积有所减少的情况下，永久作物和永久草地耕地面积明显提高，这表明在美国无论是以 CRP 为主导的休耕地项目还是以 EQIP 为主导的在耕地项目均在农业生态绩效方面发挥了作用。

总的来说，在政策产出效应方面，美国鲜明的市场导向政策体系具有一定的借鉴意义，而欧盟政府在政策效果方面发挥的作用也不容忽视①。

6.4 农业绿色发展支持政策演进机制与政策选择规律

通过比较分析发现，两大经济体农业绿色发展支持政策在以下方面存在共性特征：

6.4.1 演进机制

从两大经济体政策演进中政策出台背景、支持手段、支持范围以及主要关注点角度可归纳出农业绿色发展支持政策的演进机制。

早期阶段，对农业绿色发展支持的关注主要起源于现实环境问题。美国在 20 世纪 30 年代后深受沙暴的困扰，并且由于农业生产过剩问题的存在最终选择了土壤保护和限产政策。直到 20 世纪 80 年代中期，美国的农业绿色发展支持政策都集中在防止水土流失上。此后扩张到减少农业用水污染，并确保农业不会导致湿地的减少和野生动物栖息地的丧失。欧盟同样起源于现实中对环境污染问题的日益重视，逐渐针对污染问题出台政策措施，并在 1992 年的共同农业政策改革中在欧盟层面提出支持政策。由此可知，对农业绿色发展的支持需要满足一定的生产力条件。当生产力水平发展到一定阶段，随着经济水平的提高，人们对环境问题重视程度的提高才会从意识上要求关注绿色发展，才会对生态环境提出更高的要求，并最终形成政策层面的绿色发展支持需求，而只有当生产力发展到一定阶段，国家实力的增强才会有经济能力来支持绿色发展。从支持手段来看，早期主要通过完善相关法律和制度，利用强制手段进行支持。支持范围也仅限于土壤休耕等资源退出领域，以此解决现实面临的环境生态问题。最初欧盟与美国主要措施均集中在休耕地项目上，通过土地闲置休耕休养生息。据统计美国 1959—1968 年 10 年间，仅根据土壤银行计划退耕的土地每年就有 445 万—1174 万公顷。

① 徐栋，周惠明．美国和欧盟有机农业政策的比较研究及启示［J］．科技与经济，2013（6）：46－50.

完善阶段，面临的经济、社会及政治需求压力越来越大，且随着认知水平的提高和经济实力的增强，欧盟与美国均越来越注重通过自愿与强制相结合方式获得环境效益，减少政策的生产激励作用。欧盟在欧盟层面上通过推行强制性交叉遵守，取得基本环境效益，该机制从开始的各成员国自愿实施到目前的欧盟层面强制实施，体现了欧盟的强制性特征；在成员国层面则通过自愿的农业环境措施灵活应对地区问题，且从资金分配上，越来越多的资金用于农业环境措施，体现了欧盟基于自愿手段提高政策的灵活性和针对性。同样美国通过交叉遵守将基本环保要求作为申请其他资金补贴的基础，并在 2014 年农业法中将这一条件适用于受益面较广的作物保险，同时在地区层面则通过农户自愿申请各类与环境有关的项目方式增进环保收益。随着农业生态环境问题的日益严重、人们意识水平的不断提高，逐渐意识到仅仅通过土地休耕不能根本上解决农业的绿色发展问题，往往对环境造成严重影响的是正在使用中的土地，因此两大经济体均将政策支持的重点转向在耕地管理，旨在通过生产环节的管理减少对环境的负面效应，促进环境的改善。

调整阶段，不仅经济体内部有农业绿色发展的需求，而且面临的外部国际规则的约束也在加强，这一阶段一方面延续自愿与强制结合的支持手段，也在支持的具体形式上更侧重市场化形式，支持范围同样以在用资源管理为主，但这一时期的关注点除了利用农业绿色发展支持政策解决现实环境生态问题外，均利用农业绿色支持政策作为迎合 WTO 农业补贴相关规定的手段，向农民转移收入。这一时期两大经济体均将补贴方式逐渐转向更为符合 WTO 规则的绿箱政策，政策绿色化趋势明显。通过政策转箱的政策调整与改革，延续了对农业的支持，亦使得政策对生产的扭曲间接化，减少黄箱压力（见图 6 – 10）。

6.4.2　政策选择

在美国、欧盟的农业绿色发展支持政策选择中也存在共性规律。

(1) 支持手段均注重资金支持和技术支持方式。强有力的资金保障和技术支持是农业实现生产方式转变的关键所在。无论是美国还是欧盟对农业的绿色支持均以提供财政支持和技术援助与指导的方式进行。美国通过农业法案、欧盟通过共同农业政策，将支持资金以预算拨款的方式固定

	支持背景	支持手段	支持范围	关注点
调整阶段	经济、社会及政治需求增加、国际规则约束加强	自愿强制结合手段、市场化趋势加强	土壤休耕向在用地资源管理转移	解决现实环境生态问题、外部国际规则约束、政策的转移收入功能
完善阶段	经济、社会及政治需求	自愿与强制结合手段	土壤休耕向在用地资源管理转移	解决现实环境生态问题、外部国际规则约束
早期阶段	现实问题、认知水平主导	法律、制度等强制手段	土壤休耕等资源退出	解决现实环境生态问题

图 6－10 欧盟与美国农业绿色支持政策演进机制

下来予以保证。农业绿色发展是农业生产方式的转变，这需要科学技术的创新与研发、传播与推广。因此，欧盟与美国均专设机构负责技术培训与指导。

（2）支持方式均以经济激励性政策设计为主。从支持方式来看，针对具体环境问题，两大经济体在农民层面构建的均是自愿参与机制，这就要求在政策设计中强调激励机制。通过给予生产者在正常农业收入之上的激励性支付激发其参与热情，并实现财政支付转移功能。

（3）支持对象均以生产者支持为主。农业生产方式的转变、环境效益的产出最终都要有通过生产者实施和创造。因此，从两大经济体的支持对象来看都以生产者作为主要的支持对象，对生产者支持达到 90% 以上。通过支持生产者生产方式的转变，使农业能够生产出更好而非更多的产品。

（4）均提供灵活性以满足特定环境需求。两大经济体均采取了灵活的方式制定项目，但欧盟将灵活性赋予成员国，而美国将灵活性赋予个体生产者。参与者与当地政府部门制定项目实施方案，针对特定问题，提高了政策的有效性。

（5）支持形式主要采取项目式。欧盟与美国在支持政策的实施上均采取农业农村发展计划和项目的形式进行，比如美国的休耕项目、在耕地项目、地役权项目以及欧盟农业环境措施等。由于项目实施管理的公开透明，政策操作性较强，政策效应较明显。

（6）重视本地参与者在解决具体问题中的主导。欧盟通过 LEADER

战略、美国通过RCPP项目最大限度地调动本地相关利益者参与具体问题的解决中来。由于本地相关利益者对具体问题的认识更加深入，更能从地方角度提出化解问题的方案。因此，两大经济体均将发挥本地参与者主导作用作为解决问题的关键。同时通过本地相关利益者参与的模式可以引入私人资本，为具体问题的解决提供更多的支持资金。

6.5　农业绿色发展支持政策差异性特征

两大经济体在支持政策的实施中又带有独特的特点。

（1）支持范围不同。基于对农业多功能的不同理解，美国和欧盟在绿色发展支持范围上有明显的差别。美国政策针对农业生产过程中产生的环境问题，如土壤侵蚀、水质污染、投入品过量、生物多样性和动物栖息地等；欧盟则赋予了农业更广泛的功能，因此将包括环境污染、生物多样性、动物栖息地、农村历史文化遗迹、传统农业生产模式的保护等均纳入支持范围。

（2）主要政策关注点不同。欧盟认为农业与环境之间是互补关系，通过农业生产可以促进环境改善，因此在政策支持中更多的关注通过农业生产产生更多正外部性；而美国则认为农业与环境之间存在替代关系，因此在政策支持中主要关注如何减少农业生产带来的负外部性问题。

（3）运行机制不同。由于两大经济体不同的政治结构，政策的制定和运行均存在差异。美国政策的制定与实施以及资金来源均为联邦政府一级；而欧盟由于其特殊的政治构成，政策的制定由成员国参与的欧盟议会决定，并在成员国层面实施，资金来源也由欧盟和成员国两方面构成。

（4）政策工具存在差异。虽然欧盟与美国在政策选择中均越来越倾向于经济激励型政策，但是在具体政策工具的选择上仍存在较大差异。欧盟经济激励主要采取实践付费方式。从欧盟—成员国—地区—农户层面，设置生产操作标准，并以此为依据发放补贴，不满足实践标准则不发放或不全额发放补贴。而美国则主要依靠项目分配激励资金，申请人完成项目计划，实现项目目标方可获得激励资金，也即采取绩效付费方式。

（5）支持水平存在差异。从OECD农业政策评估数据来看，欧盟支持力度远远大于美国，其原因与两大经济体对农业多功能性的不同理解，进而将不同的政策关注点纳入支持范围有密切关系。也正因为如此，欧盟通过农业绿色发展支持方式将对农业的支持成功转入绿箱。

（6）支持效果存在差异。由于两大经济体政策运行机制的不同，政策设计的差异，以及政治结构的特殊性导致支持效果存在较大差异。同时两大经济体也在不断调整政策结构以提高支持效果。对农民的特定保护措施支付与对环境绩效水平进行支付是两种有着明显区别的支付方法，理论上为绩效付费比为实践付费更具成本效益，因为项目激励与环境结果直接相关。然而，这些结果往往不容易或往往需要较长时期才能监测到，执行成本较高，使现实中基于绩效的支付实施难度较大。

6.6 本章小结

本章对欧盟与美国从绿色支持政策背景、支持机制、政策选择、支持效果方面进行了比较分析，并总结了两大经济体的演进机制、政策选择与差异性特征。

（1）从两大经济体经济发展总体水平指标人均 GDP、农业增加值占比及谷物产量来看，农业发展向绿色发展的转型均呈现人均 GDP 不断提高、农业增加值占比下降，谷物产量达到基本保证粮食安全水平为特征；从农业生产条件来看，则均存在耕地、农业劳动力不断下降、化肥农药投入不断提高的趋势，资源稀缺性不断提高、化学投入引起的生态环境问题越来越严重是农业转向绿色发展的关键诱因；政策转型过程中%TSE 水平均呈下降趋势，但总支持水平与人均 GDP 均呈上升趋势；而外部一些重大历史事件如 WTO 农业协议的压力以及人类环境意识的提高也对农业的绿色转型提供了动因。

（2）两大经济体对农业绿色发展支持政策的关注均起源于现实污染问题，但是在农业与环境关系的理解上两大经济体存在较大差异。欧盟认为农业与环境是互补关系，而美国则认为两者是替代关系，因此欧盟在政策选择中倾向于通过农业生产促进生态环境的改善，而美国则倾向于将农田等资源退出农业生产以保护生态环境。欧盟与美国的绿色支持政策体系均有突出的层次性特点，建立了交叉遵守机制，通过该机制规范农民的生产方式以及提高其环保意识；运行机制上，由于政策结构的不同支持主体一方是由欧盟和成员国共同构成，一方则主要是联邦政府；支持客体上欧盟也有着更广泛的支持对象，包括生态环境、生物多样性、历史遗迹、传统生产模式等，而美国则主要针对生态环境问题进行支持；由于美国采取绩效付费的方式将支持与环境绩效挂钩，而欧盟采取实践付费的方式对受助者所采取的符合要求的生产规范进行付费，并不考虑其实际环境绩效，因此美国做法更有效率，但同时由于执行成本的加大也使得实际执行中存在一定的困难；两大经济体的支持水平均保持较高水平且呈逐步提高的趋势，从支持结构来看，则主要以生产者支持为主，采取自愿激励方式，但近年来欧盟强制性措施有所增加；支持效果由于缺乏可比性，仅从定性角度分别考量，由于美国的政策引入市场机制因此更具有明显的政策效果。

（3）两大经济体存在共性的演进规律和政策选择标准。具体包括对支持政策的关注均起源于现实环境问题、支持手段均以资金和技术支持为主、采取激励性政策措施、以项目式运行的方式主要对生产者提供支持，在支持政策制定实施中均采取灵活性以满足特定的环境需求，并通过绿色支持政策的使用适应 WTO 对国内支持的约束。差异性则体现在两大经济体对农业多功能性的不同理解进而在政策目标的设定、支持范围的选择以及支持水平上有所差异。除此之外，两大经济体在政策的制定和资金来源等方面也存在不同，也导致了两大经济体政策效果的差异。

第7章　欧盟美国农业绿色发展支持政策选择的理论与现实逻辑

欧盟与美国政策演进和政策选择上既有共性规律又存在差异性特征，本章试图从理论角度和现实因素角度对政策演进和政策选择的内在逻辑进行分析。

7.1　农业绿色发展支持政策选择差异的理论解释

7.1.1　中央与地方政府农业绿色发展支持政策演化博弈分析

农业绿色发展支持政策的制定与执行涉及多方利益主体博弈过程，既有政府与生产者之间的博弈也存在中央政府与地方政府之间的博弈。现有研究中，以政府与农户之间博弈分析政策执行效果的文献较多，而基于中央政府与地方政府之间博弈分析政策演进与选择的文献较少。在欧盟与美国的比较分析中我们得出两大经济体政治结构的差异导致政策选择和执行效果上存在差别。地方政府与中央政府利益目标差异导致双方在政策选择中的倾向不同，从而影响政策的执行效果。本节通过对中央政府与地方政策政策决策过程中的演化博弈分析，分析博弈主体行为演化逻辑以及演化稳定策略，一方面为欧盟与美国政策选择差异寻找理论依据，另一方面也为提高政策效能寻找途径。

（1）理论内容

演化博弈理论始于20世纪60年代。与传统博弈理论不同，演化博弈论以有限理性为基础，意味着参与主体最优策略的形成是一个动态的重复博弈的过程，也是参与主体不断学习的过程。参与主体通过模仿和试错，不断寻优以实现最优策略。演化博弈论将博弈理论分析和动态演化过程分析结合，在分析社会习惯、规范、制度或体制的影响因素方面，取得了令人注目的成绩，逐渐成为经济学研究的一个新领域①。

演化博弈理论假设存在共同选择某一策略的大群体和突变的小群体，两者组成混合群体。其中如果突变小群体通过博弈得到的期望支付大于原群体中个体期望，则认为突变小群体可以侵入大群体，否则不能侵入，会在演化过程中消失。如果一个群体成功抵制所有突变小群体的侵入，则能够达到演化均衡状态，此时选择的策略即为演化稳定策略。演化稳定策略反映系统局部的均衡状态，均衡点也可能不止一个，演化的初始条件和演化路径不同会影响最终均衡点。

演化博弈理论利用复制者动态表述有限理性的个体的群体行为变化趋势：使用某一策略所获得的收益与群体平均收益之差等于选择该策略个体的增长率，如果某群体使用某一策略所获得的收益大于整体的平均收益水平，则选择该策略的个体数量会增加，反之将减少。复制者动态方程用以描述某一特定策略行为在一个种群中被采用的频数，复制者动态方程采取动态微分方程形式②。

（2）模型假设

假设 1：博弈方为中央一级政府与地方一级政府。作为政策制定者，中央政府同时负有监查地方政府环境政策执行情况的责任，监查力度的大小对政策执行效果起到重要作用，假设中央政府的策略选择为｛监查到位，监查不到位｝。作为政策的执行者，地方政府策略选择为｛执行，不执行｝。

假设 2：Π_1 表示中央政府的收益；C_1 表示中央政府的监管成本，但是当政府监查不到位时，C_1 大小取决于系数 α，α 的取值范围为 [0, 1]，即当监查越松散时，所付出的监查成本越小；Π_2 用以表示地方政府总收益；C_2 表示地方政府执行政策的成本；L_1 表示执行政策带来的地方

① 陶健格．环境治理博弈复杂性与演化均衡稳定性分析 [J]．环境科学与技术，2009 (7)：89 - 93.

② 谢识予．经济博弈论 [M]．上海：复旦大学出版社，2002：237 - 241.

经济损失；L_2表示不执行政策地方环境产生的损失；h 表示执行政策后，环境的改善收益；F 表示不执行政策，地方政府受到的惩罚；J 表示执行政策时中央政府给予的激励，这种激励与执行力度执行效果挂钩，其大小取决于系数 β，β 的取值范围为［0，1］。

（3）支付矩阵

根据上述基本假设，运用演化博弈理论构建阶段博弈的支付矩阵如表 7－1 所示。地方一级政府选择执行政策策略的比例为 x，不执行政策的策略比例为 1－x；中央一级政府监查到位策略的比例为 y，监查不到位的策略比例为 1－y①。

表 7－1　　　地方政府与中央政府博弈的支付矩阵

地方政府	中央政府	
	监查到位 y	监查不到位（1－y）
执行 x	$\Pi_2-C_2-L_1+h+\beta J$；$\Pi_1-C_1+h-\beta J$	$\Pi_2-C_2-L_1+h+\beta J$；$\Pi_1-\alpha C_1+h-\beta J$
不执行（1－x）	Π_2-L_2-F；$\Pi_1-C_1+F-L_2$	Π_2-L_2；$\Pi_1-\alpha C_1-L_2$

（4）地方政府与中央政府之间的演化博弈分析

期初，由于博弈双方信息不对称，均属于有限理性，行为策略也均基于有限理性做出。地方政府和中央政府通过反复博弈得到最优策略。这一动态过程通过复制动态机制模拟表示。

地方政府执行政策的期望收益为：

$$U_1=y(\Pi_2-C_2-L_1+h+\beta J)+(1-y)(\Pi_2-C_2-L_1+h+\beta J)$$

不执行政策的期望收益为：

$$U_2=y(\Pi_2-L_2-F)+(1-y)(\Pi_2-L_2)$$

地方政府的平均收益为：

$$\overline{U}_{12}=xU_1+(1-x)U_2$$

地方政府选择执行环境政策策略的复制动态方程为：

$$\frac{dx}{dt}=x(U_1-\overline{U}_{12})=x[U_1-xU_1-(1-x)U_2]=x(1-x)(U_1-U_2)$$

① 潘峰，西宝，王琳．环境规制中地方政府与中央政府的演化博弈分析［J］．运筹与管理，2015（6）：88－93＋203.

将 U_1 和 U_2 代入复制动态方程，可得：

$$F(x)=\frac{dx}{dt}=x(1-x)(yF-C_2-L_1+L_2+h+\beta J) \tag{1}$$

中央政府选择监查到位策略的期望收益为：

$$U_3=x(\Pi_1-C_1+h-\beta J)+(1-x)(\Pi_1-C_1+F-L_2)$$

监查不到位策略的期望收益为：

$$U_4=x(\Pi_1-\alpha C_1+h-\beta J)+(1-x)(\Pi_1-\alpha C_1-L_2)$$

进而可知，中央政府平均收益：

$$\overline{U}_{34}=yU_3+(1-y)U_4$$

中央政府选择监查策略的复制动态方程为：

$$\frac{dy}{dt}=y(U_3-\overline{U}_{34})=y[U_3-yU_3-(1-y)U_4]=y(1-y)(U_3-U_4)$$

将 U_3 和 U_4 代入复制动态方程，可得：

$$F(y)=\frac{dy}{dt}=y(1-y)(\alpha C_1+F-C_1-xF) \tag{2}$$

将（1）和（2）联立，确定地方政府和中央政府的复制动态系统：

$$\begin{cases}\dfrac{dx}{dt}=x(1-x)(yF-C_2-L_1+L_2+h+\beta J)\\ \dfrac{dy}{dt}=y(1-y)(\alpha C_1+F-C_1-xF)\end{cases} \tag{3}$$

演化博弈的均衡即为复制动态系统的方程组（3）的均衡点对应的策略组合点。

令 $F'(x)=0, F'(y)=0$，则有：

$$x^*=0, x^*=1 \text{ 或 } x^*=\frac{F-(1-\alpha)C_1}{F};$$

$$y^*=0, y^*=1 \text{ 或 } y^*=\frac{C_2+L_1-L_2-h-\beta J}{F}$$

由此可得博弈系统的 5 个局部均衡点（0，0）、（0，1）、（1，0）、（1，1）$\left(x^*=\frac{F-(1-\alpha)C_1}{F}, y^*=\frac{C_2+L_1-L_2-h-\beta J}{F}\right)$

利用系统的雅克比矩阵对均衡点稳定性进行分析，雅克比矩阵为对复制动态方程分别求偏导得出：

$$J=\begin{vmatrix}(1-2x)(yF-C_2-L_1+h+\beta J) & F(1-x)x \\ F(1-y)y & (1-2y)(\alpha C_1+F-C_1-xF)\end{vmatrix}$$

矩阵 J 的行列式为：

$\det J=(1-2x)(yF-C_2-L_1+L_2+h+\beta J)(1-2y)(\alpha C_1+F-C_1-xF)-F(1-x)xF(y-1)y$

矩阵 J 的迹为：

$trJ=(1-2x)(yF-C_2-L_1+L_2+h+\beta J)+(1-2y)(\alpha C_1+F-C_1-xF)$

根据演化博弈理论，系统的演化稳定点满足 $\det J>0$，$trJ<0$。

因此将 5 个局部均衡点代入如表 7－2 所示。

表 7－2　　均衡点行列式与迹符号

均衡点	detJ	trJ
(0,0)	$(L_2+h+\beta J-C_2-L_1)(F-C_1+\alpha C_1)$	$L_2+h+\beta J-C_2-L_1+F-C_1+\alpha C_1$
(0,1)	$-(F+L_2+h+\beta J-C_2-L_1)(F-C_1+\alpha C_1)$	$(F+L_2+h+\beta J-C_2-L_1)-(F-C_1+\alpha C_1)$
(1,0)	$(L_2+h+\beta J-C_2-L_1)(1-\alpha)C_1$	$-(L_2+h+\beta J-C_2-L_1)-(1-\alpha)C_1$
(1,1)	$-(F+L_2+h+\beta J-C_2-L_1)(1-\alpha)C_1$	$-(F+L_2+h+\beta J-C_2-L_1)+(1-\alpha)C_1$
(x^*,y^*)	$[(1-\alpha)C_1(F+L_2+h+\beta J-C_2-L_1)(C_2+L_1-L_2-h-\beta J)(F-(1-\alpha)C_1)]/F^2$	0

要确定 5 个均衡点 derJ 和 trJ 符号，需讨论 $L_2+h+\beta J-C_2-L_1$、$F-C_1+\alpha C_1$、$F+L_2+h+\beta J-C_2-L_1$ 符号。

情景 1　若 $L_2+h+\beta J-C_2-L_1>0$，$F-C_1+\alpha C_1>0$ 时，如表 7－3 所示。

表 7－3　　行列式与迹符号分析（$L_2+h+\beta J-C_2-L_1>0$，$F-C_1+\alpha C_1>0$）

均衡点	detJ 与 trJ	稳定性
(0，0)	$\det J>0$，$trJ>0$	不稳定
(0，1)	$\det J<0$，$trJ>0$	不稳定
(1，0)	$\det J>0$，$trJ<0$	EES
(1，1)	$\det J<0$，$trJ<0$	不稳定

表 7－3 中，地方政府执行政策的总收益用 $L_2+h+\beta J$ 表示，包括执

行政策的环境质量改善收益、避免的环境污染损失以及执行政策所获得的中央政府激励之和；$C_2 + L_1$ 表示地方政府执行成本以及执行政策对当地经济造成的损失之和。因此，$L_2 + h + \beta J - C_2 - L_1$ 可以理解为地方政府执行政策带来的净收益。$F - (1 - \alpha) C_1$ 则表示中央政府实施监查的力度。由表 7－3 可知，当政策执行净收益为正，同时，中央政府的处罚大于监查成本时，博弈的均衡点（1，0）为演化稳定点，对应的演化稳定策略为（执行，监查不到位）。

情景 2　若 $L_2 + h + \beta J - C_2 - L_1 > 0, F - (1 - \alpha) C_1 < 0$ 时，如表 7－4 所示。

表 7－4　行列式与迹符号分析（$L_2 + h + \beta J - C_2 - L_1 > 0, F - (1 - \alpha) C_1 < 0$）

均衡点	detJ 与 trJ	稳定性
（0，0）	detJ > 0，trJ > 0	不稳定
（0，1）	detJ < 0，trJ > 0	不稳定
（1，0）	detJ > 0，trJ < 0	EES
（1，1）	detJ < 0，trJ < 0	不稳定

由表 7－4 可知，当政策净收益为正，同时中央政府的处罚大于监查成本时，博弈的均衡点（1，0）为演化稳定点，对应策略为（执行，监查不到位），即地方政府倾向于执行政策，中央政府倾向于监查不到位策略。

情景 3　若 $L_2 + h + \beta J - C_2 - L_1 < 0$，$F - C_1 + \alpha C_1 > 0$，$F + L_2 + h + \beta J - C_2 - L_1 < 0$ 时，如表 7－5 所示。

表 7－5　行列式与迹符号分析（$L_2 + h + \beta J - C_2 - L_1 < 0$，$F - C_1 + \alpha C_1 > 0$，$F + L_2 + h + \beta J - C_2 - L_1 < 0$）

均衡点	detJ 与 trJ	稳定性
（0，0）	detJ < 0，trJ 不定	不稳定
（0，1）	detJ > 0，trJ < 0	EES
（1，0）	detJ < 0，trJ 不定	不稳定
（1，1）	detJ > 0，trJ > 0	不稳定

由表 7－5 可知，博弈的均衡点（0，1）为演化稳定点，此时满足政

策净收益为负，中央政府的处罚额大于其监查成本以及政策净收益与处罚额之和为负，对应策略为（不执行，监查到位），即地方政府不执行政策，中央政府则进行严格监查。

情景 4　若 $L_2+h+\beta J-C_2-L_1<0$，$F-C_1+\alpha C_1>0$，$F+L_2+h+\beta J-C_2-L_1>0$ 时，如表 7-6 所示。

表 7-6　行列式与迹符号分析（$L_2+h+\beta J-C_2-L_1<0$，$F-C_1+\alpha C_1>0$，$F+L_2+h+\beta J-C_2-L_1>0$）

均衡点	detJ 与 trJ	稳定性
(0，0)	detJ<0，trJ 不定	不稳定
(0，1)	detJ<0，trJ 不定	不稳定
(1，0)	detJ<0，trJ 不定	不稳定
(1，1)	detJ<0，trJ 不定	不稳定
(x^*，y^*)	detJ>0，trJ=0	中心点

由表 7-6 可知，（x^*，y^*）为中心点，其他所有均衡点不稳定。不存在演化稳定策略。这时政策净收益为负，中央政府的处罚额大于其监查成本，而政策净收益与惩罚额之和为正。

情景 5　若 $L_2+h+\beta J-C_2-L_1<0$，$F-C_1+\alpha C_1<0$，$F+L_2+h+\beta J-C_2-L_1>0$ 时，如表 7-7 所示。

表 7-7　行列式与迹符号分析（$L_2+h+\beta J-C_2-L_1<0$，$F-C_1+\alpha C_1<0$，$F+L_2+h+\beta J-C_2-L_1>0$）

均衡点	detJ 与 trJ	稳定性
(0，0)	detJ>0，trJ<0	EES
(0，1)	detJ>0，trJ>0	不稳定
(1，0)	detJ<0，trJ 不定	不稳定
(1，1)	detJ<0，trJ 不定	不稳定

由表 7-7 可知，博弈均衡点（0，0）为稳定均衡点，对应策略为（不执行，监管不到位）。这时政策净收益为负，中央政府的处罚额小于监查成本，政策净收益与处罚额之和为正。地方政府与中央政府的选择分别为不执行政策，不进行监管。

情景 6　若 $L_2 + h + \beta J - C_2 - L_1 < 0$，$F - (1 - \alpha) C_1 < 0$，$F + L_2 + h + \beta J - C_2 - L_1 < 0$ 时，如表 7－8 所示。

表 7－8　行列式与迹符号分析（$L_2 + h + \beta J - C_2 - L_1 < 0$，$F - (1 - \alpha) C_1 < 0$，$F + L_2 + h + \beta J - C_2 - L_1 < 0$）

均衡点	detJ 与 trJ	稳定性
(0，0)	detJ > 0，trJ < 0	EES
(0，1)	detJ < 0，trJ 不定	不稳定
(1，0)	detJ < 0，trJ 不定	不稳定
(1，1)	detJ > 0，trJ > 0	不稳定

由表 7－8 可知，博弈均衡点（0，0）为稳定均衡点，对应策略是（不执行，监管不到位）。这时，政策净收益为负，中央政府的处罚额小于其监查成本，政策净收益与处罚额之和为负，地方政府与中央政府倾向于选择不执行政策，不进行监管。

利用方程

$$F(x) = \frac{dx}{dt} = x(1 - x)(yF - C_2 - L_1 + L_2 + h + \beta J)$$

对地方政府演化路径进行分析，当初始状态为 $y = y^*$ 时，即中央政府的监查策略比例为 y^* 时，地方政府任何水平的政策执行比例均可达到稳定状态。而当初始状态 $y > y^*$ 时，$F(x) > 0$，$F'(0) > 0$，$F'(1) < 0$，则 $x = 1$ 为稳定状态，即中央政府选择监查比例大于 y^* 时，地方政府倾向于执行政策，稳定状态为地方政府完全执行政策。当初始状态 $y < y^*$ 时，$F(x) < 0$，$F'(0) < 0$，$F'(1) > 0$，则 $x = 0$ 为稳定状态，即中央政府监查比例小于 y^* 时，地方政府执行政策策略比例缩小，最终稳定于不执行政策。

以方程

$$F(y) = \frac{dy}{dt} = y(1 - y)(\alpha C_1 + F - C_1 - xF)$$

对中央政府演化路径进行分析，两个稳定状态分别为 $y = 0$ 和 $y = 1$。当初始状态为 $x = x^*$ 时，即当地方政府的执行策略比例为 x^* 时，中央政府监查比例的任何水平都可达到稳定状态。而当初始状态 $x > x^*$ 时，

$F(y)<0$，$F'(0)<0$，$F'(1)>0$，则 $y=0$ 为稳定状态，即地方政府选择执行的比例大于 x^* 时，中央政府倾向于监管不到位，且该比例逐渐升高，稳定状态为中央政府完全不进行监管。当初始状态 $x<x^*$ 时，$F(y)>0$，$F'(0)>0$，$F'(1)<0$，则 $y=1$ 为稳定状态，即地方政府执行比例小于 x^* 时，中央政府监管策略比例逐渐升高，最终稳定于完全监管政策。

将两级政府复制动态关系放在同一演化博弈相位图中，如图 7－1 所示，中心点（x^*，y^*）将演化博弈相位图划分为四个区域，当系统初始状态处于①时，收敛于均衡点（0，1）即地方政府选择不执行政策，而中央政府会加强监管；当系统初始位于②时，博弈收敛于（1，1）即地方政府选择执行政策，而中央政府也倾向于监管到位；当初始状态位于③时，博弈收敛于（1，0）即地方政府选择执行政策，而中央政府倾向于放松监管；而当系统初始状态位于④时，博弈收敛于（0，0）即地方政府倾向于不执行政策，而中央政府也不会进行监管。

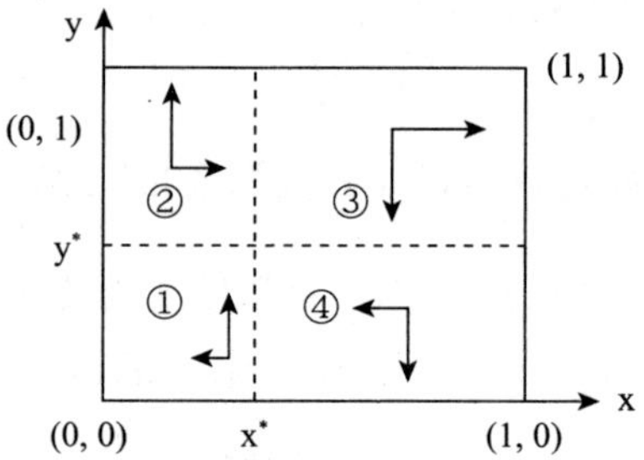

图 7－1　央地政府演化博弈相位图

（5）具体参数对演化路径的影响

地方政府执行政策情况取决于执行政策带来的经济效益 L_1 和环境影响 L_2 与 h、中央政府对地方政府不执行的惩罚力度 F 和执行激励程度 J（其中激励程度的大小与激励系数 β 有关）、中央政府与地方政府贯彻政策的成本 C_1 和 C_2（其中监查到位程度与系数 α 有关）。执行政策所带来的经济损失越小、环境效益越大，中央政府对地方政府的惩罚力度和激励程度越高，两级政府贯彻政策的成本越低则越可能带来执行效率的提高。

具体到欧盟与美国政策演进比较来看，政治结构差异所带来的监查力度和执行成本的差别是影响演化路径的因素之一。在欧盟超国家经济体中，成员国政府自主权要高于美国地方州政府的权限，且同时欧盟委员会在第二支柱农业环境措施实施中要求成员国进行资金配套，这无疑增加了地方政府的执行成本或带来激励程度降低的作用，因此相较美国由国家级资金实施政策而言，各成员国实施政策的积极性会降低，更多的会综合考量政策实施所带来的经济损失和环境效益的大小。

从演化博弈分析可知，要提高政策的执行效率，更好地发挥政策效能，需要从加大监管力度、提高对地方政府实施的激励程度，如将执行情况加入政绩考核等方式以及研发相应技术以降低政策执行的经济损失、精简中间流程以最大限度地降低政策执行成本等措施角度着手。

7.1.2 成本曲线不确定条件下的政策工具选择

本节通过构建政策选择的理论模型，重点分析在成本曲线不确定条件下农业绿色发展支持政策的政策工具，以此来解释不同类型政策选择的成本动因。

农业绿色发展支持政策工具的选择是一个复杂的过程，影响政策工具选择的因素诸多，主要有目标、工具自身的属性、工具选择的环境、组织路径等。其中一个重要的因素为政策的实施成本和社会收益的比较衡量。以下通过构建成本收益分析框架，选取命令控制型和经济激励型政策，从成本收益角度对不同类型政策选择进行理论分析。

无论是命令控制型还是经济激励型政策的实施均存在成本问题。成本主要包括：①政策的遵守成本，即生产者为了遵守政策所要付出的成本，包括调整生产规模、生产方式、投入要素、适应新的生产技术等所产生的成本；②执行成本，即政府为了贯彻执行该政策所要付出的成本，包括政府监测政策执行、为政策执行进行产生的相关成本；③其他成本，如社会因该政策的实施所付出的社会成本。政策收益则包括政策实施所带来的生产者产品质量提升、价格提高的经济收益以及环境改善的社会收益和因为政策实施对政府支持度变化的政策收益。从绿色发展支持政策作为公共物品的角度来看，无论是成本还是收益都存在衡量的难度。因此在政策工具选择的经济标准中很难做到准确的定量分析。在此通过构建成本收益分析框架只能进行定性分析。

该理论分析建立在成本不确定的前提假设基础之上，认为由于不同政策的实施均存在监督、测度和实施的难度，因此造成无法确定成本曲线的准确位置，但能够确定政策成本的范围。不同的政策由于政策实施中监督、测度和实施难度的不同，成本曲线的走向和不确定的范围也会有所不同。假设政策制定者目标是追求政策净社会福利最大化，政策的预期成本曲线与边际收益曲线相交确定政策的有效提供数量，并假定固定时间社会边际效益不会发生变化。通过图 7 - 2 分析政策制定者在面临命令控制型和经济激励型政策工具时从成本收益角度的选择问题。

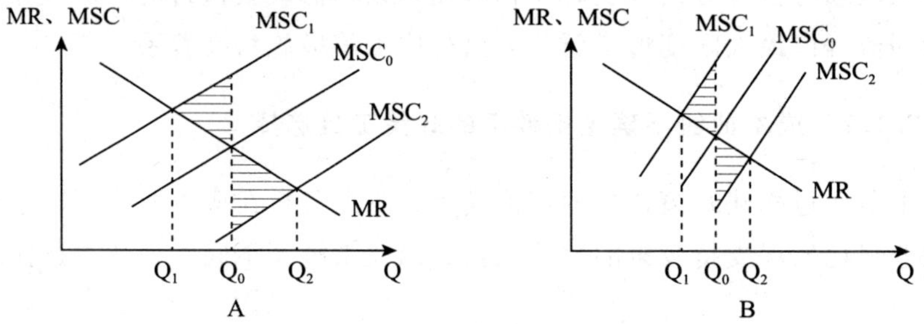

图 7 - 2 不同政策工具的成本收益分析

如图 7 - 2 所示横轴表示政策的有效支持，纵轴表示边际成本、边际收益。MSC_1 和 MSC_2分别表示边际成本曲线变化的上下限，实际政策实施成本会在两者之间的任何位置。图 A 表示经济激励型政策，图 B 表示命令控制型政策。由于经济激励型政策工具需要的监督、测度和实施更加困难，因此其成本曲线的不确定程度更大，表现在图 7 - 2 中则为图 A 所示，MSC_1 和 MSC_2距离较远。图 7 - 2B 命令控制型政策相对而言监督、测度和实施更为容易，成本曲线的不确定程度较小，即 MSC_1 和 MSC_2的距离大大缩小。

假设两种政策工具面临的社会边际收益曲线相同，预期的社会边际成本为 MSC_0 所处位置，则根据边际收益 = 边际成本原则，确定的政策的支持力度为 Q_0 水平，图 A 中如果事后发现实际边际成本曲线为 MSC_1，那么实际政策的支持力度应为 MSC_1 = 边际收益确定的 Q_1 水平，表明由于预期错误造成政策支持力度过大，社会总效益出现损失，可以解释为政策支持力度超过了目前需求水平所引起的政策资源的浪费；如果实际边际成本曲线为 MSC_2，那么实际政策的支持力度应为 MSC_2 = 边际收益确定的 Q_2

水平，则表明政策的实施力度未能满足社会需求，未进行有效的激励，造成了社会总效益的损失。两种情况的损失分别如图中阴影部分所示。

命令控制型政策工具由于需要生产者付出更多的遵守成本，因此表现在成本曲线上为其斜率要大于图 A 水平。类似地，当预期政策支持力度大于或小于实际需求力度时，会出现社会总效益的损失（阴影部分面积），但是从图形中可以看出图 B 阴影部分要小于图 A 阴影部分面积，这表明从政策制定者角度来看，命令控制型政策工具实施的不确定程度更小，社会总效益损失更低。当然这一分析是从不确定性效率损失的总成本角度进行的分析，虽然从遵守成本的角度来看，市场激励型政策工具更具优势，但是由于在执行中这些政策对监督、测度和实施的依赖程度要远远大于诸如制定标准等命令控制型政策，这使得政策实施面临的不确定性大大增加，进而导致政策制定者由于预期失误带来社会净福利损失增加。因此这也在一定程度上解释了为何现实中政策制定者更倾向于命令控制型政策工具。不可否认，随着制度的完善，监测、实施手段的不断优化，经济激励型政策工具的优势会慢慢发挥出来。欧盟与美国的政策演进也表明了这一点，随着制度的完善和监测手段的完善政策工具选择上均从命令控制型政策工具转向经济激励型工具。

进一步，欧盟与美国经济激励型政策中实践付费与绩效付费的差异也可利用该模型解释。实践付费模式通过各级政府设置实践标准，并监督实施情况，这种事前标准的确定性使得政策的执行成本相对较低；绩效付费模式由于需要对实施效果评价方可确定付费基础，而由于环境效果的评估难度较大则需要更高的执行成本和配套措施，表现在图中则为图 A 所示，MSC_1 和 MSC_2距离较远。在社会边际收益曲线相同情况下则造成的福利损失也更大。但是随着绩效评估手段的改进，执行成本降低，也将降低绩效付费的福利损失。由于绩效付费更高的环保效益，也代表了绿色支持政策选择的未来方向。

7.2 农业绿色发展支持政策选择差异的现实逻辑

7.2.1 经济因素

两大经济体支持政策实施机制和支持水平及效果均有明显差异，这种差异可从经济角度进行分析解释。作为一种特殊商品，良好的生态环境同样存在供给和需求两个方面。因此，本节从生态环境的供给和需求角度对产生政策差异的原因进行分析。

（1）需求角度

对良好生态环境需求偏好的不同可能引致政策差异。首先这种对良好环境商品的偏好的国别和地区差异，可能反映了不同的文化价值。如欧盟消费者可能比美国消费者更倾向较低程度的农药残留，或者比美国人更喜欢风景如画的农场景观，美国人则可能更喜欢不受人类活动影响的土地。欧洲人认为自然环境部分是由几代农业和牧场生产，而在美国自然被认为是不受任何人干扰的活动（Burrell，2001；Hodge，2000）这种矛盾可能有助于解释为什么欧洲政府对农民保留传统耕作方法并恢复原本会被遗弃的土地上的牧场进行补贴，而美国农民则使农田恢复休耕以获得补贴。其次，由于许多欧盟成员国的欧洲人距离农田只有几个小时的车程，欧洲非农人口从农业景观的消费中能够获得更高的效用，并愿意为这些农业景观进行付费。美国人大多数居住地远离农业中心地带，对农业景观的需求就没有那么强烈，因此，美国的农业环境计划主要是为了农民或环境利益而设计。而欧盟则不仅考虑农民和环境利益，还将消费者对环境的需求纳入考虑范畴。因此，这种需求差异可以部分的解释为什么美国的农业环境政策主要是促进土地休耕，而欧盟认为传统的农业景观具有较高的环境价值，支持政策补贴农民不要放弃土地耕种。

（2）供给角度

瑞典经济学家赫克歇尔和俄林在要素禀赋论中指出，各国生产要素的丰裕程度是不同的。一国在生产资源的配置中，会充分利用本国生产要素，形成各国专门生产某种产品的倾向性。按照该理论劳动较为充裕的国家将生产劳动密集型产品，而资本比较充裕的国家则生产资本密集型产品，最终分工格局将基于要素丰裕程度不同而形成①。要素禀赋差异同样也会影响在政策供给上的选择问题，即土地相对稀缺的国家将政策侧重于如何提高土地利用率，而土地相对较为充裕的国家则在环境政策上会更关注土地的休耕。欧盟拥有 1. 82 亿公顷农业用地，5. 12 亿人口，而美国农业用地基数为 4. 06 亿公顷，3. 23 亿人口（世界银行数据，2016）。一般认为，这两个地区的资本水平相似，如果要素不能在各大洲自由流动，可以预期要素价格比率将反映相对要素禀赋的差异。由于土地资源的不可流动性，美国的人均土地比欧盟多，预计美国的农地价格与农业劳动力价格比率要低于欧洲。美国和欧盟这种要素禀赋比率的差异可以部分地解释为什么相对土地稀缺的欧盟更倾向于关注集约化生产所带来的污染问题。

7. 2. 2　政治因素

不同的政治结构会导致不同的政策结果。政策是国内谈判和利益集团博弈的结果，利益集团的相对政治权力和讨价还价的能力都将在政策决策中发挥作用。当然，政治和经济原因同样密切相关，例如消费者偏好等需求因素会在谈判桌上消费者代表中发挥作用，而相对要素禀赋等供给因素会通过影响农民的利润功能，进而在谈判桌上通过利益代表发挥作用。

（1）从谈判主体来看

美国谈判主体由商品协会、主要农业州（通过众议院和参议院农业委员会）以及行政机构构成；欧盟主要的谈判主体则是成员国政府。农场组织代表农业利益，并通过向成员国政府游说表达其利益诉求。欧盟成员国政府在欧洲议会和理事会中拥有较强的议价能力，谈判桌上直接发言权，能够根据个人需求量身定制农业环境计划，从而导致更大的区域差异，并可能限制特定环境成果的针对程度。而在美国单个州的议价能力更小。例如 CRP 政策，由于该政策将部分土地退出生产，也会带来实施该政策的地区农民数量减少的问题即影响就业，虽然美国一些县认为该政策引起当地人口的急剧减少，但是并没有引起足够的重视以阻止该政策的实施以及后期该政策影响下的面积增加。但在欧盟，某些欧盟成员国（尤

---

① 薛荣久．国际贸易（第六版）［M］．北京：对外经济贸易大学出版社，2016. 5.

其是南部）关键的政策目标是农村发展和保留农村人口[①]，成员国可以通过欧洲议会表达其政策诉求。

（2）从政策决策机构来看

美国的农业环境政策是在联邦政府一级制定，不因州而异。而欧盟政策是由农业部长理事会作出，该理事会由各成员国的农业部长组成。欧盟政治结构和决策机制的特点意味着农业环境政策需要更大的灵活性，农业环境和农村发展计划的规则和目标在成员国之间差异很大。而美国自上而下的决策结构允许联邦计划以环境优化为首要目标，可以牺牲某些地区为代价[②]。在美国通常需要获得所谓的传统农业州（中西部）以及代表方案作物的大多数组织的支持。如果政府愿意在谈判中采取强有力的立场，并不需要所有的传统农业州或商品组织支持。在欧盟，欧洲议会的决定性作用要远远小于美国政府，任何三分之一成员国组成的集团都拥有有效的否决权，包括主要关注可能不是农业生产的成员国，因此需要大多数成员国通过才可最终通过并实施的机制就增加了计划的区域差异，允许成员国根据个人需求量身定制计划，灵活性更强。

（3）支持资金来源上

由于美国农业环境政策资金由联邦政府出资，因此对资金分配拥有最终决定权，而欧盟成员国需要为环境政策提供资金（配套资金），因此每个成员国都希望能够坚持定制项目细节以满足特定需求，影响资金分配，而且欧盟农村发展和环境基金特有的调节机制也为其灵活的政策提供了空间和可能性。资金安排的这种差异性也导致了欧盟倾向于对积极、松散定义的农业外部性进行支付，而不是遵循量化和针对负外部性的方法和措施。

虽然欧盟与美国在农业绿色发展演进历程中存在差异，但仍有在演进趋势和政策选择上的一些共性规律可循，而这些共性规律则是保障农业发展和提高政策效能的关键。通过归纳总结共性规律得出一些经验启示，为

---

① Kathy Baylis, Stephen Peplow, Gordon Rausser et al. Agri – environmental Programmes and Trade Negotiations in the United States and the European Union ［J］. The Agricultural Economics Society and the European Association of Agricultural Economists. 2011. 10.

② Kathy Baylis, Stephen Peplow, Gordon Rausser. Agri – environmental policies in the EU and United States: A comparison ［J］. Ecological Economics. 2007. 10.

我国农业绿色发展支持政策体系的构建和提高支持政策效率提供借鉴。

7.3　欧盟与美国农业绿色发展支持政策经验启示

7.3.1　以完善的法律体系作为制度保障

从国际经验来看，欧盟与美国均制定有完善的法律法规保障农业农村的发展。美国通过 4 年一次的农业法案，确定法案期内的工作重点与资金预算；欧盟同样通过共同农业政策对一定时期内的农业发展问题进行明确。通过法律规则对农业农村发展进行长远的规划和提供制度保障。同时将农业绿色发展的支持以法律法规的形式确定下来也有利于政策的引导作用，便于广大的生产者了解国家政策导向，积极参与进来。涉及生产方式转变的农业绿色发展以及乡村振兴目标的实现均意味着是一个长期过程，通过法律的形式具有更强的稳定性、持久性和规范性，能为农村长期稳定发展提供法律保障和法律支撑（陈锡文，2019）。

7.3.2　以经济、社会、政治需求作为政策制定的现实基础

农业绿色发展转型过程中，演进路径与支持政策的选择受诸多因素的影响。经济发展水平、人们对绿色发展的认知水平、要素禀赋状况、政治结构构成以及一些外部国际因素均会施加影响。经济发展阶段和农业发展水平以及要素禀赋状况及其变化是农业绿色发展转型和路径选择的现实基础，政策制定者和参与者对农业绿色发展的认知水平则构成了农业绿色发展过程中的约束性因素，而政治结构构成的差异是支持政策选择中的重要影响因素，外部或国际因素则形成农业绿色发展转型中政策选择的推动力量。因此农业绿色发展转型中演进路径和支持政策的选择需结合多种因素综合考量，并随着条件的变化不断优化调整。

7.3.3　政策体系架构突出层次性

无论欧盟还是美国范式，在政策体系的构建中，无不突出了政策体系的层次性架构。既有普惠式的支持政策也有针对性的政策措施。欧盟和美

国均以交叉遵守作为基础政策，以此规范生产者生产行为。欧盟将其作为获得基础直接支付的基础，否则会受到减免直接支付的惩罚；而美国则以此作为申请其他美国农业部项目的前提和基础，在最新的农业法案中将交叉遵守与农业保险的申请挂钩。从挂钩对象选择上两大经济体均选择了普惠性政策作为挂钩项目（直接支付、农业保险等），这种选择思路确保了最大范围的政策接受度。在交叉遵守基础上以农业环境措施或环境项目针对具体问题，这一层次的政策措施具有区域性、灵活性、差异性特点，各项措施或补贴各有侧重，以确保切实解决特定问题，提高政策的有效性。此外，欧盟通过农场咨询系统、美国通过 NRCS 所负责的技术咨询服务，为支持政策辅以相应的技术支持和咨询服务，提供完善的技术支撑以保证绿色转型中的技术需求。清晰的政策层次脉络，明确的政策功能定位，保障了政策的有效实施。

7.3.4 以生产者为主要支持对象，发挥其在农业绿色发展中的主导作用

农业的绿色发展其实质是生产方式的绿色化。在生产方式的绿色化中生产者是主导力量，是生产方式的实践者。从 OECD 评估政策结构的结果来看，欧盟与美国均主要对生产者进行支持，调动生产者参与的积极性，发挥生产者在农业绿色发展中的主导作用。以生产者为主要支持对象，既有利于精准施政，也有利于兼顾农业支持政策的农民收入保障目标，可以说一举两得。但由于 WTO 对农业国内支持政策在生产和贸易方面的扭曲作用有严格限制，这也对政策设计提出更高的要求。欧盟的做法是采取普惠式补贴和针对性农业环境措施结合的方式，确保所有生产者均纳入规范中，而美国则主要以项目式为主，更强调发挥生产者的主观能动性。

7.3.5 地区层面措施灵活，鼓励相关利益者广泛参与

由于区域发展的差异，各地区所面临的具体问题的差别，欧盟与美国在地区层面上均采取了灵活应对的措施，鼓励地区的各相关利益者参与农业绿色发展的推动进程中。美国的 RCPP 项目、欧盟的 LEADER 战略均带有这一特点。通过这种本地导向的方式更有利于发挥当地相关利益者熟悉本地情况的优势，以地方政府、私营企业、非营利组织、科研机构等作为主要合作伙伴，并以其作为主导力量，采取公私合作的方式共同推动特定

问题的解决，并通过私营部门和科研机构的加入带来更多的资金和创新。

7.3.6　以基本环境要求作为普惠式支持前提，规范农民生产方式

欧盟与美国绿色支持政策体系中很突出的一个特点就是交叉遵守机制（环保遵守）。通过交叉遵守机制，欧盟将农业生产的标准做法以及一些环保要求法制化、基准化，将其作为领取普惠式直接支付的前提和基础，如果未能达到交叉遵守机制要求，则需要减少直接支付；美国同样将对高侵蚀土壤和湿地的保护基础化，作为申请农业部其他项目的前提。这种以基本环境要求作为普惠式支持前提的方式因其作为基础的补贴受众的广泛性，更有利于规范农民的生产方式和提高环保意识。但在实施中需要注意两个方面：一方面是选取的支持受益面必须广泛，保证大多数农民都受其约束；另一方面是将基本环境要求法制化，规定必须明确化、简单易操作，不能给农民遵守该机制造成额外的成本负担，否则起不到规范农民行为的作用。

7.3.7　绩效付费比实践付费更有效，但执行成本更高

很明显欧盟与美国在农业绿色发展支持中采取了不同的支持政策。美国对项目的支付均采取绩效付费的评价方式，所有支持资金的给付均需要获得明确的环境绩效；欧盟的支付尤其第一支柱的补贴则与之相反，主要支持资金的获得没有明确的环境目标，而是以受助者采取了规定的生产实践方式即可，但这种生产方式是否能够达到环境目标则与支付本身无关。从这一角度来看，美国做法或许是更有效率的政策设计。但是从实践角度而言，美国做法往往需要更高的执行成本和配套措施的完善，因为绩效结果往往不容易评估。鼓励农民采取高期望收益的具体做法的付款可能是一个切实可行的折衷办法。资格要求、参与激励和登记排名可用于将支付重点放在可能产生巨大环境效益的领域、实践或特定资源关注上。因此从实践可行的角度来看，欧盟做法可能是执行成本较小、更现实可行的方式，待条件成熟再向绩效付费转化。

7.4 本章小结

本章对欧盟与美国政策选择差异的理论逻辑与现实逻辑进行了分析。

（1）地方政府与中央政府利益目标差异导致双方在政策选择中的倾向不同，从而影响政策的执行效果。通过对中央政府与地方政策政策选择过程中的演化博弈分析，分析博弈主体行为演化逻辑以及演化稳定策略，为欧美政策选择差异寻找理论答案，同时也为提高政策效能提供理论依据。地方政府执行政策情况取决于执行政策带来的经济效益和环境效益、中央政府对地方政府不执行的惩罚力度和执行激励程度、中央政府与地方政府贯彻政策的成本。执行政策所带来的经济损失越小、环境效益越大，政府对地方政府的惩罚力度和激励程度越高，两级政府贯彻政策的成本越低则越可能带来执行效率的提高。而欧盟与美国政治结构的差异使得两者监管成本出现差别，激励措施也会大打折扣，在一定程度上该理论对美国欧盟政策差异提供了理论解释。

（2）政策工具的选择是一个复杂的过程，影响政策工具选择的因素诸多，主要有目标、工具自身的属性、工具选择的环境、组织路径等。其中一个重要的因素为政策的实施成本和社会收益的比较衡量。通过构建成本收益分析框架，选取命令控制型和经济激励型政策，从成本收益角度对不同类型政策选择进行理论比较分析。从不确定性效率损失的总成本角度分析，命令控制型政策工具实施的不确定程度更小，社会总效益损失更低。因此虽然从遵守成本的角度来看，市场激励型政策工具更具优势，但是由于在执行中这些政策对监督、测度和实施的依赖程度要远远大于诸如制定标准等命令控制型政策，这使得政策实施面临的不确定性大大增加，进而导致政策制定者由于预期失误带来社会净福利损失增加。这在一定程度上解释了为何现实中政策制定者更倾向于命令控制型政策工具。随着制度的完善、监测、实施手段的不断优化，经济激励型政策工具的优势会慢慢发挥出来。欧盟与美国的政策演进体现了这一规律，随着制度的完善和监测手段的完善政策工具选择上均从命令控制型政策工具向经济激励型工具演进。

（3）从现实角度，支持政策的差异性与两个地区不同的政治结构、要素禀赋、居住特征所引起的环境需求以及污染来源的差异等多方面有关。从需求角度来看，欧盟对农业功能提出更多更高的要求，如环境、生态、传统农耕文化、历史遗迹的保留等；从供给角度来看，不同的资源禀赋状况（欧盟属于人多地少型，而美国则人少地多）也是造成政策差异的主要原因；政治角度来看，由于两大经济体的政治结构的不同，谈判主体差异、政策决策机构以及资金来源的不同均会对政策制定产生影响。

第8章　中国农业绿色发展支持政策问题与借鉴可行性分析

本章通过对中国农业绿色发展支持政策演进和政策工具的梳理，总结分析我国农业绿色发展支持政策存在的问题，并对我国农业绿色发展支持政策借鉴国际经验启示的可行性从政策转型特征、面临的共性问题以及对环境公共物品的共性需求角度进行分析。

8.1　中国农业绿色发展支持政策演进

本节利用文本内容分析法对相关政策文本从文本的发布年度、作用对象、发布主体、发布形式、政策工具以及政策效力六个维度构建量化分析框架并结合词频进行分析，对农业绿色发展支持政策的演进阶段进行划分，对重点关注领域进行探究。

8.1.1　研究方法说明

内容分析曾被描述为“政治话语的统计语义学”。该分析法采用文本挖掘技术，从大量中文文本数据中抽取潜在有用的信息。文本挖掘的对象是大量的非结构化文本源，为发现某些文字出现的规律以及文字与语义、语法间的联系，利用智能算法结合文字处理技术抽取或标记关键字概念来实现，并按照内容对文档进行分类聚类，以获取有用的信息，文本挖掘可以实现对文本内容的量化表征①。图8－1是文本挖掘过程的细化流程：

① 李健．聚类分析及其在文本挖掘中的应用［D］．西安：西安电子科技大学，2005.

文档检索、文本预处理以及模式评估①。

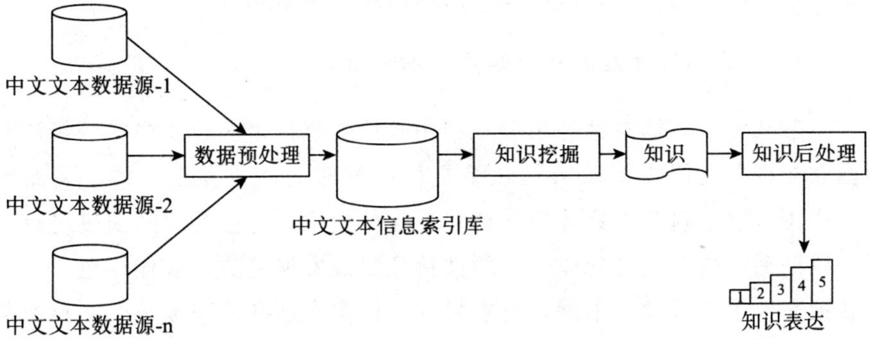

图 8－1　文本挖掘细化流程

本部分采用内容分析软件对搜集的政策文档进行分词、词频分析，并对文档进行社会网络和语义分析。首先，将政策文本转换成 TXT 文本格式，利用软件分词功能对文本进行分词处理；然后对分词后的文本进行词频（Term Frequency，TF）分析，找出政策文本的高频词；另外在文本挖掘中，使用 TFIDF 算法计算文本库分词后的每个分词权重，以确定文本关键词。一般而言，如果某个词比较少见，但它在这篇文章中多次出现，那它很可能反映了这篇文章的特性，即为该篇文章的关键词。在词频基础上，对每个词分配一个重要性权重，即逆文档频率（Inverse Document Frequency，IDF），大小与一个词的常见程度成反比，对于常见词赋予最小权重，较少见的词赋予较大权重。通过词频和逆文档频率相乘得出一个词的 TF－IDF 值。某个词对文章重要性越高，则该值就越大。这一功能可以通过内容分析软件获得。社会语义网络主要分析政策文本中高频词之间的相互关系，直观展示中心关键词的位置，并通过高频词之间距离的远近反映它们的关系疏远和联系紧密程度②。语义网络包含了实体、命名、分类、属性、关系、继承等概念。通过这些去描述整个信息网络。利用一些标准，将所有的信息能够在这一套描述体系下，互联互通，构建社会语义网络图，用于理解语义，并能够根据已知事实，做出推理。同样本章中

① 谌志群，张国煊．文本挖掘与中文文本挖掘模型研究［J］．情报科学，2007（7）．

② 高强．基于向量空间的文本聚类算法［J］．电子世界．2017（10）．

将不同阶段的政策文本分别输入软件中，使用内容分析软件，形成绿色支持政策社会语义网络图，用以分析政策内容及发展趋势。

8.1.2 农业绿色发展支持政策文本分析

本节从文本数据挖掘的角度，利用政策文献计量法以及内容分析法对中国农业绿色发展支持政策从政策文件的发布时间、发布主体、发布形式、作用对象、政策工具等角度构建量化分析框架，按照时间演进进行分析，以期揭示政策演进规律、阶段性特征以及发展趋势。农业绿色发展支持政策文本主要来源于中国农业农村部、国家发展和改革委员会、财政部等相关政府网站以及北京大学法宝数据库，共搜集新中国成立以来到2019年期间政策文本200份。

样本处理原则如下：

一是按照政策发表的年份对样本进行编号；二是将200份有效政策文件根据政策的发文时间、发文机构、政策内容进行分类梳理；三是利用内容分析法对政策文本进行量化研究，进而发现、总结农业政策的演变规律。这种研究方法是对研究对象的外部属性和目标、工具、机制等内部结构要素进行定量分析的方法，利用定量的统计分析方法和工具对研究对象进行处理，最终从统计数据中得出定性结论。针对农业政策内容，本章运用内容分析软件绘制语义网络结构图，以反映政策的主要关注问题和关注强度。

我国政策内容上涉及水土保持、耕地保护（质量与数量）、投入品、废弃物（资源化利用与处理）、水资源管理、产品（无公害产品及绿色产品）、农业生产方式结构调整和一些整体规定的政策措施。采集的政策性文件文本发布年度为新中国成立以来到2019年期间，发布年度能够从时间维度上反映农业绿色发展支持政策的整体演进特征。政策性文件作用对象是指政策所关注的具体问题，包括水土保持、耕地和土壤保护（数量与质量）、投入品的数量与安全、废弃物的资源化利用与处理、水资源管理（节水与污染防治）、产品质量与安全（无公害产品与绿色产品）、农业污染、农业生产方式转变以及一些总体性规定等方面，通过梳理能够反映政策主要内容及关注重点的演进特征。发布主体是指文件制定与颁布的国家机构及其相关部门，通过发布主体的时间序列梳理，能够反映政策制定与执行中国家机构之间的合作程度以及政策部门间在该问题上的协调程度。发布形式则可反映政策的权威性与执行力度。政策工具是指政府所采取的用于推动政策内容贯彻落实的措施和手段，能够反映政府行政管理手段及其有效性特征。

（1）政策发布的年度特征

从图 8－2 可以看出，整体而言新中国成立以来中国农业绿色发展支持政策文件数量总体呈上升趋势。1950 年土地改革建立了农民土地所有制，解放了农村生产力，保障了农民生产的积极性，为新中国的工业化开辟了道路。早期阶段由于农业发展主要关注提高产量、解决农民温饱问题，并兼具支持工业发展的重要任务，因此对绿色发展并不关注，以 1960 年全国农业发展纲要为代表其中为提高农业产量涉及改进耕作方法、改良土壤、开展水土保持等方式以提高产量、扩大生产；1989 年《中华人民共和国环境保护法》的正式实施确立了保护和改善环境，推进生态文明建设，促进可持续发展方面的法律依据。此后农业领域相关政策不断推出，尤其 2015 年以来，中共中央、国务院《关于加快推进生态文明建设的意见》，正式把“绿水青山就是金山银山”写进文件，农业领域绿色发展政策也频频出台，2015 年政策数量达到 23 件，2017 年 25 件。

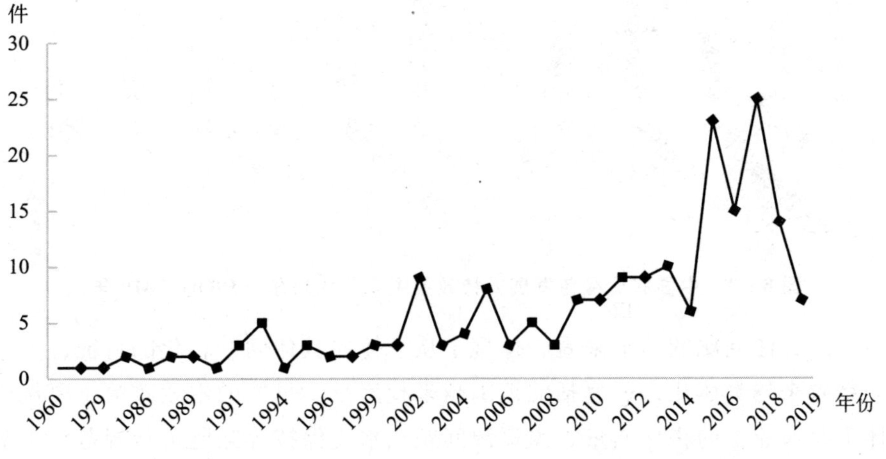

图 8－2　中国与农业绿色发展有关政策年度发布（1960—2019 年）

资料来源：作者根据各网站整理。

（2）作用对象及其变化特征

图 8－3 显示了我国农业绿色发展支持政策的主要关注对象。我国农业绿色发展支持政策关注领域广泛，涉及产前、产中、产后各个环节，既包括对农业绿色发展的总体规范，也包括从耕地资源、水资源、生产中的投入品、生产方式调整、产品安全与质量提升、废弃物的资源化利用以及生态安全与水土保持等方方面面。从结构上来看，一方面，从整体上规范和调整农业绿色发展中的相关问题的政策有 37 项，占到 17.4% 左右；另一方面，土壤问题及耕地的质量和数量是主要关注问题，发布的政策数量为 43 项，占比约 22%；关于化肥、农药、地膜等投入品如何减量增效也是主要关注问题，政策数量为 36 项，占比 18%；农业污染相关政策数量为 22 项，产品安全与质量提升 17 项，水资源 12 项，废弃物资源化利用 12 项等。

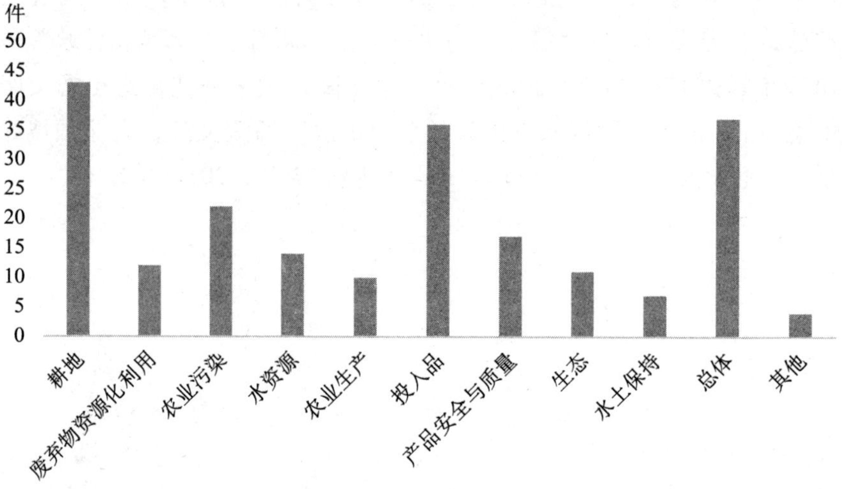

图 8－3 中国农业绿色发展支持政策主要关注对象（1960—2019 年）

从关注问题的演进来看，体现了从总体向具体问题转化的特征，关注问题越来越具体化，所囊括的范围越来越广泛。早期的农业政策主要从整体上对农业中的耕地质量、水资源问题、水土保持等问题进行规范。主要政策法规包括 1960 年颁布《全国农业发展纲要》、1986 年的《中华人民共和国土地管理法》、1984 年的《中华人民共和国水污染防治法》、1989 年《中华人民共和国环境保护法》以及 1991 年《中华人民共和国水土保持法》等。从目前政策来看则包括了耕地与土壤问题、水资源问题、面源污染及废弃物资源化利用问题、投入品及产品安全问题、水土保持与生态问题以及农业生产绿色转型问题等，涉及领域越来越广泛，越来越具体。

耕地与土壤问题、化肥农药等投入品问题是持续重点关注对象。农业的发展离不开土壤，我国农业政策历来关注耕地与土壤问题。早期由于农业的主要目标在于解决全国人民的吃饭问题，因此对土壤与耕地的政策也主要关注保障耕地，保护基本农田，主要的政策文件包括《中华人民共和国土地管理法》《基本农田保护条例》《关于立即制止乱占耕地的通知》等，投入品政策包括加强各种投入品管理的相关政策。随着农业发展目标由增产转向农民增收，对农业生产所带来的环境污染问题、食品安全问题关注度提高，对土壤和耕地问题也从量的关注转向质的提高，并通过减少化肥农药投入化解农业面源污染问题，保障食品安全。代表性政策包括《土壤有机质提升指导意见》《测土配方施肥》《化肥农药施用量零增长行动方案》等。

近年来农业污染问题、废弃物资源化利用问题以及农业生产方式调整问题成为新的关注点。随着农业面源污染和水污染的严重，各种化学投入的大量增加，农业政策逐渐关注如何减少农业污染、废弃物处理以及更侧重如何通过转变农业生产方式增进农业绿色化水平。主要的代表性政策包括 2013 年《畜禽规模养殖污染防治条例》、2015 年《粮食绿色增产攻关支持》、2015 年《进一步加快农作物秸秆综合利用和禁烧工作的通知》、2017 年《中华人民共和国水污染防治法》以及 2018 年《中华人民共和国土壤污染防治法》等。

（3）发布主体特征

①发布主体呈现多主体特征。从演进角度来看，参与主体越来越多样化，早期主要以全国人民代表大会常委会、国务院、农业部、水利部作为主要参与主体，目前则涉及全国人民代表大会常委会、国务院、农业农村部、财政部、环保部、国土资源部、科技部、生态环境部等近 30 个中央和部门主体（机构改革中的变更未做合并处理）。

②联合发布特征明显。总体来看，多部门联合发布占到总政策数量的 38%，从演进的角度呈现从单部门向联合发布演变的特征，2015 年和 2017 年度多部门联合发布占当年发布政策总量 50%，表明各部门之间的

政策协同不断加强（见图 8 -4）。

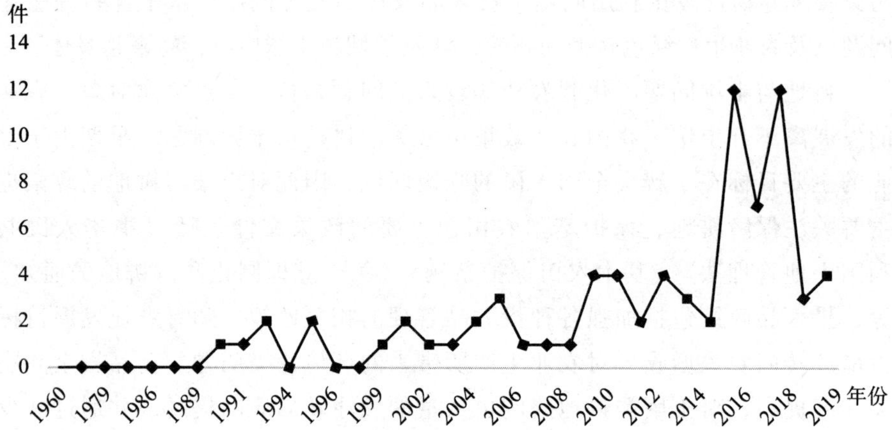

图 8 -4 1960—2019 年历年联合发布情况

③主要的发布主体为农业农村部（包括原农业部）、国务院以及财政部。其中农业农村部（包括原农业部）作为主要职能部门，单独或联合发布政策 130 项；财政部作为资金管理和发放部门涉及政策 20 多项；国务院办公厅以及全国人民代表大会常委会作为较高级别的发布主体则是主要的法律法规的发布机构。

（4）发布形式与效力特征

从我国农业绿色发展支持政策文件发布形式及效力来看，按照效力级别的不同可分为法律、行政法规、部门规章、部门规范性文件和部门工作文件，我国政策法规多集中在部门规范性文件，占到总政策文件量的 50% 以上（见表 8 -1）。

表 8 -1 中国农业绿色发展支持政策类型

	法律	行政法规	部门规章	部门规范性文件	部门工作文件
数量（件）	18	22	16	104	40
百分比（%）	9	11	8	52	20

资料来源：作者整理。

（5）政策工具及演进特征

我国农业绿色发展支持政策以命令控制型政策为主，从文本数量来看达到 155 个，表明政府更倾向于通过行政或法律法规形式规范农业整体发展方向和各环节。经济激励型和社会引导型政策相对均较少，分别为 26 个和 19 个样本，表明我国在对农业绿色发展的经济激励和社会引导有待进一步加强。从演进角度来看，也呈现了从命令控制型政策向经济激励型和社会引导型政策演化的趋势。

8.1.3　演进阶段分析

结合历年政府相关文件、法规的内容分析，按历年政府关注点和重视程度划分，将我国对农业绿色发展的支持政策演进划分为三个阶段：政策意识觉醒期（1978—2004 年）[①]、重视程度提高期（2005—2014 年）、政策创新整合期（2015 年至今）。

（1）政策意识觉醒期（1978—2004 年）：水土保持为主

自 1978 年《中华人民共和国宪法》第一次提出了环境保护问题，1979 年发布《中华人民共和国环境保护法（试行）》、1989 年正式实施，结束了环境保护无法可依的局面。1993 年《中华人民共和国农业法》的颁布及 2002 年的修订，关于农业资源与环境保护作出相应规定，虽然两者相比内容上有所增加，从最早的 5 条内容扩充至 10 条内容，增加了对农药合理使用等方面的规定，但从整体来看，整个法规对环境与资源保护仅仅停留在指导性层面，所用关键词“应当”“必须”等居多，缺乏法律的制约力和执行力。

2004 年政府将工作重心重新落回“三农”问题上，而 2005 年之前中国农业发展主要集中在如何提高粮食产量上。粮食产量从 1987 年的 40297.7 万吨增至 2004 年的 46946.9 万吨，产量提高 16.5%。从图 8 - 5（1）社会语义网络来看，这一阶段农业环境恶化问题并不突出，对农业环境的重视程度也不高，主要的环境问题为水土流失和风沙危害所引起，出台的农业环境政策多为行政指导性文件，缺乏可操作性，尚未形成真正意义的绿色支持政策。1982 年出台《农药安全使用规定》规范农药使用；1991 年颁布《中华人民共和国水土保持法》，规定禁止在 25°以上陡坡地开垦种植农作物；1994 年颁布《中国 21 世纪议程》，确立了农业和农村

① 通过文献的梳理可知，1978 年《中华人民共和国宪法》中第一次涉及环境保护的问题，因此将其作为政策意识觉醒之始。

可持续发展的战略目标和行动方案，支持措施进一步细化。真正意义上的绿色支持政策为1999年开始试点的退耕还林支持政策。截至2005年，国家投入退耕还林资金达751亿元，工程覆盖了全国25个省（区、市）及新疆生产建设兵团，涉及1897个县（市、区、旗）和1300多万农户。1999—2005年，国家共安排退耕还林任务1.35亿亩，荒山荒地造林和封山育林任务2.1亿亩。但是这一阶段退耕还林政策的出台目的是为了解决盲目开山造田所造成的水土流失问题，将不适合耕种的土地放在优先退耕造林的范畴，表明这一时期我国开始考虑到农业对生态环境的影响，逐步将不适应耕种的土地退出，因此将其定义为政策意识的觉醒期。

（2）重视程度提高期（2005—2014年）：向生产全过程过渡

由图8-5（2）社会语义网络图可知，2005—2014年政策制定者环境保护意识上有所提高，从污染治理开始注意污染防治；政策的重点向通过补贴方式促进问题的解决，注重体制机制的完善转变；同时也注重技术指导在问题解决中的作用；从机构来看主要是由国家中央进行政策的制定和实施，加大力度支持引导；主要的政策领域包括耕地、水资源管理以及废弃物处理问题。总体来看，这一阶段农业发展主要关注的仍是如何向土地要产量，但思路已经发生了转变，从过去片面加大投入提升产量向改善土壤质量提升产量转变。改善土壤质量主要通过改善生产过程中的投入环节来实现，政策用于解决如何鼓励施用有机肥和低毒农药，有针对性地予以施肥技术指导（测土配方施肥）、提升土壤有机质，提升土壤质量，增产增收。每年用于测土配方施肥和土壤有机质提升政策的补贴金额达15亿元之多。对于农业废弃物问题的处理开始有所涉及，但政策缺乏可操作性，支持政策主要针对种养业废弃物处理问题（见表8-2）。总体来看，这一时期的绿色发展支持政策体现为临时性、应激性特点，主要是针对农业生产中出现的环境恶化问题而出台，缺乏问题治理的整体性观念。

表8-2　　2005—2014年中国主要支持政策措施

年份	出台政策	补贴资金与政策说明
2005	测土配方施肥试点	在200个产粮大县实施，专项资金2亿元
2006	农业标准化生产支持补助 土壤有机质提升试点	补贴资金2500万元 补贴资金1700万元

续表

年份	出台政策	补贴资金与政策说明
2007	土壤有机质提升试点	补贴资金 3700 万元，试点范围扩大
2008	土壤有机质提升试点	补贴资金 4000 万元，试点范围进一步扩大
2009	土壤有机质提升试点	补贴资金 3990.66 万元，试点范围进一步扩大
2010	土壤有机质提升补贴 测土配方施肥	补贴资金 5.5 亿元 全国范围全面实施
2011	土壤有机质提升补贴 低毒生物农药示范补贴	补贴资金 7 亿元
2012	沙化土地封禁保护补助试点 土壤有机质提升补助政策 测土配方施肥补助政策	 补贴资金 8 亿元 补贴资金 7 亿元
2013	沙化土地封禁保护试点 土壤有机质提升补助 测土配方施肥补助	补贴资金 3 亿元 补贴资金 7 亿元
2014	测土配方施肥补助 耕地保护与质量提升补助政策（土壤有机质提升补助政策） 农业标准化生产支持政策 开展农业资源休养生息试点 高效缓释肥使用补助 低毒低残留农药试点	补贴资金 7 亿元 补贴资金 8 亿元 补贴资金 2340 万元 补贴资金 300 万元

资料来源：作者根据相关资料整理。

（3）政策整合创新期（2015 年至今）：转变生产方式

2014 年颁布的新《中华人民共和国环境保护法》充分显示了中央治理决心和环境目标，这部称为史上最严环境保护法法律条文从原来的 47 条增加到 70 条，内容涉及环境保护的各方面。其中包括农业化肥、农药、重金属、禽畜粪便等的控制和治理。从图 8－5（3）来看这一时期属于绿色发展深入推进的时期，技术作为政策支撑越来越发挥重要作用，资金来源上仍以中央财政为主，通过试点方式推广良好做法。2017 年农业部等八部门出台《关于启动第一批国家农业可持续发展试验示范区建设开展农业绿色发展先行先试工作的通知》，率先在 40 个县推行农业可持续发展和农业绿色发展的先行试验。摸清试验区农业发展资源环境情况，形成一批适宜不同类型特点的农业绿色发展模式和技术集成，进行模式探索和经验总结。2019 年又开始第二批试点区域的申请工作，以期在先行区通过制度机制创新、政策创新为形成农业绿色生产发展提供可推广可复制的经验与发展模式。

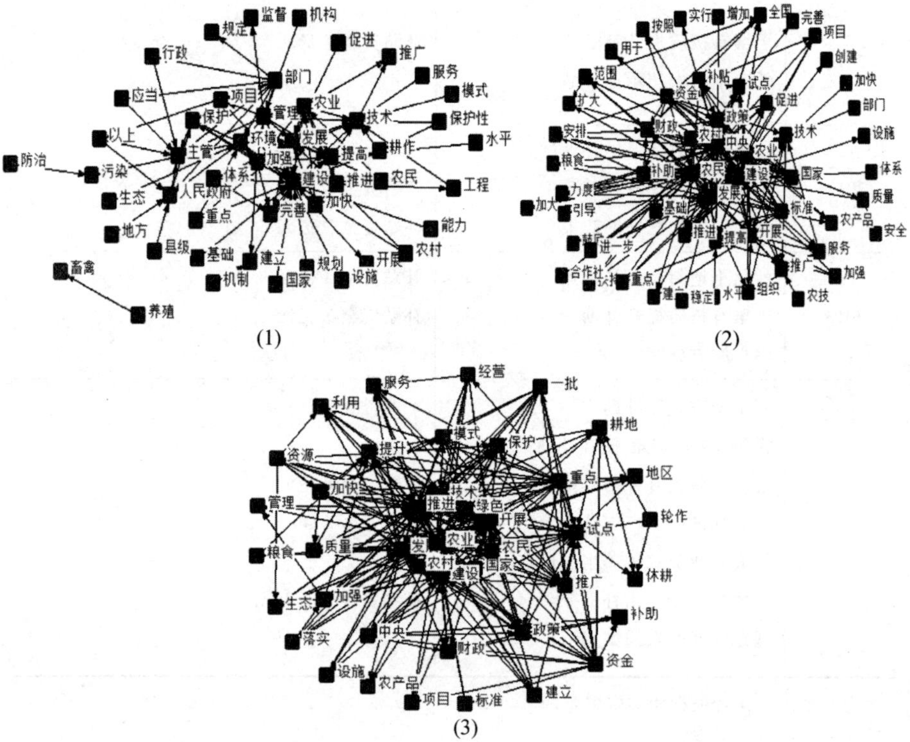

图 8－5　中国农业绿色发展三阶段支持政策社会语义网络变化图

这一时期，政府定位逐渐突出服务导向，加快提升绿色发展的保障水平。2015 年随着农业改革不断深化，关注的问题包括土壤、水资源、废弃物处理以及生产方式转型方面。这一时期出台的绿色农业支持政策，以政策整合和创新为特点（见表 8－3）。

表 8-3　　中国农业绿色发展支持政策的整合与创新

政策特征	具体政策
整合	耕地保护与质量提升补助、测土配方施肥补助、种养业废弃物资源化利用支持政策、农业支持保护补贴政策、农机深松整地作业补助、化肥农药零增长支持政策等
创新	黑土地保护专项、耕地轮作休耕制度试点、有机肥替代化肥试点等

资料来源：作者对相关资料整理。

通过政策的整合创新，目前我国已形成以土壤、水资源、投入品、废弃物为主要关注点并注重通过技术推广、转变生产方式促进问题解决的农业绿色发展的政策支持框架（见表 8-4），以期为“两提两负一减三全”[①]（简称“2213”）的农业绿色发展中长期目标提供支持。具体落实性的政策措施主要是国务院及其部委和领导小组、办公室等所发布的政策文件，而党代会、政府工作报告等均是战略性、指导性政策[②]，因此从政策性质来看，目前我国多指导性政策，下一步政策的落地将是关键所在。

表 8-4　　中国目前农业绿色支持政策框架

支持领域	政策措施
耕地修复与保护	退耕还林、测土配方施肥、耕地保护与质量提升、黑土地保护利用试点、耕地轮作休耕、农业支持保护补贴、农机深松整地作业补助、高标准农田建设等
水资源保护与节约	节水灌溉贷款贴息、膜下滴灌设备补贴试点、旱作农业技术推广补助、水土保持政策、水资源管理、水污染防治、休耕轮作等
投入品绿色化	低毒生物农药示范补贴、高效缓释肥使用补助、化肥农药零增长支持政策、有机肥替代化肥试点
农业生产废弃物处理	种植业与养殖业废弃物资源化利用
生产方式转变	农业标准化生产支持补助、粮食绿色增产模式攻关支持
绿色生产教育培训	百县万名农民骨干科学用药培训

资料来源：根据历年资料汇总整理。

① 两提：提高耕地质量和农业灌溉用水效率，引导节约高效利用水土资源；两负：实现化肥、农药使用量负增长，推进农业投入品科学使用；一减：减少抗生素使用量，规范抗生素使用；三全：秸秆、畜禽粪污和农膜全部资源化利用，确保产地环境更加清洁。

② 黄少安．改革开放 40 年中国农村发展战略的阶段性演变及其理论总结［J］．经济研究，2018，53（12）：4-19.

具体而言，政策的调整与政策措施有以下几个特点：

（1）调整思路兼具整合和创新

一方面开始对现有政策内容和资金进行整合和深化，突出政策重点，以提高政策的效率和精准性。将原土壤有机质提升补贴改为耕地保护与质量提升补助；将原有的支持种植业废弃物资源化利用、养殖业废弃物资源化利用及秸秆饲料化支持政策整合为种养业废弃物资源化利用支持政策；三项补贴合并为农业支持保护补贴，目标调整为支持耕地地力保护和粮食适度规模经营；自 2016 年统筹安排农机购置补贴资金对纳入《全国农机深松整地作业实施规划（2016—2020 年）》的省份在适宜地区开展农机深松整地作业补助试点项目。另一方面，针对一些疑难问题，尝试进行政策创新，提高政策精准性。这一时期针对东北地区黑土地保护问题推出黑土地保护试点；针对部分地区土壤污染等问题开展耕地轮作休耕；2017 年启动农业绿色发展五大行动，开展有机肥替代化肥试点等。

（2）政策内容更具综合性

政策内容将重点由生产环节向包括产前、产中、产后的综合治理扩展，形成产前技术研发支持、产中投入品绿色化支持、产后废弃物处理支持的全方位支持模式；不仅关注生产环节，也将生产方式的转变放在重要位置，以绿色技术推广助力农业绿色发展，代表性政策包括旱作农业技术推广补助、粮食绿色增产模式攻关支持等，表明我国农业绿色支持政策的思路发生重大调整，更加注重农业环境治理的综合性，把工作重心真正放在如何转变农业生产方式，实现农业绿色发展上来。

（3）支持形式多样化

这段时期的政策支持形式与先期相比也出现一些新特点：一方面多目标政策形式增多，如直补中的耕地地力保护补贴，将补贴的发放与地力不下降、土地不撂荒等保护地力要求挂钩，既满足该补贴作为直接补贴政策保障农民收入为基本目标的要求，也在一定程度上对保护耕地资源起到积极作用；类似的旱作农业技术推广补助政策将补助的发放与农民回收地膜挂钩，推广相关技术的同时有利于地膜污染问题的化解。另一方面政策形式多样化，以奖代补政策、政府购买服务、针对生产企业的税收优惠等政策形式增多，以充分调动各方积极性。

8.1.4　演进特征

从我国农业绿色支持政策发展的三阶段分析对政策演进特征进行总结：

（1）政策目标由单一向多元化转变

早期由于粮食短缺，为了解决吃饭问题，支持政策目标锁定在提高粮食产量。随着温饱问题的解决，又将增加农民收入作为重要的支持目标之一。在新时期乡村振兴背景下，政策目标进一步拓展，向农产品安全、增产增收、保护生态环境、农村的可持续发展等多元目标转变。政策目标的多元化转变，表明我国农业农村改革的不断深入，农业农村发展不断融入新时代改革中。

（2）支持方式由行政指导向经济激励与政策引导相结合转变

由政策的演进梳理来看，最初的支持体现在早期的"中央一号文件"中，多使用"鼓励""支持"等用语，缺乏具体可操作性支持措施，且由于考核监督机制的缺位，一些要求政府或农业主管部门"应当"采取措施的规定也无法落实，对政府部门的职责约束力不强①。目前我国的支持方式主要以经济支持与政策引导相结合，通过直补、项目申报、加强基础建设等方式予以支持。支持手段不断创新，支持方式不断细化，可操作性越来越强。

（3）支持范围由水土利用向全生产过程转变

随着环境问题的恶化以及国力增强背景下政府和人们环保意识的增强，支持范围由片面的水土问题（仅限于水土流失问题——水土保持）到包括投入品在内的水土问题延伸至整个生产过程的关注即产前（土壤及水资源问题）——产中（化肥农药等投入品问题）——产后（废弃物处理问题），以此保证农业生产的可持续性和产品的安全性（见图 8 - 6）。

（4）支持对象由部分农民向包括生产企业、农民、技术推广者多主体转变

早期由于实施政策的有限性，支持对象仅限于部分退耕还林还草的农业生产者，受益面较窄，政策对整体环境改善的效果也不明显。目前支持

① 李亮．农业立体污染防治与中国农业补贴立法［J］．求索，2013（11）．

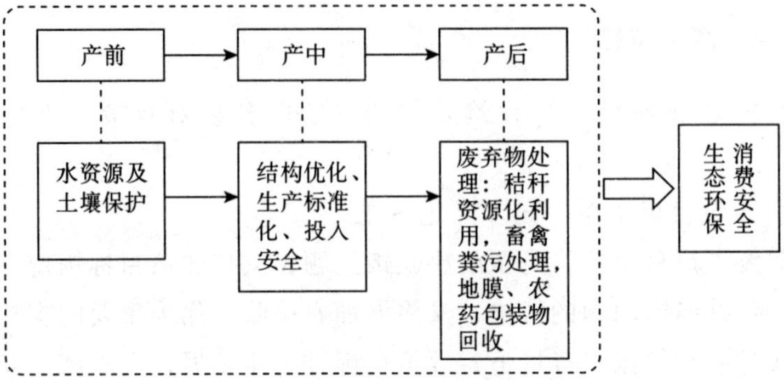

图 8－6　中国农业绿色发展支持范围

对象既包括采取地力保护的广大生产者，也包括各种新型经营主体以及投入品生产企业和技术推广主体。支持对象趋于多元化表明我国的支持手段与支持思路的巨大转变，更倾向于采取综合多方位支持以整体改善农业绿色发展问题。

（5）支持重点由产量支持向支持效率提高转变

由于我国人多地少的资源情况，农业担负着保证国计民生的重任。由于生产力水平低下，早期对农业的支持更注重如何提高产量，较少关注资源的休养生息，大量投入化肥农药等化学品以提高产量，进而造成了严重的环境污染问题。随着生产力水平的提高对农业资源的利用由注重支持产量提高向注重支持效率提高转变，从片面向土地要产量开始向如何在尊重自然规律的前提下提高产量和质量转变。近年来，由于经济水平的提高、环保意识的增强，则更注重如何通过支持手段的创新和资金的整合提高资金的利用效率。

（6）支持力度不断加大

一方面，随着我国经济水平的提高，政府环境意识的增强，越来越多的财政资金用于绿色支持。根据 OECD 统计整理 1996 年我国对农业绿色支持为 5.94 亿美元，2017 年增至 138.45 亿美元，上涨 22 倍多。另一方面，通过现有资金的整合提高精准支持力度。近年来通过资金的整合以及金融手段来撬动更多的资金提高支持力度。2016 年财政部、农业部印发《建立以绿色生态为导向的农业补贴制度改革方案》对提高农业补贴政策的精准性、指向性和实效性，建立以绿色生态为导向的农业补贴政策体系和激励约束机制进行明确。

8.2　中国农业绿色发展主要政策措施

我国目前农业绿色发展支持政策覆盖到耕地保护、种养业生产安全和废弃物资源化利用、水土保持、生产方式转变等方面。

8.2.1　耕地保护政策

耕地质量和数量是农业生产的基础和保障，目前我国在耕地保护方面出台支持政策较多，包括测土配方施肥、耕地保护与质量提升补助、黑土地保护补助试点等。

（1）测土配方施肥

由于耕地资源的稀缺，在增产目标要求下，只能不断通过加大投入向有限的耕地要产量。另外，由于积造有机肥料的劳动强度大，手段落后，农民对土地利用存在短期行为，普遍存在重化肥轻有机肥、重用地轻养地的现象。大量使用化肥，中国不到世界耕地总面积 10% 的耕地面积，化肥施用量接近世界总量的 1/3，化肥综合利用率仅为 30% 左右（于法稳，2016）。大量化肥农药的使用造成土壤板结严重、土壤质量大幅下降、作物营养供给失调等问题。为纠正化肥施用盲目过量、肥料比例结构不合理等现象，有针对性地提升土壤质量，2005 年 4 月，农业部开展测土配方施肥春季行动（农发〔2005〕8 号），建立测土配方施肥专项补贴，共投入 2 亿元，在全国 200 个县（市、区）开展第一批试点工作（罗小娟，2014）。截至 2016 年年底，中央财政累计投入资金 92 亿元，在全国 2498 个农业县（场）开展测土配方施肥。补贴资金主要用于补贴采样测试、田间试验、示范展示、配方制定、施肥指导、数据库建立、地力评价、技术培训和组织管理等环节。

（2）耕地保护与质量提升补助（原土壤有机质提升补助）

针对提升耕地质量问题，2006 年农业部开展土壤有机质提升试点，通过秸秆腐熟还田、绿肥种植和商品有机肥补贴，有效培肥土壤，提高耕地质量，增加作物产量，改善产品品质。补贴对象包括实施秸秆还田、地力培肥、绿肥种植和大豆接种根瘤菌的农民合作社、种粮大户和农户。自实施以来，试点范围不断扩大，资金不断提高。2010 年在全国范围内全面铺开，支持资金达 5.5 亿元。2014 年该补贴改为耕地保护与质量提升补助，在全国部分县（场、单位），开展耕地质量建设试点。按照因地制宜、分类指导、综合施策的原则，推广应用秸秆还田、增施有机肥、种植绿肥等技术模式（见表 8－5）。

表 8－5　　耕地保护与质量提升补助标准

补贴范围	补贴对象	补贴行为	补贴标准
秸秆还田补贴	农民专业合作社、种粮大户、个体农户	应用秸秆还田腐熟技术，购买秸秆腐熟剂	每亩补贴 15 元，施用量 2 公斤/亩
地力培肥补贴	农民专业合作社、种粮大户、个体农户	应用秸秆还田、增施有机肥、种植绿肥作物等集成技术	每亩 30 元补贴资金。对广东省农垦总局增施有机肥，给予每亩补贴 20 元补贴资金
绿肥种植补贴	绿肥种植示范区农民专业合作社、种粮大户、个体农户	购买种子和根瘤菌剂	每亩补贴 15 元

资料来源：作者整理。

（3）黑土地保护试点

针对东北地区长期高强度开发利用，黑土区耕地长期透支，地下水超采严重问题，2015 年出台黑土地保护专项政策，试点面积 90.5 万亩，2016 年在东北四省区 17 个县（场）继续开展黑土地保护利用试点，探索黑土地保护利用的技术模式和工作机制，综合运用复合型农艺措施，遏制黑土退化趋势。政策采取“先干后补”的方式，补贴内容包括秸秆还田、堆沤有机肥、施用有机肥、推广应用测土配方施肥技术、粮豆轮作及建立耕地质量监测评价体系等。2016 年农业部印发《东北黑土地保护规划纲要（2017—2030 年）》保证了政策的持续性和稳定性。吉林省 2018 年 3 月出台《吉林省黑土地保护条例》，作为我国首部黑土地保护的地方性法规，从地方层面加强黑土地保护政策的实施（见表 8－6）。

表 8－6　　　　　　　　　　黑土地保护补贴内容

补贴对象	补贴行为	补贴标准
农民专业合作社、种粮大户、家庭农场、个体农户、社会化服务组织等	秸秆还田、秸秆翻压（埋）还田作业	补助 100 元/亩
种养大户、农民合作社、社会化服务组织等	通过购买服务，鼓励畜禽粪便及秸秆堆沤有机肥	—
种养大户、农民合作社、有机肥生产企业等	商品有机肥施用，施用有机肥（含腐熟堆沤有机肥及商品有机肥等）	补助 150 元/亩
种养大户、农民合作社、社会化服务组织、有机肥生产企业倾斜	推广应用测土配方施肥技术，施用缓控释肥料、中微量元素肥料、微生物肥料、土壤调理剂	补助 50 元/亩
种养大户、农民合作社、社会化服务组织、有机肥生产企业倾斜	施用水溶性肥料	补助 100 元/亩
种粮大户、农民合作社等	粮豆轮作	补助 500 元/亩
县级实施单位	建立耕地质量监测评价体系	补助 120 万元/县（其中购置设备及田间监测 100 万元，黑土地保护技术指导与研究补助 20 万元）

资料来源：作者整理。

（4）耕地轮作休耕

2016 年 5 月，根据党的十八届五中全会建议，在开展实地调研并组织专家深入研究的基础上，农业部拟定《耕地轮作休耕制度试点方案》，探索实行耕地轮作休耕制度试点，实施耕地的休养生息。

在“镰刀弯”地区，探索建立粮豆、粮油、粮饲等轮作制度。具体试点范围包括东北冷凉区、北方农牧交错区，试点面积 500 万亩；补助原则以保证农民种植收益不降低为基本原则，补贴标准为每年每亩 150 元。

另外，通过季节性休耕和年度性休耕对耕地进行保护。季节性休耕试点区域以河北省黑龙港地下漏斗区为主，探索季节性休耕模式，以保证农民种植收益不降低，不影响农民收入方式为补贴原则。先期选择100万亩作为试点，平均每亩每年补助500元；在湖南省长株潭重金属污染区、西北石漠化区以及西北生态严重退化地区，探索年度性休耕模式，试点面积2万亩到10万亩不等，平均每年每亩补贴800—1300元。通过休耕模式促进资源永续利用和农业持续发展（见表8－7）。2018年，轮作休耕补贴资金50亿元，面积扩大到2400万亩。

表8－7 轮作休耕补贴

政策实施	轮作	休耕	
		季节性休耕	年度性休耕
试用区域	东北冷凉区、北方农牧交错区	河北省黑龙港地下漏斗区	湖南省长株潭重金属污染区、西南石漠化区、西北生态严重退化区
面积	500万亩	100万亩	10万亩、4万亩、2万亩
补助原则	与不同作物收益平衡点相衔接，保证农民种植收益不降低	与原有种植收益相当，不影响农民收入方式	
补助标准	150元/亩/年	500元/亩/年	800元—1300元/亩/年

资料来源：作者对相关资料整理。

（5）农业支持保护补贴

2016年农业部印发《关于全面推开农业“三项补贴”改革工作的通知》，对种粮直补、农资综合补贴、良种补贴三项补贴进行改革，合并为农业支持保护补贴，目标调整为支持耕地地力保护和粮食适度规模经营。该补贴旨在以绿色生态为导向，引导农民切实加强农业生态资源保护，自觉提升耕地地力。其中用于耕地地力保护的包括80%的农资综合补贴、种粮直补和良种补贴，属于绿色发展补贴范畴。补贴对象为拥有耕地承包权的种地农民，并对农民提出耕地不撂荒，地力不降低的要求。补贴方式为补贴资金与耕地面积或播种面积挂钩，以现金直补到户。

三项补贴作为我国农业补贴中普惠性的直接补贴方式，从改革内容来看开始向与生产方式转变和注重环境保护的方向转变，但是由于在具体实施中并没有制定具体的具有可操作性的法律规定，对农民没有法律约束，因此对生产方式转变和环境保护的效果还有待考证。另外，政策由于与产量脱钩，属于脱钩直补范围，也成为我国农业支持政策黄转绿的政策性尝试。

（6）农机深松整地作业补助试点

土壤深松对提高土壤蓄水能力，减少风蚀，缓解地表径流对土壤的冲刷，减少水土流失，有重要作用。自 2016 年开始纳入《全国农机深松整地作业实施规划（2016—2020 年）》的省份可从中央财政下达各省（垦区）的农机购置补贴资金中统筹安排资金在适宜地区开展农机深松整地作业补助试点项目，项目采取“先作业后补助、先公示后兑现”的方式，以项目区内自愿实施农机深松整地的农民（包括农场职工），或者开展农机深松整地作业的农机服务组织（农机户）为补助对象。补助标准可由各有关省（垦区）结合本地农机深松整地的技术模式、成本费用、农民意愿、规划任务等因素自主确定。通过农机深松整地作业补贴起到激励生产者自觉选择对环境有益的生产方式的目的，起到积极引导作用。

（7）高标准农田建设资金

2019 年“中央一号文件”提出要严守 18 亿亩耕地红线，到 2020 年建成 8 亿亩高标准农田的明确目标。根据自然资源部印发的《高标准基本农田建设规范》，高标准农田是指土地平整、集中连片、设施完善、农电配套、土壤肥沃、生态良好、抗灾能力强，且被划定为永久基本农田的耕地。2018 年农业农村部公布拟激励省份，主要对江苏、安徽、江西和海南省进行。4 省份共安排 1 亿—2 亿元高标准农田建设资金，亩均财政资金投入 1500 元以内。申请该补贴，农田规模需要不低于 5000 亩，丘陵山区不低于 2000 亩。因为一般小农户很难达到补贴规模，因此这一补贴有明确的补贴对象，即专业大户、家庭农场、农民合作社等新型经营主体，当然小农户也可通过加入农民合作社的方式受益于该补贴。

8.2.2　水资源保护政策

我国是淡水资源紧缺国家之一，人均水资源占有量不足 2100 立方米，仅为世界平均水平的四分之一。农业作为用水主要领域，国家高度重视水资源的保护和节约。

水资源污染的防治主要通过减少化学品投入、农业废弃物合理化处理等措施减少面源污染。因此相关政策分析放在投入品和废弃物绿色化支持政策中进行分析。本节主要分析我国目前的节水支持政策。

水资源节约一方面通过旱作节水农业发展力图减少水资源利用；另一方面则通过休耕和产业结构调整方式减少耗水量。

（1）膜下滴灌补贴试点

2005 年农业部制定《膜下滴灌设备补助试点资金管理办法》，为鼓励和支持农民使用先进节水设备，推动农业水资源节约和综合利用，对农民购买节水设备进行补助试点。购买采取农民和财政补贴共同承担方式，农民自愿购买。对于购买农民在收齐自付部分后连同财政补助一起向确定的供货企业下单购买，并由供货单位负责安装、调试和使用培训。对于该补贴比例依据各省市情况自行确定。补贴实施效果来看，韩莉（2018）对张家口宣化县引进示范推广的春玉米膜下滴灌水肥一体化技术进行了测算，通过与普通田对比而言，示范田需要增加的成本包括地膜、滴管管带、施肥器、增加的种子用量成本等费用，而节省的费用主要是人工费、水电费，但同时增加了生产资料费用。总体计算，膜下滴灌水肥一体化技术实现每亩节本增效 763.9 元。吴玉秀（2018）对新疆玉米膜下滴灌节水技术经济效益分析得出采用膜下滴灌技术每公顷增加物化成本投入 2610 元，产量增加收益每公顷为 1358 元，虽然投入滴管系统使成本增加，但由于新技术的使用，农机、肥料及人力等投入会呈现减少趋势。

（2）旱作农业技术推广

2014 年开始，农业部与财政部联合实施旱作农业技术推广项目，每年中央财政安排 10 亿元资金用于支持河北等 10 省区开展以地膜覆盖为主的旱作农业技术推广。2016 年，农业部印发《推进水肥一体化实施方案（2016—2020 年）》，要求各地根据自身自然条件，推广膜下滴灌、微喷灌、集雨补灌等水肥一体化模式。国务院 2016 年出台《关于推进农业水价综合改革意见》，通过农业用水定额管理，实施农业用水的奖惩制度，超定额部分逐步实行累进加价制度，限制农业用水。定额内用水则予以补贴，对采取节水措施、调整种植结构节水的规模经营主体、农民用水合作组织和农户给予奖励。对地下水超采区，通过季节性休耕，适当压缩小麦耗水量大的种植品种，并加大节水农艺和节水品种的推广，减少用水量。

2018年河北省农业厅发布《2018年度河北省地下水超采综合治理农业项目实施方案》，通过节水品种及配套技术推广补贴、旱作雨养种植试点和季节性休耕等项目给予农户节水支持。项目实施共涉及84个县市区。具体补贴中，小麦节水品种及配套技术推广补贴，每亩物化补助70元，在保定、沧州等67个县市区实施，补贴对象为农户与相关企业；旱作雨养种植项目每亩补助800元，在深层地下水漏斗区的衡水、沧州、邢台和邯郸有关县区实施试点，改抽取地下水灌溉的水浇地为旱作雨养农田，补贴对象为实施旱作雨养种植的农户；季节性休耕每亩补助500元，在廊坊、保定、衡水等45个县市区实施，休耕期间支持农民种植油菜等绿肥作物不浇水、不收获，直接翻耕入田以减少地表裸露培肥地力。

8.2.3 种养业投入绿色化支持政策

农业生产中间投入环节是影响土壤质量、水质量以及食品安全的关键环境，也是我国近年来缓解农业面源污染的重要领域。为此，2015年农业部下发《到2020年化肥农药使用量零增长行动方案》，减少中间化学投入，提高化肥农药利用率，为农业生产投入绿色化确定了发展目标。

（1）果菜茶有机肥替代化肥试点

水果、蔬菜、茶叶等园艺产品的化肥用量占到农用化肥用量的40%，是推进化肥减量潜力最大的领域（叶贞琴，2017）。2017年农业部启动农业绿色发展五大行动，结合实施测土配方施肥、耕地保护与质量提升、东北黑土地保护利用试点等项目，通过物化补贴的方式，支持农民增施有机肥、秸秆还田、种植绿肥。2017年采取整县推动方式，共选择100个县进行试点，每个县支持1000万元，同时部分省财政也通过安排专项资金，引导农民购买和应用商品有机肥，降低化肥用量，实现有机肥替代。2018年试点范围扩展至150个县，鼓励增施有机肥，改善土壤环境。

（2）高效低毒农药补贴

为支持高效低毒低残留农药推广，农业部2011年启动低毒生物农药示范推广补助项目，对农民使用低毒生物农药进行补贴，2015年项目实施范围扩大到17省（市）40个市（县），示范推广面积扩大到4万多亩。但从实施效果来看并不明显。原因有多方面，包括农户更关心农作物产量而非质量、农户了解程度较低等有关（王士海，2018）。地方政府也尝试开展农药减量补贴如北京对设施蔬菜补贴，要求以全程绿色防控技术为核心，以绿控产品补贴为手段，对使用天敌、生物农药及理化诱控、授粉昆虫、高效低毒低残留化学农药等绿控产品的生产者，给予一定比例的限额补贴。

8.2.4 农业生产废弃物处理

农业废弃物包括农业生产过程中产生的秸秆、畜禽粪便、菜叶、果壳等有机类物质以及地膜残留等白色废物。随着我国经济的快速发展，农业生产规模化集约化程度提高，农业废弃物也逐年增多，我国成为农业废弃物产出量最多的国家。我国农业生产废弃物处理政策主要包括秸秆回收利用、畜禽废弃物资源化利用以及地膜回收和废弃包装物回收等方面政策。

（1）畜禽废弃物资源化利用

庞大的农业废弃物不仅对地表水、地下水和空气造成污染，也成为病菌传播的源头，危害农田生态环境。而农业废弃物作为物质和能量载体，蕴含着巨大的能源和多种营养物质。因此2012—2015年，农业部联合国家发展和改革委员会、财政部在甘肃、新疆等10个省（区）和新疆生产建设兵团的229个县（区、团场）累计投资9.01亿元用于支持种植业废弃物资源化利用。2017年国务院办公厅启动中央财政畜禽粪污资源化利用试点，实施种养业循环一体化工程，整县推进畜禽粪污资源化利用。从现有政策来看，并没有针对性的补贴政策，主要的补贴资金来自既有项目资金统筹如农机购置补贴资金或果菜茶有机肥替代化肥资金。鼓励地方政府利用中央财政农机购置补贴资金，对畜禽养殖废弃资源化利用装备实行敞开补贴。

（2）秸秆回收利用政策

作为农业大国，我国每年产生的作物秸秆超过9亿吨，但在我国作物秸秆废弃和焚烧现象严重。直接焚烧不仅造成资源的浪费，还带来严重的污染问题。早在2008年国务院办公厅发布《关于加快推进农作物秸秆综合利用意见》，提出加快解决秸秆回收利用问题。2015年，农业部环保部进一步加快推进农作物秸秆综合利用和禁烧工作通知，提出各地可根据实际情况，统筹各方面资金加大秸秆有机肥、秸秆还田、秸秆养畜补贴力度以及对秸秆综合利用项目给予支持。秸秆焚烧严重的地区，要加大财政性资金支持力度，用于秸秆综合利用和禁烧工作。2016 年针对环京津冀地区通过整合和调整安排预算资金 10 亿元，选择作物秸秆焚烧问题突出的河北、山西、内蒙古、辽宁、吉林、黑龙江、江苏、安徽、山东、河南 10 省（自治区）开展农作物秸秆禁烧综合利用试点。2018 年在《2018—2020 年农机购置补贴实施指导意见》中提出优先保证秸秆还田离田等支持农业绿色发展机具补贴。

除此之外，各地也纷纷出台秸秆综合利用政策。黑龙江 2018 年统筹 10 亿元左右资金，用于秸秆综合利用，实施亿亩秸秆还田行动；江苏 2018 年省级财政投入 9.6 亿元，对秸秆利用按量补助，实施秸秆机械化还田、秸秆肥料化、能源化、原料化、饲料化和基料化等“五化”利用；四川 2018 年提出从财政支持、税收优惠、金融支持、土地支持、电力支持及科技支持等方面加强对秸秆综合利用的支持力度。

从目前支持政策来看，资金支持主要集中在秸秆还田补贴（包括农机补贴）和综合利用上。由于属于各地政府统筹安排的项目，因此各地补贴标准和力度也有所差异。如 2018 年安徽省按品种不同秸秆禁烧和综合利用从 10 元/亩到 20 元/亩不等，根据地区差异省财政补贴力度也从 30%—70% 不等，其余部分由各市、县财政配套；湖南则对补贴对象规模进行限定要求 100 亩以上种植大户等才可申请，补贴标准为每亩 20 元、10 元不等；天津对利用方式进行了规范，不同利用方式补贴标准有所差别，对两茬平作小麦、玉米秸秆机收同步粉碎还田作业按 5 元/亩配置补贴资金，而开展单季作物秸秆隐患清理、秸秆离田机械化作业补助为 20 元/亩。

（3）地膜回收补贴

由于地膜覆盖栽培可改善土壤和近地面的温度和水分状况，起到提高土壤温度、保持水分、提高成活率、促进生产发育以及减少杂草和蚜虫的危害的作用，自 1979 年引进后，地膜技术在我国农业种植中广泛使用，但其废弃物也成为农村地区土地污染的主要原因之一。普通地膜很难分解，残留地膜将影响土壤结构，阻碍农作物对水分和养分的吸收，而由于地膜本身成本低，回收又费时费力，农民不愿意回收，造成地膜回收率不足三分之二，污染问题严重。为改善农村土地污染情况，遏制白色污染，

2017年农业部提出农业绿色发展五大行动，其中之一即为以西北地区为重点的农膜回收行动。2017年农业部发布《农膜回收行动方案》，在甘肃、新疆等地区建设100个治理示范县，采取整县推进综合治理模式。从政策实施来看有些地区采取按亩补贴，有些则按回收数量补贴，补贴标准也存在较大差距。与此同时，2018年5月修订《聚乙烯吹塑农用地面覆盖薄膜》，实施农用地膜强制性国家标准，提高地膜厚度下限，从源头上规范，有利于地膜机播作业和回收再利用。

8.2.5 退耕还林政策

（1）政策出台背景及目的

1998年特大洪水之后为了从根本上改变我国生态环境急剧恶化的状况，1999年我国政府作出了“退耕还林、封山绿化、以粮代赈、个体承包”的战略决策，选择川、陕、甘作为试点省份实行退耕还林工程，并于2000年3月，将试点扩展至17个省（区、市）。2001年3月，作为西部大开发的重要内容，退耕还林试点进一步扩大到中西部地区的20个省（区、市）和新疆生产建设兵团。2002年，国家发布《退耕还林条例》，正式在全国全面启动退耕还林工程。

（2）政策手段

作为强制性、补偿性的支持政策，为保障该工程的顺利进行，国家无偿向退耕户提供粮食、现金和种苗补助。具体补助范围、补助方式和年限如表8-8所示。优先安排江河源头及其两侧、湖库周围的陡坡耕地以及水土流失和风沙危害严重等生态地位重要区域的耕地。在停止粮食和现金补助后，不再征收农业税；退耕还林还草任务完成后，由当地政府依法发放林草权属证书，明晰权属，使农民退耕后可以安心从事林草管护和其他生产，为防止复耕提供法律保障。

表8-8 退耕还林还草补助

补助范围	水土流失严重的；沙化、盐碱化、石漠化严重的；生态地位重要、粮食产量低而不稳的区域，优先考虑江河源头及其两侧、湖库周围的陡坡耕地以及水土流失和风沙危害严重等生态地位重要区域的耕地

续表

<table>
<tr><td rowspan="3">补助方式</td><td>粮食：黄河和海河流域每亩退耕地每年 100 千克，长江和淮河流域每亩退耕地每年 150 千克。补助粮食一般为小麦原粮，必须达到国家规定的质量标准</td></tr>
<tr><td>现金：每亩退耕地每年补助现金 20 元</td></tr>
<tr><td>种苗：每亩一次性补助 50 元。宜林荒地荒山、荒滩、荒沙造林补助标准，只补助种苗和造林费，每亩一次性补助 50 元</td></tr>
<tr><td>补助年限</td><td>还草补助 2 年，经济林 5 年、生态林 8 年</td></tr>
</table>

资料来源：作者根据相关资料整理。

8.2.6 生产方式转变政策

生产方式是特定生产力与生产关系的统一，是具体的、历史的[①]。生产方式是生产力的社会和技术结合方式，是生产关系的基础（于金富，2014）。党的十九大报告提出建设美丽中国其实质就是发展，其根本任务就是要推行绿色生产方式，实现农业绿色发展。加快农业生产方式的转变是促进农业绿色发展的重要途径。新型农业生产方式追求农业的生产绿色化，注重提质增效，以规模化、集约化、绿色化、社会化、工业化为基本特征的现代农业生产方式（魏后凯等，2018）。

（1）粮食绿色增产模式攻关支持政策

原有高投入增产模式难以为继，为促进农业生产方式的转变，2015 年 2 月，农业部通过《关于大力开展粮食绿色增产模式攻关的意见》，积极探索粮食绿色增产模式。该意见旨在通过集成推广高产高效、资源节约、环境友好的技术模式，促进生产与生态协调发展，探索有中国特色的粮食可持续发展之路。该政策以地区为单位，通过组织不同行业不同学科专家优势，协调有关科研、推广机构共同开展攻关。支持资金主要统筹增千亿斤粮食生产能力建设、农业综合开发、现代农业发展资金等项目资金，向重点行动实施区域倾斜；扶持粮食生产和重大技术补助财政项目资金，优先支持开展重点行动；增加信贷、保险等扶持政策，撬动社会资金

① 戴丽．新中国成立以来农业生产方式演变及发展趋势［J］．大连海事大学学报（社会科学版），2018，17（5）：107 – 113.

开展重点行动。由此可以看出，该政策主要以现有政策统筹为主，其目的是发挥其政策导向作用，进行政策细化和政策创新是未来发展的方向。

（2）农业标准化生产补贴

促进农业生产标准化方面，中央财政自2006年安排财政资金补助农业标准化实施示范工作，通过标准化生产技术培训与推广、示范产品标准体系完善、统一的农业投入品合理使用制度、质量安全监测以及质量安全追溯建设等推进和带动示范区及周边农产品生产标准化，提高农业效益和农民收入。该补贴以示范县整体推动为主，由符合条件的示范县或农场进行申请，并对示范产品范围和规模作出规定，每年财政支持资金2050万元左右，如2010年为蔬菜、水果、茶叶、奶牛、肉牛、蛋鸡、生猪、水产品等八大类“菜篮子产品”，资助40—50个县，每个示范县财政支持50万元。

8.2.7 教育培训

农民素质的高低，在促进农业绿色发展中起到关键作用。自2015年，农业部种植管理司与全国农业技术推广服务中心联合开展百县万名农民骨干科学用药培训行动，先后在200多个县举办600多期培训班，用以培训新女性农业经营主体和病虫防治服务组织技术骨干6万人次，增强农民安全用药意识，提升科学用药水平，并通过示范效应在省级地级范围内也通过教育培训的方式对当地农民进行培训。实际对农民的教育培训主要是在地方层面进行，顺应农民需求，更具针对性。但总体而言，我国在农民绿色发展相关的教育培训还有很多亟待改善的方面，从绿色观念意识的教育到绿色技术的培训需要将农民培训规范化、制度化。

通过政策的整合创新，目前我国已形成以土壤、水资源、投入品、废弃物为主要关注点并注重通过技术推广、转变生产方式促进问题解决的农业绿色发展的政策支持框架（见表8－9），以期为“两提两负一减三全”（简称“2213”）的农业绿色发展中长期目标提供支持。具体落实性的政策措施主要是国务院及其部委和领导小组、办公室等所发布的政策文件，而党代会、政府工作报告等均是战略性、指导性政策（黄少安，2018），因此从政策性质来看，目前我国多指导性政策，下一步政策的落地将是关键所在。从支持政策结构来看，多数政策直接针对土壤问题，水资源的可操作性政策较少，且水资源政策主要以减少水资源污染问题为主，主要节水政策为 2015 年以来出台的系列节水灌溉政策文件，这些文件仍多以鼓励、指导等原则性规定为主，缺乏可具体操作的支持性政策，旱作农业节水补助仅在部分地区实施。

表 8-9　　中国目前农业绿色支持政策框架

支持领域	政策措施
土壤修复与保护	退耕还林、测土配方施肥、耕地保护与质量提升、黑土地保护利用试点、耕地轮作休耕、农业支持保护补贴、农机深松整地作业补助、高标准农田建设等
水资源保护与节约	节水灌溉贷款贴息、膜下滴灌设备补贴试点、旱作农业技术推广补助、水土保持政策、水资源管理、水污染防治、休耕轮作等
投入品绿色化	低毒生物农药示范补贴、高效缓释肥使用补助、化肥农药零增长支持政策、有机肥替代化肥试点
农业生产废弃物处理	种植业与养殖业废弃物资源化利用
生产方式转变	农业标准化生产支持补助、粮食绿色增产模式攻关支持
教育培训	百县万名农民骨干科学用药培训

资料来源：根据历年资料汇总整理。

8.3　中国农业绿色发展支持政策面临的问题

8.3.1　农业绿色发展支持政策体系不完善

（1）法律制度建设不完善

2016 年，我国把“农业绿色发展”首次写入“中央一号文件”，指明了我国农业现代化的绿色转型路径。2016 年经中央深改组审议通过并由财政部和农业部印发的《建立以绿色生态为导向的农业补贴制度方案》与 2017 年中共中央、国务院办公厅印发《关于创新体制机制推进农业绿色发展的意见》，共同构建起了新阶段支持和推动农业绿色发展的制度框架。但是从支持政策的执行角度还缺乏可操作性。我国的农业国内支持立法缺乏长期规划，支持对象和支持数额随意性较大，缺乏“法律层面”

的“硬性约束”①。反观美国和欧盟，均通过农业法案（美国的农业法案和欧盟的共同农业政策）的方式稳定支持政策和支持资金。通过法律法规对支持政策目标、预算安排、政府执行机构的职责范围都作了详尽而具体的规定。行政机构必须在授权的范围内行使职责，从而使政策的实施有了法律保障。以立法的形式确定支持政策和支持资金，有利于政策的延续性，同时也会对政策实施对象形成稳定的政策预期，引导其参与行为。

（2）支持政策体系缺乏层次性、系统性

从我国目前农业绿色发展支持政策的梳理可以看出，政策措施不可谓不多，涉及范围不可谓不广。但是我国农业绿色发展支持政策主要集中在土壤保护上，支持政策有七八项之多，而对于水资源尤其节水支持政策数量较少，农民教育培训方面支持政策缺乏，且政策之间缺乏必要联系。支持政策工具往往针对具体问题而设定，覆盖面窄，功能性较差，甚至功能叠加；政策缺乏整体性和系统性，使政策效率大大降低。在政策实施过程中，多强制措施、缺少鼓励引导，造成激励扭曲。而欧盟与美国，通过历次改革，将专注末端治理的政策导向转变为根源性立法行动，为欧盟与美国完善的支持政策体系提供了重要支撑，因此我国目前亟待加强政策体系的系统性和层次性。

8.3.2 绿色科技转化与推广存在问题

为发现绿色技术转化与推广过程中存在的问题，利用暑期针对河北省农机推广总站及蔬菜创新团队所提出的《河北省蔬菜绿色发展十大技术》实际推广情况和政策支持效果进行了走访调研，从青县到昌黎再到顺平县，通过面对面访谈式对绿色技术的转化与推广进行了调研。

从服务对象特征来看，绿色农技推广接受程度和服务对象的知识层次、年龄结构、种植品种等有密切关系。调研中发现合作社和龙头企业更容易接受绿色农业技术，四成受访者认为高中及以上学历更容易接受绿色农业技术，普遍认为36—55岁的男性农民更容易接受绿色农业技术，从作物品种角度来看，瓜菜、茄果类及叶菜类种植主体更容易接受绿色农业

① 李昌麒，王霞．关于完善我国农业补贴制度的思考［J］．西南民族大学学报，2009，107（12）．

技术。我国农业从业人员老龄化严重，学历水平较低对农技的推广和政策实施有一定的阻碍作用。

绿色农技的传导机制来看，农技人员的知识更新主要通过不定期培训或学习的方式，而向农户推广技术的传导途径则呈现多样化，如定期走访、电话咨询、包村联户及驻地指导等。农户的农技需求主要通过向农技人员反映或向农民组织反映，而农户较希望的服务方式主要为田间指导、观摩示范基地、科技培训等生动活泼能够面对面交流的形式。

技术供给与需求匹配度来看，菜农的技术需求主要关注点仍为增产增收型技术，如良种栽培技术、病虫害防治技术等，对改善农业环境的技术并没有直接的需求。而目前的绿色技术供给主要关注的是环境的改善效应，造成农民对技术的推广积极性不高。

技术推广与政策支持效果来看，不同技术类型推广情况和政策效果有较大差异。调查选取的四项技术推广中，有机肥替代化肥技术覆盖面积在各县市大部分能达到 20% 以上。通过该技术应用，使得产量和收入均有所提高，对环境也有一定的改善作用。所使用的技术主要有有机肥 + 配方肥及有机—水肥一体化技术。通过调研发现，技术的复杂程度和费用成本高低是推广能够顺利实施的关键。政策支持对降低成本起到一定作用。

水肥一体节水减肥增效技术大部分县市能达到 20% 以上的覆盖面积，有些地区甚至能达到 80% 以上。该技术的实施对产量和收入的提高有一定积极作用，对环境略有改善。主要问题同样集中在技术问题和成本问题上，支持政策的实施对成本降低起到一定作用。

设施土壤消毒活化技术使用的区域性特征明显，有些县市能够达到 80% 以上，有些县市则在 20% 以下。该技术的实施对产量和收入提高均有一定作用，对环境的改善效果也较为明显。但技术实施中主要问题在于推广缓慢，支持政策的作用主要是提高农户的积极性和降低生产成本。

病虫害绿色防控减药增效技术大部分县市均能达到 80% 的覆盖面积，是调查所涉及技术中实施推广覆盖面积最广的技术，其原因主要在于该技术与农户增产增收防治病虫害的技术需求较为切合。该技术对产量的提高和收入的增加均有明显作用，对环境也明显改善。政策支持效果主要体现在降低成本和提高使用技术积极性方面。

总体而言，农技推广与支持政策效果不明显，整体覆盖面较低。虽然对提高农户的生产积极性和降低生产成本有一定作用，但是由于宣传不到位，很多农户甚至不了解该政策，且支持资金的使用由具体县市统筹，有些县市缺少对农户的补贴，支持的精准度不高；农户会从申请成本和收益的角度衡量，觉得不划算，加之生产惯性的作用很难改变自身的生产模式等，这些方面均造成政策的支持效果不明显。

8.3.3 农民缺乏参与积极性

近年来，随着对农业绿色发展问题的持续关注，财政加大对农业绿色发展的支持力度，但是从资金利用来看，效率并不高。很多政策并未得到农民的积极响应。究其原因，可以从三个方面进行解释：

从政治结构角度来看，农民缺乏参与政策决策的积极性。在我国传统农耕文明中，农民对国家、政府具有依附性，认为政府是自己利益的天然代表，自身无法对政治体系和政策决策过程施加影响，这也使得农民对政策决策带有明显的政治冷漠①。甚至在今天，作为一种文化形态成为从根源上制约他们对政治生活参与与利益表达的因素。政策决策的参与性不高，利益诉求无法完整地在政策中得以体现，这也成为其缺乏政策参与积极性的政治根源。

政策缺乏激励性也是导致农民参与度不高的重要原因。我国的支持资金以一般性服务支持和无投入限制的普惠性支持以及强制性投入限制支持为主，缺乏自愿性投入限制的支持工具的使用。而自愿性投入限制支持是属于对生产者自主行为的激励措施，其优势在于可以更好地发挥生产者的自主性和规避难以监测污染源方面固有的困难，并且由于拥有正外部性的生产行为往往面临私人生产成本增加或额外的损失，因此可以通过提供一系列奖励和援助计划来尽量减少环境有利的生产行为对农民的经济损害。从国外欧美国家支持措施来看，自愿性投入限制支持措施是很重要的一种支持方式。欧盟采取自愿与强制相结合的支持方式，而美国绝大部分项目均以自愿方式展开，带有典型的激励性特征。

政策忽视农民真正需求。我国政策的传导机制，并没有很好地发挥农

① 李成贵，孙大光．国家与农民的关系：历史视野下的综合考察［J］．中国农村观察，2009（6）．

民的主体作用，没有吃透农民的真正需求。存在农民缺位，政府越位的问题，导致很多的政策出力不讨好甚至好心办坏事。有农村工作者指出 15 年前推广的沼气池全部废弃；近 5 年来推广的卫生水冲厕所，也因为气候问题基本都不利用；普九建成的农村标准化小学，大量闲置；村卫生室，大多成为摆设。这种情况在绿色发展支持政策中同样存在，通过走访调研发现，技术太过复杂，普通农民难以理解无法消化吸收，造成农民缺乏积极性采取绿色技术。农业政策的行政传导层级太多，中央出台，经过省、市、县、乡、村五级层层贯彻落实，政策的失真客观上难以避免。对于政策实施效果的反馈信息，经过五级层层过滤，真实信息又很难传递到高层。传导机制不顺畅，导致政策实施效果大打折扣。

8.3.4　支持效率较低

支持的精准性不高。我国对农业绿色支持中一般服务支持占有较大比例，近年来该比例为 30% 以上水平，虽然由于农业现代化水平较低需要完善节水等各项基础设施，但是更需要通过生产者支持提高补贴的精准性。作为生产的实施者，生产者行为会直接影响环境。我国支持政策支持对象不明确，补给谁、怎么补、补什么，都关系到补贴的精准性问题。如测土配方施肥，目前的补贴集中在技术推广环节，而实际由于该技术要求更多的劳动投入，且配方肥价格比一般肥料略高，农民一般不愿采用。因此要提高该政策的精准性就需要将农户纳入补贴范围。另外，即使在生产者支持中也存在并未能够精准施政的问题。目前秸秆还田补贴只针对发放腐熟剂等物资，而实际中还田的机耕成本是主要增加的成本，这也使得农民对该政策积极性不高。三项补贴改革的农业支持保护补贴仅有地力保护之名而没有地力保护之实。对补贴的发放以耕地面积或播种面积发放，缺乏在地力保护方面的具体规定，实际并未起到预期效果。

资金使用效率有待改善。当前，国家对农业生态问题重视程度较高，支持力度较大。但是资金的使用效率却不高，其中的原因较为复杂，既有补贴制度设计方面的原因也有资金管理与监督机制方面的原因。在县一级，各种惠农补贴项目管理与资金归口并不统一，分散化管理，政策公开程度不高，农户甚至不知道自己可以申领的补贴有哪些，申领的具体数额是多少，存在冒领、漏领情况，农户无法主张自身权益；另外补贴发放程序繁杂，补贴资金通过中央财政、省财政、县、乡、村一共五级管理才能最终到农民手中，而且补贴发放过程中需要基层政府协调人力、物力核实补贴标准、补贴金额，执行成本较高①。大多数财政补助资金的实际使用单位并没有对补助资金制定专项管理制度，有些部门只作出原则性要求和规定，这就造成资金使用过程中随意性较大，甚至被挪作他用。补贴资金还存在重发放轻管理、重申报轻应用的问题，对补贴资金的使用尚未建立完善的监督审查机制，这也是导致资金使用效率较差的一个重要因素。

8.3.5 配套措施不完善

社会化服务体系不完善。小规模、兼业化经营是我国现阶段农业经营方式的基本特点，农业社会化服务是解决小农户与现代农业发展有机衔接问题的重要保障。小农户在使用现代农业技术、设施设备方面存在经济、信息、资源等方面的先天弱势，而农业的绿色发展是以高技术投入为特征的农业发展模式，很难依靠小农户自身发展绿色农业②。这就需要社会完善相关的服务体系，为农业生产提供产前、产中、产后全过程综合配套服务的体系，如肥料、农药、地膜等绿色投入品的供给与使用指导服务、绿色生产技术服务、绿色生产装备设施以及不直接与生产相关但为生产提供保障支持的绿色金融、有机认证等服务。

目前来看，包括与农业绿色发展有关的投入品供给、信贷资金的获取、生产设备的购买等仍有待完善。金融机构和金融产品层次较单一，主要是银行提供绿色信贷产品，且产品创新度不高，而作为融资主要渠道的证券、基金等融资发展相对滞后，缺乏创新性。与农业绿色发展的投入品供给仍然沿用传统投入品供给渠道，农户在选择时往往以成本为选择标准，选用程度较低。而目前国家积极倡导的农业生产托管服务更是发展缓慢，与农业绿色发展的目标需求相比存在较大差距，也是目前亟待改善提升的领域。

监管评价体系不完善。我国目前主要关注政策的创设和资金的发放，

① 张淑杰，孙天华．农业补贴政策效率及其影响因素研究——基于河南省 360 户农户调研数据的实证分析［J］．农业技术经济，2012（12）．

② 沈兴兴，段晋苑，朱守银．农业绿色生产社会化服务模式探析［J］．中国农业资源与区划，2020，41（1）．

而对于政策的实施效果和资金使用效果并未建立完善的监管评价体系。一项好的政策需要通过实施过程及时发现问题并不断进行调整修正，政策实施的全程跟踪和效果评价尤为重要。欧盟与美国都针对支持项目建立了监管和跟踪评价机制，在美国每一个项目都有专门人员负责跟踪指导政策实施，而且美国农业部内部机构经济研究中心（Economic Research Service，ERS）作为农业部主要研究机构，每年以简报、决策者及其员工分析、市场分析和报告等形式发布研究结构和社会经济指标。欧盟同样建立了完善的政策评估系统，2018 年绿色直接支付的调整也得益于其政策评估模式。另外，由于国家投入的多元化和监督机制的弱化，使得我国支农资金并未能发挥引导作用，支农效果不佳。实践中时常出现资金挤占、截留、挪用等现象，资金难以及时、足额到位，项目绩效也大打折扣。对项目的事中监控弱化，忽视资金的使用与效益评价，甚至成为少数人致富捷径，造成资金使用的效益低下和浪费。

8.3.6　面临国际规则约束加强

作为 WTO 成员我国国内支持政策同样面临世贸组织规则的约束。按照我国在世贸组织中对农业补贴水平的承诺，受到《农业协定》支持水平不超过微量支持政策 8.5% 补贴上限的约束，尤其在特定商品上能够使用的支持量 AMS 非常少，从而限制了我国支持水平的提高。加之黄箱操作空间的缩小，支持政策越来越多受到贸易伙伴的发难，贸易争端频发。以绿色支持为特征的支持政策作为 WTO 所允许的绿箱政策是各国普遍采用的支持措施，但是从我国 WTO 通报数据分析可以看出，我国面临着如何进行农业支持政策工具的创设丰富绿色支持政策结构体系，以便使更多的政策带有绿色特征，并使之符合 WTO 规则以及在不扭曲生产和贸易的同时，提高政策的精准性的问题①。

① 李登旺等．欧美农业补贴政策改革的新动态及其对我国的启示［J］．中国软科学，2015（8）：12－21.

8.4 借鉴可行性分析

虽然中国资源禀赋、经济发展水平等与欧盟美国存在较大差异，但是同样作为农业大国，既有农业发展转型的需求相似性也存在面临现实问题的共性特征，这些均可以作为借鉴的基础，尤其当农业发展到市场竞争占主导地位的阶段时，支持政策的重要程度将超越资源禀赋等成为农业发展的主导力量。本节将从政策转型的共性特征、面临的共性现实问题以及环境公共物品的共性需求角度分析借鉴欧盟美国经验的可行性。

8.4.1 均有明显的政策转型特征

（1）经济及农业发展水平不断提高

我国自改革开放以来人均 GDP 水平不断提高，经济发展水平稳步提升，为农业支持政策出台打下坚实基础。从农业增加值占 GDP 比重来看，虽然中国目前仍然是农业占 GDP 较大比重，但从变化趋势来看，同欧盟与美国类似，该指标一直呈现不断下降趋势。而谷物产量则一直呈增加趋势，近年来每公顷谷物产量均在 5000 千克以上，表明已经具备了农业发展转型的物质基础，支持政策从提升产量向提升质量和结构优化方向转变（见表 8－10）。

表 8－10　　1970—2017 年中国主要发展指标　单位:%；千克/公顷；美元

年份	1970	1980	1990	2000	2010	2015	2016	2017
农业增加值占 GDP 比重	34.80	29.63	26.58	14.68	9.53	8.83	8.56	7.92
谷物产量	2127.7	2937.3	4320.9	4752.6	5524.9	5896.2	5980.9	6029
人均 GDP	112.3	308.1	336.5	944	4486.6	7920.2	7973.7	8682.2

资料来源：世界银行与 FAO 数据库。

根据欧盟与美国农业绿色发展支持政策制定的逻辑基础可知，到了工业化后期，必然形成工业对农业的反哺，也会有更多的政策资金流向农业部门，财政在支持农业发展中将起到更重要的作用。从欧盟与美国农业支持政策的演进过程可知，随着经济发展水平的提高，支持政策目标也将越来越多元化，通过支持政策优化和调节农业生产结构，提高农业生产率、资源利用率、农业资源的可持续利用和良好生态环境。目前从我国经济发展水平和农业发展水平来看，我国农业发展目前关注点从生产导向向提质增效转变，已经进入支持政策转型阶段，也初步具备了农业支持政策转型的基础。

（2）农业支持力度不断加大

以 OECD 数据衡量的我国农业支持总水平估计值 TSE 占 GDP 比重并不像欧盟与美国呈逐渐下降趋势，而是出现了较大波动，总体趋势为不断增加（见图 8－7）。这说明“三农”问题是我国整体经济发展中的重要问题，通过政策投入推动农业、农村和农民问题的解决。从指标变动来看，近年来维持在 1.5%—2.5% 的区间范围内，表明支持投入的稳定性有所提高，开始关注政策效能的提高。

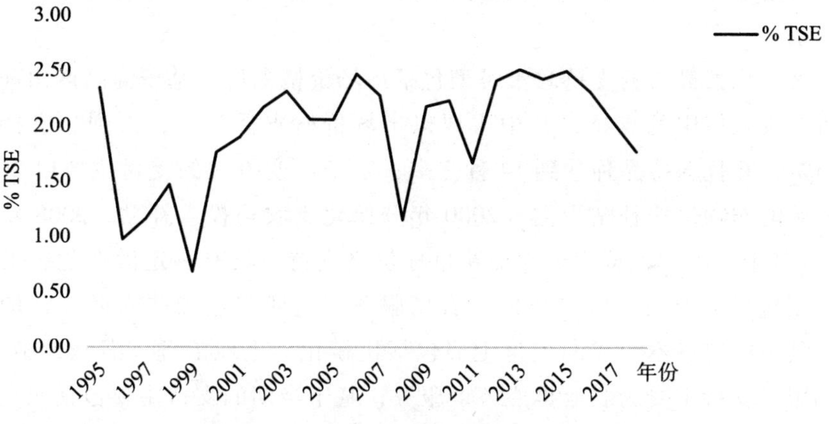

图 8－7　1995—2018 年中国%TSE 水平

从 TSE 总水平和人均 GDP 变动趋势来看，与欧盟美国类似，总支持水平也呈不断上升趋势，且和人均 GDP 变动趋势一致（见图 8－8）。表明随着综合国力的增强，更多的政策资源倾斜到“三农”问题中来。

（3）农业支持政策带有明显的生产激励特征

以 OECD 农业评估系统中投入限制标签对政策潜在环境影响进行衡量，由表 8－11 可知，从政策潜在环境影响角度来看，我国主要以潜在环境危害最大，对生产有激励效应的政策类型为主，占到总农业支持政策的 71.7%，表明我国农业政策转型迫在眉睫。未对生产产生直接激励作用，

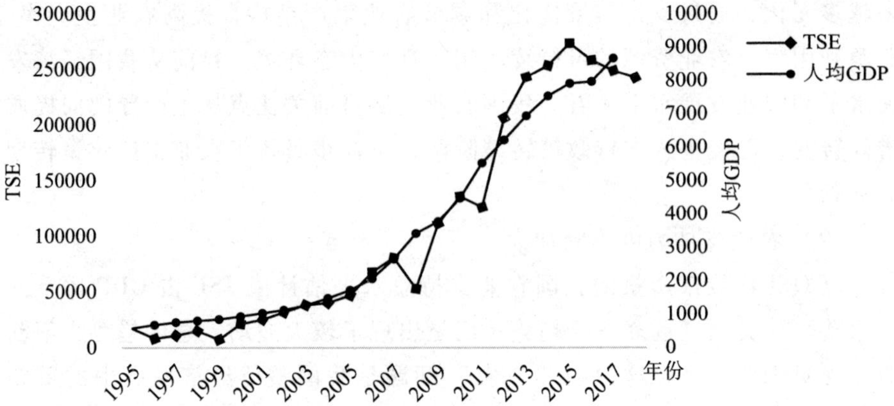

图 8－8 1995—2018 年中国人均 GDP 与 TSE 水平 单位：百万美元；美元

具有一定潜在危害的政策措施占到 27.2%，通过强制性投入限制具有一定正向潜在环境影响的政策仅占到 1.1%，并且不存在自愿投入限制的政策类型。

潜在危害最大的支持政策类型包括市场价格支持、基于商品产出和基于可变投入使用的支持，其中主要以市场价格支持为主，占到总支持的 67.5%，并且支持品种达到 14 种之多；基于可变投入的支付主要以 2010 年开始的作物保费补贴为主（2000 年开始化肥农药投入补贴，2008 年取消）；基于产出的支持主要为棉花目标价格支持。具有一定潜在危害的政策类型包括基于固定资本形成、农场服务、当期权益和非当期权益的支付。其中固定资本形成的支付主要包括机械化、土地治理、灌溉设施等；农场服务支持主要为农业推广咨询服务；基于当期的支持主要包括农业支持补贴和玉米生产者补贴；基于非当期的支付则主要是贫困地区农业发展基金。采取强制性投入限制方式具有一定正向潜在环境影响的政策类型主要是非商品标准的支持。主要的政策工具为退耕还林还草。

从政策水平和结构可知，我国农业政策目前仍以激励生产为主，并且以带来最大潜在环境危害的市场支持为主要政策措施。我国缺失自愿投入限制的政策类型，并且具有一定正向潜在环境效益的政策措施仅有退耕还林还草政策工具，表明一方面政策转型迫在眉睫；另一方面需要进行政策工具的创新，增强政策的潜在环境影响，弱化生产激励作用。

表 8 - 11　　2016—2018 年中国支持措施类型及水平　　单位：百万美元;%

潜在环境影响	支持措施类型	支持水平	占比
潜在危害最大（无投入限制或不适用）	MPS	143536.7	67.5
	基于商品产出	4576.7	2.2
	基于可变投入使用	4390.3	2.1
	总计	152503.8	71.7
具有一定潜在危害（无投入限制）	基于固定资本形成	15254	7.2
	基于农场服务	3079.3	1.4
	基于当期权益，有产量要求	30763.3	14.5
	基于非当期权益，无产量要求	8734.7	4.1
	总计	57831.3	27.2
具有一定正向潜在环境影响（具有强制性投入限制）	非商品标准	2403.7	1.1

资料来源：作者根据 OECD 数据库整理。

总体而言，经济发展水平和农业发展水平的提高，支持力度的加大，使得更多的政策资源倾斜到农业部门，这一阶段就需要考虑支持政策的转型以获得更大的政策效能，政策的生产激励效应会下降，更侧重政策的生态环境影响。从我国经济发展和农业发展水平来看，具备转型的现实基础，也有政策转型的紧迫压力。

8.4.2　均面临同样的现实问题

（1）资源约束日趋紧张

耕地、淡水等资源是农业发展的基础。通过欧盟绿色发展支持政策选择可以看出，由于欧盟土地资源稀缺，人口密度较大，政策选择中更倾向于通过集约化生产方式的支持解决绿色发展问题。类似的，我国是典型的人多地少水缺国家。据统计全世界耕地面积约为 20 亿公顷，人均耕地约 0.37 公顷，折合 5.5 亩。中国人均耕地仅为世界人均耕地的四分之一。甚至在中国部分省市人均耕地面积已经处于联合国粮农组织确定的 0.8 亩警戒线以下（见表 8 - 12）。

表 8-12　我国耕地面积占有情况（2005—2016 年）　单位：万公顷；亩

年份	2005	2006	2007	2008	2009	2010	2011	2012	2013	2014	2015	2016
耕地面积	12208	12178	12174	12172	12172	12172	12172	12172	13516.3	13505.7	13499.9	13492.1
人均耕地面积	1.4	1.39	1.38	1.37	1.37	1.37	1.37	1.37	1.49	1.48	1.47	1.46

资料来源：环境保护部．中国环境统计年鉴

我国人均水资源占有量 2240 立方米，仅为世界人均的四分之一，且时空分布严重不均，约 80% 的水资源集中在长江以南的耕地面积占全国总面积 35% 的地区，占耕地面积 65% 的长江以北广大地区水资源仅占 20%。据统计 2016 年北方干旱地区农业年均缺水量超过 300 亿立方米①。因此与欧盟类似，中国也面临着严重的资源短缺问题，迫切需要通过农业绿色发展支持政策缓解资源约束的压力。

（2）农业生产导致环境污染问题日趋严重

从欧盟与美国农业绿色发展政策的演进分析可知，两大经济体对农业支持政策转向绿色、生态均起源于现实环境问题，如早期美国面临的土壤沙化问题，欧盟面临的耕地退化、水资源污染、生态恶化等问题，以及均面临化肥农药投入品过量的共性问题。同样目前我国也面临严重的农业环境恶化问题，一方面农业污染问题严重。由于耕地资源的稀缺，在增产目标要求下，只能不断通过加大投入，向有限的耕地要产量。中国耕地面积不到世界耕地总面积的 10%，化肥施用量接近世界总量的 1/3，化肥综合利用率仅为 30% 左右（于法稳，2016）。单位耕地化肥施用量 2014 年达到 567 千克/公顷，同期世界平均值仅为 139 千克/公顷，也远远高于世界上主要国家。从趋势来看，随着粮食产量的逐年上升，与主要国家逐渐降低化肥投入量相比，我国化肥投入量持续增加。过量的化肥投入造成严重的土壤板结，水质污染等环境问题。例如黑土地长期以来重用轻养，过度利用，黑土土层已从 20 世纪 50 年代的平均 60—70 厘米下降到平均 20—30 厘米厚度，而且还在以每年 0.3—1 厘米的速度流失；近 20 年来，我国粮食主产区耕地土壤重金属污染一直呈上升趋势；地膜残留严重影响作

① 张宇，朱立志．关于"乡村振兴"战略中绿色发展问题的思考［J］．新疆师范大学学报（哲学社会科学版），2019（1）．

物生产，破坏土壤质量，并对农技作业造成影响等等诸如此类问题。

农业生产方式的不当操作不仅给土地质量造成严重影响，也使得我国水资源质量不断下降。根据环保部发布的2017年环境公报，全国31个省（区、市）5100个地下水监测点中，较差级占到一半以上，地表水1940个水质断面分析中，Ⅳ—Ⅴ类和劣Ⅴ类分别占到23.8%和8.3%，Ⅰ—Ⅲ类占到67.9%，虽然比2016年有所改善，但整体仍处于较低水平（张宇，2019）。内源性农业面源污染问题成为造成农业资源质量下降、环境污染的主要原因。

另一方面农业生态系统退化严重。农业生态系统在维持人类生存、保护区域生态环境方面具有重要作用。作为生态系统重要组成部分，我国农业生态系统整体下降趋势明显。农田、草原、渔业等生态系统退化，农业生态服务功能弱化的问题突出。全国草原生态总体恶化，中度和重度退化草原面积占1/3以上。部分地区仍存在乱开乱垦、乱采滥挖等破坏草原现象。水土流失治理面积稳步提升。湿地面积有所增加，但仍存在重要水域农业湿地被破坏、被开发问题，水生生物多样性破坏严重[①]。

（3）面临国际规则的压力

作为WTO的成员，国内农业支持政策的制定也需要考虑国际规则的约束。按照WTO乌拉圭回合达成的《农业协议》的要求，将国内支持政策分为两类：对贸易产生扭曲作用的政策——黄箱支持和不会对贸易产生扭曲作用的政策——绿箱支持。对黄箱政策的使用给出限制并需要按照削减尺度进行逐步削减。通过对欧盟与美国的政策演进与政策工具选择的分析可以看出，两大经济体农业支持政策上均存在加大绿箱支持、削减黄箱支持的转箱过程。按照《农业协议》的规定，欧盟要在协议生效6年内削减国内支持的17%，即由基期的920多亿美元削减至770亿美元，这也成为欧盟农业支持政策调整的外部影响因素。这一问题也是目前我国所面临的重要问题。我国黄箱操作空间不断减小，如何遵守国际规则的前提下用好支持政策是我们需要破解的问题。

---

① 陈静，周静平，李存军等．全国农业生态系统脆弱性评价［J］．江苏农业科学，2018（2）．

8.4.3 环境公共物品的共性需求

根据马斯洛的需求层次理论，随着社会的不断发展和文明程度的不断提高，人类将重新审视人与自然的关系，需求也趋于丰富和细化，从注重物质的满足转向精神满足。因此，随着人们可支配收入的增加，人们对美好环境的需求也不断增加，要求也不断提高。农业作为环境的重要提供者也越来越受到重视，因此从美国政策演进来看，20 世纪六七十年代的环保运动有效推动了美国环境理念和政府立法的进步，欧盟由于人们对乡村、农业环境的需求也更注重在政策上支持农业景观的打造。类似地，随着经济发展水平的提高，我国城乡居民对农业生态环境提出了更高的要求，这也要求我国农业支持政策转型应更注重追求农业环境、生态效益。

8.5 本章小结

本章对目前我国农业绿色发展支持政策转型的现实基础进行了分析，利用内容分析法对历年政策文本进行分析，得出我国农业绿色关注的发展演变历程。对中国农业农村部网站搜集的历年农业绿色支持政策进行内容分析，总结我国农业绿色发展各阶段的主要特点与主要政策措施，并分析我国农业绿色支持政策存在的问题。

(1) 从我国目前面临的农业发展问题、经济发展水平以及支持政策实施的基础来看，我国已经具备了向农业绿色发展转型、构建农业绿色发展支持政策体系的现实基础。一方面我国面临的农业绿色发展问题日益严重。耕地、淡水等农业资源存在严重不足，农业面源污染问题日趋恶化，农药化肥、废弃物污染等问题成为农业污染的源头，造成严重的土壤、水资源污染问题。农业生态系统退化严重，农业生态服务功能弱化的问题突出。另一方面随着我国经济发展水平的提高，农业发展从注重产量增加向质量提升、生态保护转型，对农业的重视程度和支持水平也不断提高。以 OECD 农业政策评估及投入限制标签对我国农业政策从潜在环境影响的视角进行分析可知，我国农业政策目前仍以激励生产为主，并且以带来最大潜在环境危害的市场支持为主要政策措施。我国缺失自愿投入限制的政策类型，并且具有一定正向潜在环境效益的政策措施仅有退耕还林还草政策工具，表明政策转型迫在眉睫，需要进行政策工具的创新，增强政策的潜在环境影响，弱化生产激励作用。

（2）根据历年政策文件分析，将我国农业绿色发展划分为三个阶段：意识觉醒期（1978—2004 年）、重视程度提高期（2005—2014 年）和整合创新期（2015 年至今）。早期阶段我国农业发展主要关注粮食生产，如何提高粮食生产力，对绿色发展的关注主要来自水土流失和风沙侵蚀所导致的环境问题，主要的政策也集中在植树造林、退耕还林等政策措施；随着经济水平的提高，农业生产力的发展，农业发展的重心转向农民增收，伴随着农业投入的增加，面源污染问题不断突出，生态恶化严重。因此，这一阶段的主要政策针对土壤质量下降，水污染问题等，出台了土壤有机质提升、测土配方施肥、废弃物回收利用等；整合创新期在生态文明建设的大背景下，国家提出供给侧结构性改革，农业发展从产量导向向提质增效转变，乡村振兴战略的提出，强调资源节约、环境友好、生态保育和质量安全，关注农业结构和生产方式调整的深层次变革。这一阶段的政策措施也以政策的整合和创新为主，通过现有政策的整合和新政策的创设调整支持思路，促进农业发展的绿色化。

（3）从演进阶段分析可知我国政策具有目标趋向多元化；支持方式由行政指导向经济激励与政策引导相结合转变；支持范围由水土利用向全生产过程转变；支持对象由部分农民向包括生产企业、农民、技术推广者多主体转变；支持重点由产量支持向支持效率提高转变；支持力度不断加大的演进特征。

（4）我国目前构建了包括土壤、水资源、投入品、废弃物处理、农业生产方式转变方面的支持政策体系，主要政策为退耕还林、测土配方施肥、耕地保护与质量提升补助、黑土地保护试点、耕地轮作休耕等。从现有政策来看，涉及问题较为全面，但也存在重视土壤修复与保护，而水资源问题、废弃物处理问题以及生产方式转变方面的支持政策较少，支持力度有待提高等问题。

（5）我国目前支持政策存在政策体系尚不完善，支持效率较低，配套措施跟不上、农民缺乏参与积极性以及国际约束的问题。我国尚未建立完善的政策体系，政策的层次性较弱，主要针对具体问题提出针对性政策，这种政策模式针对性较强但是缺乏整体的协调性，尤其农业发展问题往往多种因素互相交织互相影响，这种模式采取头痛医头脚痛医脚，无法从根本上解决问题；政策执行过程环节过多，造成政策信号的失真，资金分配程序繁杂，造成政策的执行成本过高；相应配套措施没有跟上，技术支持力度较低，农民没有合适的可操作的技术引领，参与积极性不高。另外，我国也面临国内支持政策转型以适应黄箱操作空间有限及贸易伙伴国针对支持政策质疑等国际压力问题，亟需支持政策体系的改革。

（6）与欧盟美国相比，虽然在总体经济发展水平与资源禀赋方面存在较大差异，但是与两大经济体类似，我国也面临随着经济发展水平的提高支持政策转型的内在要求和来自现实中资源与环境约束、国际规则约束以及人们对环境公共物品需求增加的共性特征，因此具备借鉴欧盟美国支持政策的可行性。

第9章　中国农业绿色发展支持政策改革建议

我国农业绿色发展支持政策改革应以政策机制的完善和支持技术投入两大方面进行。鉴于我国与欧美发达国家在资源禀赋、生产力水平等方面的差异，借鉴欧美发达国家补贴政策经验的同时，还要综合考虑我国农户经营规模小、经营分散以及资源有限等现实国情，探索适合我国国情的农业补贴政策体系。

9.1　注重农业绿色发展支持政策体系的法治化、层次性

强化农业绿色发展支持的规范化与法制化。法制化往往是发达国家农业政策的突出特征，欧盟通过共同农业政策、美国通过每四年修订一次的农业法案将阶段性工作重点和主要措施及支出情况都固定下来。其优势在于每项措施均有法律依据且有较强的可预见性和稳定性。通过立法监督管理农业绿色发展的投入，保障融资和使用渠道的畅通，可以增强资金流通的透明度，提高绿色支持资金的使用效率。

将环境理念纳入所有农业支持政策中。从欧盟农业绿色发展支持相关立法和政策的制定中可以看出，欧盟一直强调贯彻农业政策与环境政策一体化原则，即在所有的农业政策制定中均要考虑政策对农业生态环境产生的影响，提出评估方案。同样我国在完善农业支持政策和相关立法时也应将环保理念纳入进来，综合考量各种立法、政策措施出台的环境影响，建立农业发展和生态保护协调发展的农业政策框架。

注重农业绿色发展支持政策体系的层次性。虽然目前我国针对土壤、

水资源等各种环境问题建立了较为完善的支持政策。但是我国支持政策体系缺乏层次性。政策改革应从政策优化、政策整合、政策创新三个角度同时发力，提升政策效力、强化政策合力，消除政策空白，形成能够以绿色发展为导向，层次分明的支持政策体系[①]。

引入交叉遵守机制保障基本的农业生产环保要求。欧盟和美国均制定有交叉遵守机制。欧盟将交叉遵守与直接支付、农业环境措施挂钩，利用该机制，欧盟起到了规范农业生产方式、维护最低环保要求的作用；而美国则以交叉遵守作为申请所有环保项目的基础，并在2014年的农业法案中将其与农业保险项目挂钩，这一做法大大扩展了交叉遵守的使用范围，对美国农业环境保护的深入起到重要作用。农业绿色发展归根结底是农业生产方式的转变，而农业生产方式的转变需要生产者的认同、接受、使用多个环节，通过交叉遵守的方式，更有利于标准化生产方式的推广。因此，可以借鉴欧盟与美国做法，将基本的环保要求作为获得某些补贴的前提基础。由于交叉遵守的目的是扩大环保生产方式的推广，因此补贴类别的选择原则应为选择基础性覆盖面广的补贴类型，以扩大政策的使用面。由于我国农业具有小农特征，分散性特点，因此制定交叉遵守的要求不宜过高，以免给生产者造成过多的成本负担和困惑，反而影响基础性补贴的直接效果的发挥。

整合创新以环保效益为基准的支持政策。在交叉遵守机制之上通过现有政策的整合和创新，构建以环保效益为基准的支持政策。这类支持政策应注重具体地区具体问题的解决，政策的评价以所取得的环保效益为主，政策力度应取决于环保做法所带来的损失与利益的补偿，通过这种方式可以达到激励农民提高生产环保效益的目的，也可以符合世贸组织国内支持的绿箱规则。

政策创新整合的最终目标是建立以环保做法的支付和环境效益为基准的支付相结合的支持政策体系。由于目前阶段我国从执行到监管体系尚不具备完全实施绩效付费的支持政策模式，仍处于以实践环保做法支付为主，逐渐向绩效付费调整的过程中。这种支持结构的重构，有利于突出政策体系的层次性，明确各类政策措施的侧重点。

---

① 郭晓鸣．乡村振兴战略的若干维度观察［J］．改革，2018（3）．

9.2 注重农业绿色发展支持效率的提高

引入市场机制提高支持效率。好的生态环境作为一种公共物品，其供应存在市场失灵。美国在项目申请中将拍卖这一市场机制引入生态产品的供应，使生态产品完成了商品的转型，成功地赋予了生态产品供应更高的效率价值，增加了成本效益，也提高了人们的参与积极性①。通过拍卖机制，进行项目筛选。申请者为了获得项目支持必须衡量项目的成本与收益，通过项目成本分担的方式获得支持资金。通过这种方式，引入竞争机制，有利于提高支持项目的效率。这种市场机制的引入需要有充分的潜在参与者可获信息（如土壤生产力信息及县级水平的农地租金率等）、完善的市场以及公平透明的筛选机制作保障。

构建公众参与机制。我国支持政策的出台与执行多是自上而下。首先国家层面制定方针政策、指导意见和实施方案，地方政府再根据赋予的灵活度在管辖范围内实施支持政策。这种自上而下的政策决策与执行方式优点在于便于国家宏观把握。但是由于农民的需求信息与政策供给信息源头处于整个信息链的两端，中间通过层层政府机构的传达，容易导致供需脱节或矛盾，基层执行者与参与者创新思维动力不足，政策效率下降。而且在实际执行中，由于经过层层政策执行，最终的执行政策不能解决农民实际需求，而执行的政策也非高层的原本意图。这种传导机制层级多，责任高度分散，最终则是无人对低效率负责。借鉴欧盟与美国方式，构建自下而上问题解决方案，也即通过地方相关公众和私营资本参与促进本地问题解决。可借鉴欧盟模式在整个项目私人资本比例和参与成员比例上作出限定，政府财政资金主要用于资助基础性投资，而私人资本允许一定的盈利比例以保证其参与积极性。政府角色则是搭建平台，筛选项目，创设参与机制，吸引生产者主体、科研机构、私营企业、公益组织等共同参与，以及基础性投资环节。而由于我国农民分散化、整体素质较低，可通过专业

① 吴喜梅，杜立津．欧盟农业生态补偿支付机制对我国的启示［J］．环境保护，2014（24）：65－68.

合作社等组织形式参与其中，如果项目运行良好，可考虑将其纳入地方政策。将这种参与机制作为创新政策的源泉和主力。

完善监督评价机制。首先通过交叉遵守法制化明确农民普遍环保义务，并可对未遵守行为制定一定的惩罚性措施，以规范其行为；其次通过农业农村部现有机构或与高校科研机构等合作方式，对政策实施效果进行跟踪评价，以便及时发现政策实施中存在的问题，及时修正；最后则是对资金管理加强监督，切实将项目的审批资金的发放与实施绩效联系起来，可考虑建立类似美国的专人跟踪全程指导模式，充分利用新信息技术手段缩短补贴资金发放环节，以保证政策的实施效果。

9.3 构建完善的绿色社会服务体系

农业的绿色发展是一个系统工程。需要有完善的社会服务体系为政策支持提供配套服务以提高参与者的技能、参与意识以及提高相关技术的可操作性、降低政策的实施成本。

如果社会化服务组织提供的服务是农民不需要的服务自然不会受到农民的欢迎；如果社会化服务组织提供的不是适合当地特点的服务也不会被农民所采纳。因此，在社会化服务体系构建中应坚持以需求为导向，因地制宜，因人而异地提供服务。

因地制宜进行社会服务体系选择，以需求为导向为农民提供服务。不同的地域有不同的农业生产特点，产品有差异、耕作方式有别，因此不能采取“一刀切”的方式提供服务。如欧盟与美国均建立专门的组织或社会化机构，向农民根据农场特点和需要实现的环保目标提供一对一的指导服务，技术服务人员将全程跟踪项目的实施情况，提供必要帮助。这种服务方式针对农民需要，针对农场特点而进行，保证了其有效性。在“中央一号文件”和中央农村工作会议有关乡村振兴的战略部署中都强调了发挥农民主体地位作用，绿色生产性服务也需要充分尊重农民意愿，按照农户的实际需求构建政府、市场共同发挥作用的绿色生产社会化服务体系，引导农户自觉自愿的采取绿色生产行为[①]。减少这一过程中的行政干预，避免政府部门的大包大揽，硬性规定，形成顺畅的服务传导机制。

通过农业生产全程托管服务带动规模化经营，因地制宜选择绿色高效现代农业生产方式，将短期效益不明显、农民积极性不高的深耕深松、秸秆还田等环节纳入社会化服务体系中，从根本上解决农业生产效率，提高资源利用率等问题。鼓励更多涉农企业参与农业社会化服务并予以优惠政策，为农业生产提供产前、产中、产后全过程综合配套服务的体系。

9.4　加大技术与资金支持力度

科技是农业绿色发展的支撑力量，绿色农业的发展离不开相关技术的支持。美国近年来四分之一的绿色农业支持资金用于技术支持，包括新技术的研发、推广和培训等。我国 2017 年农业部总的科技转化和推广服务仅为 20 亿元，占农业农村部农业财政拨款支出的 15% 左右，其中用于农业绿色技术支持的更少。技术的推广也是重要的环节之一，为了让农民更好地了解欧盟特定法规，尤其是交叉遵守机制中所要求的法规指令，欧盟委员会要求所有成员国必须在 CAP 框架下建立农民咨询系统并提供资金支持，向农民和其他的 CAP 受益者提供咨询建议。

针对我国目前绿色技术支持投入不足的现状，应聚焦农业绿色发展的瓶颈制约，从技术创新、技术推广、技术应用多方面加大支持力度。

提高农业绿色发展技术研发能力。通过技术的研发与创新，研发适宜技术、降低技术的实施成本，有重要的实践意义。此外，很多技术难以推广也和技术操作与生产操作存在矛盾有关系，如水肥一体节水减肥增效技术的实施就涉及管道影响田间操作的问题，因此研发适宜农民操作的技术是使绿色生产落地的关键。2018 年农业农村部印发了《农业绿色发展技术导则（2018—2030 年）》，旨在通过全面构建农业绿色发展技术体系，

① 沈兴兴，段晋苑，朱守银．农业绿色生产社会化服务模式探析［J］．中国农业资源与区划，2019（2）；张灿强，杜珉，刘锐等．农户生产行为的资源环境影响及相关对策建议——基于对全国棉农的问卷调查［J］．经济研究参考，2015（28）：82 - 86.

引导科研方向调整，优化资源布局，将科技创新的重点向注重绿色发展转变。在这个过程中应以绿色为导向，政府部门加大农业技术创新研发投入，并引导私人部门农业技术创新，继续增强农业科技的创新能力和科技成果转化能力。充分发挥高校、科研机构及企业的主体意识，引进国外绿色新技术，促进农业技术向可持续、清洁方向发展。

完善农业绿色发展技术推广体系。技术推广缓慢的一个很重要的原因在于技术复杂，操作难度大。随着农业现代化的推进，农民对省时省工省力的技术需求不断加强，如何利用农民能听得懂、看得懂、会操作的方式改进现有技术也是促进绿色农技推广的一个重要方面。可以考虑通过编口诀的方式简化操作流程，通过研发将技术物化至具体设备的方式促进农户快速上手技术操作。提高技术推广效率还与农民认识滞后有较大关系。农民不了解技术，不知道技术能够带来多大的效益，并存在生产模式的惯性。农民意识的转化，生产实践的转变均需要通过大力宣讲，同时需加大示范效应，让农民能够看到真真切切的实惠和收益。要充分利用多媒体多渠道宣传实施绿色农技的重大意义，开展经常性的宣传报道。针对龙头企业和合作社示范能力强的特点，通过示范效应全面展现技术亮点和成效，积极营造全社会共同推进的良好氛围。

通过金融创新注入新资金。农业绿色发展是生产方式的转变，不可能一蹴而就，注定是一个长期过程。这一过程需要大量的资金投入，不可能单凭财政出资的方式实现，同时这一过程也存在着巨大的机会。据估计，从 2016 年到 2020 年，全球资源保护投资的总潜力在 200 亿元到 4000 亿元之间，环境市场和环保创新金融存在巨大机会。因此，通过金融创新吸引社会资本进入农业绿色发展领域将在促进农业绿色发展的同时为社会资本开拓新的利润增长点。

9.5 调动农民的参与积极性

创新激励性支持政策。在土地产权私有制的欧美国家，激励性支持政策广泛使用，此类项目占到美国农业部保护计划支出的 95% 以上。激励计划优势在于可以更好地发挥生产者的自主性和规避难以监测污染源方面固有的困难，并且可以通过提供一系列奖励和援助计划来尽量减少对农民的经济损害。虽然我国农业用地的土地所有权归国家所有，但是在赋予农民明确且稳定的土地使用权机制下也可以通过激励性支持政策以激发农民的积极性。因此针对我国目前激励性支持政策缺失的现状，可考虑进行政策创新，通过项目申报的方式对满足条件的生产经营者增加激励性支付。

加大政策的宣传力度。可通过印制宣传册、村一级广播站、农民课堂等传统方式以及微信群、公众号、手机短信等现代方式综合利用多种渠道对农民开展政策宣传；宣传语言要注重通俗易懂、贴近生活，要用广大普通民众所熟悉的语言进行，避免语言的晦涩难懂，使受众不知所云。有条件的地区还可开展通过创新艺术性的、民众喜欢的语言宣传方式如相声小品等进行宣传。

保持试点先行的示范模式。试点方式是中国政策过程中最为典型和普遍的一种政策实验方式[①]。宏观层面上，通过一定时间和范围内的局部政策实验，政策试验可以最大限度地知晓政策执行过程中可能遇到的问题，并对其进行修整和完善；微观层面上，成功的试点示范可赋予受众感性学习内容，并向受众传递国家政策信号。2017 年开始的第一批农业绿色发展示范区申报和 2019 年启动的第二批农业绿色发展示范区申报秉承了中国独特的“政策试验”机制。因此在农业绿色发展支持政策的出台中，可探索创建可借鉴可复制可推广的典型模型，通过良好的试点先行的做法为政策的调整和完善以及调动农民的参与积极性起到重要作用。

9.6　以绿色支持政策加快农业支持政策转箱

近几年我国经济一直保持中高速增长，国家对农业产业的支持力度也大幅提升，特别是在世界农产品的市场条件发生变化以及多哈回合贸易谈判过程中对农业补贴问题的争论方面，以“黄箱”补贴政策为主的政策结构面临着众多挑战，在 WTO 农业规则的约束下，对补贴政策实行“黄转绿”改革将成为必然趋势。因此我国应尽早优化这一政策结构，逐步

① 周望．中国“政策试验”初探：类型、过程与功能［J］．理论与现代化，2011（3）．

推进我国农业补贴“黄转绿”。

针对目前我国农业支持政策面临的国际规则压力和贸易伙伴对我国农业支持政策的频频发难，可借鉴欧盟农业支持政策黄转绿中的思路和做法，加大绿箱措施中的环境支付、资源退出的结构调整支持力度，并可考虑将贫困地区生存维持型农业纳入支持范围，与欧盟类似列入地区援助。我国目前进行的三项补贴调整从其出发点来看属于黄转绿的尝试，但是需要切实将生产规范与补贴挂钩，才能发挥相应作用。总体而言，由于绿箱措施对于最小贸易扭曲性缺乏具体量化标准，这赋予了各国在政策归箱和政策创新上很大的可操作空间。同样，我国也需要抓住这个机会积极进行政策调整，化解支持政策实施过程中的国内外压力。

在我国经济进入新常态和农业供给侧结构性改革的大背景下，调整农业补贴政策仍以农民增收、农业增效、农村增绿的“三增”目标为中心，向重点地区的重点品种和重要经营主体倾斜。具体执行措施可从以下几个方面来实施：①鼓励农户参与农业收入保护补贴；②扩大实施土地轮作休耕的范围及加强补贴力度；③对农村基础设施建设、公共咨询服务体系、村镇银行贷款及保险业务等绿箱支持政策方面增加补贴支持力度。

参考文献

[1] 张宇，朱立志．关于“乡村振兴”战略中绿色发展问题的思考[J]．新疆师范大学学报（哲学社会科学版），2019.01.

[2] Carney. Negotiating Policy in An Age of Globalization：Exploring Education “Policyscapes” in Denmark，Nepal，and China. Comparative Education Review. 2009，53（1）：63－88.

[3] 翟雪玲．中美农业支持比较研究[D]．中国农业大学，2004.

[4] 程宇光．论农业补贴的农村环境保护功能——以欧美农业补贴制度的比较为视角[J]．河北法学，2010，28（08）：171－178.

[5] 党国英．农业绿色创新政策量化与经济效应——基于1992—2017年政策数据的研究[J]．新疆农垦经济，2018，10：5－13.

[6] 徐雪高，郑微微．农业绿色发展制度机制创新：浙江实践[J]．江苏农业科学，2018.16：293－296.

[7] Horings L G，Marsden T K. Towards the real green revolution? Exploring the conceptual dimensions of a new ecological modernisation of agriculture that could “feed the world”[J]. Global Environmental Change，2011. 21（2）：441－452.

[8] Parviz Koohafkan，Miguel A. Altieri，Eric Holt Gimenez. Green agriculture：foundations for biodiverse，resilient and productive agricultural systems[J]. International Journal of Agricultural Sustainability，2012，10（1）：61－75.

[9] 陈庆云．公共政策分析[M]．北京大学出版社，2011.04.

[10] 舒银燕．国内农业多功能性研究文献综述[J]．传播与版权，2014.02：134－135.

[11] 王军杰.WTO 框架下农业国内支持法律制度研究 [M]. 法律出版社，2012.07：98 –99.

[12] 肖爱清. 国际组织对农业多功能性界定的比较研究 [J]. 淮南师范学院学报，2008.3：37 –39.

[13] 程国强. 中国农业补贴：制度设计与政策选择 [M]. 中国发展出版社，2011.8.

[14] 王哲. 基于农业支持视角的中国农业环境政策研究 [D]. 中国农业科学院，2013.

[15] 张培刚，张建华. 发展经济学 [M]. 北京大学出版社，2009.04：13.

[16] 谭崇台. 发展经济学概论 [M]. 武汉大学出版社，2008.04：293 –296.

[17] 吉塔·斯塔奈哈姆泽. 政策借鉴与传播：构建比较政策学的核心研究领域 [J]. 比较教育研究，2015.04：7 –14.

[18] 严力蛟，叶旭君. 试论绿色食品与农业可持续发展 [J]. 生态农业研究，1997.01：65 –67.

[19] 戴维·L. 韦默. 公共政策分析——理论与实践 [M]. 中国人民大学出版社，2013.01.

[20] 贾根良. 演化经济学的本体论假设及其实践指导价值 [J]. 当代财经，2010.07：5 –10.

[21] Steiner Khamsi G. The Politics and Economics of Comparison [J]. Comparative Education Review，2010，54 (3)：323 –342.

[22] Vernon H. J. Marshall's Scale Economies [J] . Journal of Urban Economics，2003，53 (1)：1 –28.

[23] 徐晓雯. 农业环境污染问题的经济学分析——兼论农业绿色补贴效应 [J]. 山东财政学院学报，2007.04：69 –73.

[24] Ziolkowska J . Multicriteria analysis on effective financing of agri –environmental measures and conflicts between environmental objectives [J]. Journal of Physical Chemistry A，2009，113 (41)：10955 –65.

[25] Carolin Galler，Christina von Haaren，Christian Albert. Optimizing environmental measures for landscape multifunctionality：Effectiveness，efficien-

cy and recommendations for agri – environmental programs [J]. Journal of Environmental Management, 2015, 151.

[26] Christian Schader, Nicholas Lampkin, Adrian Muller, Matthias Stolze. The role of multi – target policy instruments in agri – environmental policy mixes [J]. Journal of Environmental Management, 2014, 145.

[27] Alena Schmidt, Gabriele Mack, Anke Möhring et al. Stricter cross – compliance standards in Switzerland: Economic and environmental impacts at farm – and sector – level [J]. Agricultural Systems, 2019.07: 1 –22.

[28] James Barrett, Kathleen Segerson. Prevention and Treatment in Environmental Policy Design [J]. Journal of Environmental Economics and Management, 1997, 33 (2).

[29] Elvira Zingg, Stefan Mann, Ali Ferjani. How Green are Communities? Explaining Differences between Swiss Municipalities in Environmental Stewardship on Farmland [J]. Regional Studies, 2011, 45 (9).

[30] Xavier B. Lastra – Bravo, Carmen Hubbard, Guy Garrod, Alfredo Tolón – Becerra. What drives farmers'participation in EU agri – environmental schemes?: Results from a qualitative meta – analysis [J]. Environmental Science and Policy, 2015, 54.

[31] T. Rodríguez – Ortega, A. M. Olaizola, A. Bernués. A novel management – based system of payments for ecosystem services for targeted agri – environmental policy [J]. Ecosystem Services, 2018, 34.

[32] Paul Lehmann, Christian Schleyer, Frank Watzold, Henry Wustemann. Promoting Multifunctionality of Agriculture: An Economic Analysis of New Approaches in Germany [J]. Journal of Environmental Policy and Planning, 2009, 11 (4).

[33] Roger Claassen, Andrea Cattaneo, Robert Johansson. Cost – effective design of agri – environmental payment programs: U. S. experience in theory and practice [J]. Ecological Economics, 2007, 65 (4).

[34] Farzad Taheripour. Welfare Impacts of Alternative Public Policies for Agricultural Pollution Control in an Open Economy: A General Equilibrium Framework [J]. American Journal of Agricultural Economics, 2008, 90

(3).

[35] Riho Marja, Irina Herzon, Eneli Viik et al. Environmentally friendly management as an intermediate strategy between organic and conventional agriculture to support biodiversity [J]. Biological Conservation, 2014, 178.

[36] T. Rodríguez - Ortega, A. M. Olaizola, A. Bernués. A novel management - based system of payments for ecosystem services for targeted agri - environmental policy [J]. Ecosystem Services, 2018, 34.

[37] Claas Meyer, Sarah Schomers, Bettina Matzdorf et al. Civil society actors at the nexus of the ecosystem services concept and agri - environmental policies [J]. Land use Policy, 2016, 55.

[38] Kaisa J. Raatikainen, Elizabeth S. Barron. Current agri - environmental policies dismiss varied perceptions and discourses on management of traditional rural biotopes [J]. Land use Policy, 2017, 69.

[39] Victoria Dietze, Nina Hagemann, Nataly Jürges et al. Farmers consideration of soil ecosystem services in agricultural management——A case study from Saxony, Germany [J]. Land use Policy, 2019, 81.

[40] Lea J. Heffernan, James P. Lassoie, Nelson Bills. An Assessment of the English Farm Woodland Premium Scheme and its Ability to Promote and Sustain Environmental Improvements in Agricultural Landscapes [J]. Journal of USA Sustainable Forestry, 2011, 30 (5).

[41] Kathy Baylis, Gordon C. Rausser, Leo K. Simon. Agri - Environmental Programs in the United States and European Union. 2003. 10.

[42] 宗义湘. 加入WTO前后中国农业政策演变及效果 [M]. 中国农业科学技术出版社, 2007. 07.

[43] 刘鸿雁, 霍学喜, 魏欣, 张红. 对《农业法》中“农业投入与支持保护”若干规定的分析——兼论2004年中央一号文件的相关规定 [J]. 西北农林科技大学学报 (社会科学版), 2004. 04: 113 - 116.

[44] 朱炳前. 关于加入世界贸易组织后我国农业支持政策调整的思考 [J]. 社科纵横, 2004. 05: 59 - 71.

[45] 张领先, 王永浩, 傅泽田. 国外农业支持政策对我国的启示 [J]. 科技管理研究, 2006. 02: 14 - 16.

[46] 王璨．论建立我国农业支持保护体系问题 [J]．求索，2004. 10：39 - 40.

[47] 白凌子，何忠伟，赵海燕等．农业支持政策的国内外比较研究 [J]．北京农学院学报，2013，28 (03)：37 - 40.

[48] 关建波，谭砚文，汤慧．美国2012年农业法案中农业支持政策的改革及对我国的启示 [J]．农村经济，2013. 08：120 - 125.

[49] 吕晓英，李先德．美国农业政策支持水平及改革走向 [N]．粮油市场报，2015 - 06 - 13 (B03).

[50] 程郁，叶兴庆．借鉴国际经验改革我国农业支持政策 [N]．中国经济时报，2016 - 12 - 12 (005).

[51] 崔海霞，宗义湘，赵帮宏．欧盟农业绿色发展支持政策体系演进分析——基于OECD农业政策评估系统 [J]．农业经济问题，2018. 05：130 - 142.

[52] 宗义湘，李先德．中国农业政策对农业支持水平的评估 [J]．中国软科学，2006. 07：33 - 41.

[53] 何燕华，杨炼．金砖国家农业国内支持政策及其国际合作路径——基于WTO农业治理框架 [J]．湖南农业大学学报（社会科学版），2014，15 (03)：39 - 45.

[54] 张慧琴，吕杰．国外农业生产者支持政策比较及其对中国的启示——基于OECD农业支持指标 [J]．世界农业，2016. 08：83 - 89.

[55] 朱满德，袁祥州，江东坡．加拿大农业支持政策改革的效果及其启示 [J]．湖南农业大学学报（社会科学版），2014，15 (05)：61 - 69.

[56] 朱满德，江东坡，徐雪高．WTO国内支持规则下的日本农业政策调适 [J]．农业经济问题，2016，37 (06)：104 - 109.

[57] 刘超，朱满德，徐雪高．美国农业国内支持与WTO规则一致性分析 [J]．世界农业，2017. 01：4 - 12 + 239.

[58] 阎豫桂．实施农产品目标价格政策的国际经验及对我国的启示 [J]．价格理论与实践，2014. 09：54 - 55.

[59] 叶兴庆．"十三五"时期农产品价格支持政策改革总体思路 [N]．中国经济时报，2016 - 05 - 30 (004).

[60] 李国祥．我国粮食价格形成机制沿革的历史回顾与探讨 [J].

北京工商大学学报（社会科学版），2016，31（04）：14－23.

［61］贺玢，孙咏华，苏晓宁，田志宏．印度的农机购置补贴政策研究［J］．中国农机化，2012.06：212－216.

［62］宗义湘．加入WTO前后中国农业支持水平评估及政策效果研究［D］．中国农业科学院，2006.

［63］谢兰兰，陈东升．加拿大的农业支持政策：水平与实施效果评价［J］．现代管理科学，2018.05：115－117.

［64］张照新，徐雪高，彭超．农业发展阶段转变背景下粮食价格支持政策的改革思路［J］．北京工商大学学报（社会科学版），2016，31（04）：33－39.

［65］刘福江，孙立新，毛世平．中国农业支持政策调整的结构趋向研究［J］．世界农业，2018.07：172－177.

［66］中国驻美使馆经济处．美国的农业支持政策及变化取向［J］．宏观经济管理，2002.01：50－52.

［67］刘瑞涵，张怀波．俄罗斯农业支持及改革政策分析［J］．农业经济问题，2010，31（12）：105－109.

［68］孙玉竹，宗义湘．印度农业投入品补贴政策研究［J］．合作经济与科技，2015.07：183－184.

［69］吕晓英，李先德．美国农业政策支持水平及改革走向［J］．农业经济问题，2014，35（02）：102－109＋112.

［70］袁祥州，朱满德．南非农业政策的支持水平与结构特征——基于生产者支持估计（PSE）指标的分析［J］．价格理论与实践，2011.12：40－41.

［71］朱满德，袁祥州，江东坡．加拿大农业支持政策改革的效果及其启示［J］．湖南农业大学学报（社会科学版），2014，15（05）：61－69.

［72］张领先，唐晓林，王洁琼．中美欧日韩农业支持水平及政策结构比较分析［J］．科技管理研究，2016，36（18）：36－39＋56.

［73］袁祥州，朱满德．印度农业支持政策框架及其效应分析［J］．新疆农垦经济，2019.01：87－93.

［74］周应恒，赵文，张晓敏．近期中国主要农业国内支持政策评估［J］．农业经济问题，2009，30（05）：4－11＋110.

[75] 孙玉竹，宗义湘，李雪等．基于OECD数据的农业生产者支持估计比较［J］．贵州农业科学，2015，43（04）：211－216.

[76] 王洁琼，张领先，李鑫星等．基于OECD的国际农业支持时间特征分析［J］．世界农业，2016.03：118－124.

[77] 张慧琴，吕杰．国外农业生产者支持政策比较及其对中国的启示——基于OECD农业支持指标［J］．世界农业，2016.08：83－89.

[78] 孙玉竹，王旋，吴敬学等．OECD成员国粮食作物支持水平及政策比较［J］．世界农业，2016.10：88－93.

[79] 罗屹，肖莺，武拉平．巴西现行农业支持政策及近年支持水平分析［J］．世界农业，2018.06：77－85.

[80] 鲁德银，蔡根女，雷海章．WTO下中国农业支持的依据与构想［J］．求索，2003.01：12－15.

[81] 何燕华，蒋新苗．WTO视角下金砖国家农业国内支持政策探析［J］．湖北社会科学，2014.10：136－142.

[82] 朱满德，程国强．中国农业的黄箱政策支持水平评估：源于WTO规则一致性［J］．改革，2015.05：58－66.

[83] 郭丽楠，徐明，田志宏．WTO视角下农业国内保护水平测算指标的比较研究［J］．世界农业，2018.03：63－70.

[84] 朱满德，江东坡，徐雪高．WTO国内支持规则下的日本农业政策调适［J］．农业经济问题，2016，37（06）：104－109.

[85] 李国祥．调整我国农业国内支持政策的若干思考［J］．调研世界，2002.03：14－17.

[86] 钟甫宁．今后农业支持政策重点的战略选择［J］．经济研究参考，2003.31：25.

[87] 叶兴庆．中国农业发展的转折性变化和政策走向［J］．农村工作通讯，2017.18：22－24.

[88] 朱晶．完善农业支持保护政策 推进新时期农业改革发展［J］．农业经济与管理，2017.06：5－8.

[89] 周应恒，彭云，周德．中国农业发展困境与农业支持政策改革转型——基于欧盟共同农业支持政策改革的启示［J］．江苏农业科学，2017，45（11）：289－293.

[90] 陈富良. 政府规制的均衡分析 [D]. 江西财经大学, 2002.

[91] 李一花, 李曼丽. 农业面源污染控制的财政政策研究 [J]. 财贸经济, 2009.09: 89-94.

[92] 韩洪云, 杨增旭. 农户测土配方施肥技术采纳行为研究——基于山东省枣庄市薛城区农户调研数据 [J]. 中国农业科学, 2011, 44(23): 4962-4970.

[93] 汪洁, 马友华, 栾敬东等. 美国农业面源污染控制生态补偿机制与政策措施 [J]. 生态经济 (学术版), 2010.02: 159-163.

[94] 韦宁卫. 农业面源污染治理与财税政策选择 [J]. 地方财政研究, 2013.12: 55-58.

[95] 林惠凤, 刘某承, 洪传春, 李文华, 闵庆文. 中国农业面源污染防治政策体系评估 [J]. 环境污染与防治, 2015, 37 (05): 90-95+109.

[96] 刘昱. 中国农业生态系统的碳氮平衡模拟、耦合和政策评估 [D]. 清华大学, 2016.

[97] 金书秦, 邢晓旭. 农业面源污染的趋势研判、政策评述和对策建议 [J]. 中国农业科学, 2018, 51 (03): 593-600.

[98] 舒岳. 中日农业生态环境政策比较及对江苏的启示 [D]. 南京林业大学, 2008.

[99] 金京淑. 日本推行农业环境政策的措施及启示 [J]. 现代日本经济, 2010.05: 60-64.

[100] 孙淼. 欧盟农业环境政策评估 [D]. 首都经济贸易大学, 2012.

[101] 赵润, 王风, 赵长海等. 英国农业生态补偿先进做法 [J]. 世界农业, 2014.06: 167-170.

[102] 罗福勇. 欧盟农业环境政策评估及对我国的启示 [J]. 农业考古, 2015.01: 322-326.

[103] 钱小平, 尹昌斌, 方琳娜. 日本与欧美农业环境支持政策对中国的启示 [J]. 中国农业资源与区划, 2016, 37 (07): 35-44.

[104] 王有强, 董红. 德国农业生态补偿政策及其对中国的启示 [J]. 云南民族大学学报 (哲学社会科学版), 2016, 33 (05): 141-144.

[105] 赵玉领, 王巍. 欧盟农业环境政策及对土地整治的启示——以

英国为例［J］. 中国土地，2016. 12：19－20.

［106］孙浩. 美国农业环境补贴政策绩效评价与启示［D］. 山东师范大学，2018.

［107］王东阳. 20世纪80—90年代欧洲有机农业政策回顾与探究［J］. 世界农业，2018. 07：71－76＋201＋222.

［108］栾江，田晓晖，仇焕广等. 农业生态补偿政策的国际经验及其对中国的启示［J］. 世界农业，2018. 08：4－10＋21＋212.

［109］曾寅初. 农业环境改善政策中的费用负担规则［J］. 农业技术经济，2005. 03：12－16.

［110］向东梅，周洪文. 现有农业环境政策对农户采用环境友好技术行为的影响分析［J］. 生态经济，2007. 02：88－91.

［111］梁世夫，姚惊波. 农业多功能性理论与我国农业补贴政策的改进［J］. 调研世界，2008. 04：7－11＋19.

［112］宋燕平，费玲玲. 我国农业环境政策演变及脆弱性分析［J］. 农业经济问题，2013，34（10）：9－14＋110.

［113］周娟. 可持续农业和农村发展——环境政策和农业政策一体化视角［J］. 长春市委党校学报，2014. 05：67－71＋76.

［114］梁丹，金书秦. 农业生态补偿：理论、国际经验与中国实践［J］. 南京工业大学学报（社会科学版），2015，14（03）：53－62.

［115］姜珊. 中国农业环境政策绩效评估与完善创新研究［D］. 湖南农业大学，2015.

［116］裘元伦. 欧洲经济共同体的农产品生产过剩问题［J］. 国际经济评论，1981. 07：71－73.

［117］杨晓萌. 欧盟的农业生态补偿政策及其启示［J］. 农业环境与发展，2008. 06：17－20.

［118］有机农业的未来［EB/OL］. https：//ec. europa. eu/agriculture/organic/eu－funding/eu－funding－and－the－new－cap_ en.

［119］共同农业政策［EB/OL］. https：//ec. europa. eu/agriculture/envir/cap_ en.

［120］交叉遵守机制［EB/OL］. https：//ec. europa. eu/agriculture/envir/cross－compliance_ en.

[121] Andrew K. Manderson, Alec D. Mackay, Alan P. Palmer. Environmental whole farm management plans: Their character, diversity, and use as agri - environmental indicators in New Zealand [J]. Journal of Environmental Management, 2005, 82 (3).

[122] Kim, C. G. Policy Development for Integrating Agriculture and the Environment [J]. Journal of Rural Development Seoul, 2001, 24 (2): 247 - 71.

[123] Francesco Tropea. Common Agricultural Policy 2014 - 2020: Direct payments [EB/OL]. http: //www. eprs. ep. parl. union. eu. 2016. 12.

[124] 宋洋. 欧盟农村发展支持政策研究 [D]. 河北农业大学, 2018.

[125] The CAP in perspective: from market intervention to policy innovation [EB/OL]. http: //ec. europa. eu/agriculture/analysis/perspec/index_en. htm.

[126] Yano, Yuki. Incentives and Moral Hazard in Agri - Environmental Policy [D]. France: Penn State University. 2008.

[127] The CAP in perspective: from market intervention to policy innovation [EB/OL]. http: //ec. europa. eu/agriculture/analysis/perspec/index_en. htm.

[128] Harte, L. , and J. O'Connell . How Well do Agri - Environmental Payments Conform with Multifunctionality? [J] . Euro Choices 2003 (1): 36 - 41.

[129] 张风春, 朱留财, 彭宁. 欧盟 Natura 2000: 自然保护区的典范 [J]. 环境保护, 2011. 06.

[130] 姜双林. 欧盟共同农业政策交叉遵守机制探究 [A]. 中国法学会环境资源法学研究会 (China Law Society Association of Environment and Resources Law)、桂林电子科技大学. 生态安全与环境风险防范法治建设——2011 年全国环境资源法学研讨会 (年会) 论文集 (第三册) [C]. 中国法学会环境资源法学研究会 (China Law Society Association of Environment and Resources Law)、桂林电子科技大学: 中国法学会环境资源法学研究会, 2011. 06.

[131] 徐前兵. 欧盟共同农业政策中交叉遵守制度研究 [D]. 浙江

农林大学，2011.05.

[132] 王庆国．美国早期的农业环境问题及其治理 [J]．黑龙江八一农垦大学学报，2009，21 (05)：100 – 104.

[133] 张玉环．美国农业资源和环境保护项目分析及其启示 [J]．中国农村经济，2010.01：83 – 91.

[134] 王世群．2014 年美国新农业法农业环境保护政策分析 [J]．世界农业，2015.8：88 – 91.

[135] 朱文玉．我国生态农业政策和法律研究 [D]．东北林业大学，2009.

[136] Potter C. Against the grain：Agri – environmental Reform in the United States and the European Union [J]. Wallingford，UK：CAB International，1998.

[137] 林学贵．我国与美国、欧盟、日本的农业“绿箱”支持的比较及借鉴 [J]．农业．农村．农民，2013.28：40 – 42.

[138] Clark Jonathan. Greening the Factory Farm：Toward a Theory of Agri – Environmental Technoscience [D]. France：Penn State University. 2010.

[139] Bazzani Guido Maria，Viaggi Davide. Improving the design of agri – environmental policies：a case study in Italy [J]. Agricultural Economics Review，2004，05 (2)：21 – 35.

[140] Salhofer K，Glebe T W . National Differences in the Uptake of EU Agri – environmental Schemes：An Explanation [C]. 2006 Annual Meeting，August 12 – 18，2006，Queensland，Australia. International Association of Agricultural Economists，2006：23 – 31.

[141] Smith，Katherine R.. The Growing Prevalence of Emergency，Disaster，and Other Ad Hoc Farm Program Payments：Implications for Agri – Environmental and Conservation Programs [J]. Agricultural and Resource Economics Review，2004，33 (1)：1 – 7.

[142] 布莱恩·杰克著，姜双林译．农业与欧盟环境法 [M]．北京：中国政法大学出版社，2012.2：27 – 61.

[143] Mann，Stefan. Different Perspectives on Cross – Compliance [J]. Environmental Values，2005.04：471 – 482.

[144] 陈秋珍，John Sumelius. 国内外农业多功能性研究文献综述 [J]. 中国农村观察，2007.03：71－80.

[145] 殷秋霞，农业补贴政策对不同资源禀赋农户种粮决策行为影响机理及政策优化研究——以江西省为例 [D]. 江西农业大学，2014.

[146] 王彬，高强. 我国农业政策制定的基础和作用的研究综述 [J]. 中小企业管理与科技，2011.02：80－81.

[147] 梁謇. 农业政策演变规律的政治经济学解析 [J]. 理论研究，2007.13：23－24.

[148] Bergschmidt, A., H. Nitsch, B. Osterburg. Good Farming Practice－definitions, implementation, experiences [R]. Reports on the results of workpackage 2 within the EU Concerted Action 'Developing cross－compliance in the EU——background, lessons, opportunities'. London: IEEP. 2003.

[149] 杨娜. 欧盟理事会权力的嬗变. 政府间主义与超国家主义的博弈 [D]. 南开大学，2010.5.

[150] 李晟旭. 我国环境政策工具的分类与发展趋势 [J]. 环境保护与循环经济，2010.01：22－24.

[151] 刘丹鹤. 环境政策工具对技术进步的影响机制及其启示 [J]. 自然辩证法研究，2003.01：66－69.

[152] 陈振明. 政府工具导论 [M]. 北京：北京大学出版社，2009.

[153] Jasmin Schiefer, Georg J. Lair, Winfried E. H. Blum. Potential and limits of land and soil for sustainable intensification of European agriculture [J]. Agriculture, Ecosystems and Environment, 2016, 230.

[154] 徐栋，周惠明. 美国和欧盟有机农业政策的比较研究及启示 [J]. 科技与经济，2013.06：46－50.

[155] 陶健格. 环境治理博弈复杂性与演化均衡稳定性分析 [J]. 环境科学与技术，2009.7：89－93.

[156] 谢识予. 经济博弈论 [M]. 上海：复旦大学出版社，2002：237－241.

[157] 潘峰，西宝，王琳. 环境规制中地方政府与中央政府的演化博弈分析 [J]. 运筹与管理，2015.6：88－93＋203.

[158] 薛荣久. 国际贸易（第六版）[M]. 对外经济贸易大学出版

社，2016.05.

[159] Kathy Baylis, Stephen Peplow, Gordon Rausser et al. Agri – environmental Programmes and Trade Negotiations in the United States and the European Union [J]. The Agricultural Economics Society and the European Association of Agricultural Economists. 2011.10.

[160] Kathy Baylis, Stephen Peplow, Gordon Rausser. Agri – environmental policies in the EU and United States: A comparison [J]. Ecological Economics. 2007.10.

[161] 李健．聚类分析及其在文本挖掘中的应用 [D]．西安：西安电子科技大学，2005.

[162] 谌志群，张国煊．文本挖掘与中文文本挖掘模型研究 [J]．情报科学，2007.07：1046 – 1050.

[163] 高强．基于向量空间的文本聚类算法 [J]．电子世界，2017.10：61 – 62.

[164] 黄少安．改革开放 40 年中国农村发展战略的阶段性演变及其理论总结 [J]．经济研究，2018，53（12）：4 – 19.

[165] 李亮．农业立体污染防治与中国农业补贴立法 [J]．求索，2013.11：184 – 186 + 113.

[166] 李昌麒，王霞．关于完善我国农业补贴制度的思考 [J]．西南民族大学学报，2009.12：106 – 110.

[167] 李成贵，孙大光．国家与农民的关系：历史视野下的综合考察 [J]．中国农村观察，2009.6：54 – 61.

[168] 张淑杰，孙天华．农业补贴政策效率及其影响因素研究——基于河南省 360 户农户调研数据的实证分析 [J]．农业技术经济，2012.12：68 – 74.

[169] 沈兴兴，段晋苑，朱守银．农业绿色生产社会化服务模式探析 [J]．中国农业资源与区划，2020.41（1）：15 – 20.

[170] 李登旺等．欧美农业补贴政策改革的新动态及其对我国的启示 [J]．中国软科学，2015.08：12 – 21.

[171] 张宇，朱立志．关于“乡村振兴”战略中绿色发展问题的思考 [J]．新疆师范大学学报（哲学社会科学版），2019.01：65 – 71.

[172] 农业资源与生态环境保护工程规划 2016 - 2020 [EB/OL]. http: //www. moa. gov. cn/.

[173] 陈静，周静平，李存军等. 全国农业生态系统脆弱性评价 [J]. 江苏农业科学，2018，46 (2)：1 - 7.

[174] Thomas L. Dobbs, Jules Pretty. Case study of agri - environmental payments: The United Kingdom [J]. Ecological Economics, 2007, 65 (4).

[175] 郭晓鸣. 乡村振兴战略的若干维度观察 [J]. 改革，2018. 03：54 - 61.

[176] 吴喜梅，杜立津. 欧盟农业生态补偿支付机制对我国的启示 [J]. 环境保护，2014. 24：65 - 68.

[177] 张灿强，杜珉，刘锐等. 农户生产行为的资源环境影响及相关对策建议——基于对全国棉农的问卷调查 [J]. 经济研究参考，2015. 28：82 - 86.

[178] 周望，中国“政策试验”初探：类型、过程与功能 [J]. 理论与现代化，2011. 03：61 - 66.

[179] 赵润，王风，赵长海等. 英国农业生态补偿先进做法 [J]. 世界农业，2014. 06：167 - 170.

[180] 王华巍. 世界主要发达国家农业政策的比较研究 [D]. 吉林大学，2005.

[181] 李靖，孙晓明，毛翔飞. 美国农业资源和环境保护项目运行机制及对我国的借鉴 [J]. 农业现代化研究，2017. 01：138 - 144.

[182] 罗小娟，冯淑怡，黄挺等. 测土配方施肥项目实施的环境和经济效果评价 [J]. 华中农业大学学报 (社会科学版)，2013. 12：86 - 93.

[183] 刘丹，攻前文，杨文杰. 改革开放 40 年来中国耕地保护政策演变及优化路径 [J]. 中国农村经济，2019. 01：37 - 51.

[184] 戴丽. 新中国成立以来农业生产方式演变及发展趋势 [J]. 大连海事大学学报 (社会科学版)，2018，17 (05)：107 - 113.

[185] 王宾. 中国绿色农业生态补偿政策：理论及研究述评 [J]. 生态经济，2017，33 (03)：19 - 23.

[186] 曾衍德. 推行绿色生产方式　增强农业可持续发展能力 [J]. 中国农技推广，2018，34 (01)：3 - 6.

［187］韩平．农业生态环境与可持续发展的分析［J］．新农业，2018.11：61－63.

［188］张弛，席运官，肖兴基．有机农业推动绿色发展与面源污染防控［J］．世界环境，2018.04：36－39.

［189］裘元伦．欧洲经济共同体的农产品生产过剩问题［J］．国际经济评论，1981.07：71－73.

［190］Gert Berger，Harald Kaechele，Holger Pfeffer. The greening of the European common agricultural policy by linking the European－wide obligation of set－aside with voluntary agri－environmental measures on a regional scale［J］. Environmental Science and Policy，2006，9（6）.

［191］Carolin Galler，Christina von Haaren，Christian Albert. Optimizing environmental measures for landscape multifunctionality：Effectiveness，efficiency and recommendations for agri－environmental programs［J］. Journal of Environmental Management，2015，151.

［192］Christian Schader，Nicholas Lampkin，Adrian Muller，Matthias Stolze. The role of multi－target policy instruments in agri－environmental policy mixes［J］. Journal of Environmental Management，2014，145.

［193］Jan de Graaff，Aad Kessler，Filomena Duarte. Financial consequences of cross－compliance and flat－rate－per－ha subsidies：The case of olive farmers on sloping land［J］. Land Use Policy，2010，28（2）.

［194］Fredrik Olof Laurentius Nilsson. Transaction costs and agri－environmental policy measures：are preferences influencing policy implementation?［J］. Journal of Environmental Planning and Management，2009，52：757－775.

［195］Geoff Edwards，Iain Fraser. Reconsidering agri－environmental policy permitted by the Uruguay round agreement［J］. Ecological Economics，2001（37）：313－326.

［196］Garrett Graddy－Lovelace，Adam Diamond. From supply management to agricultural subsidies——and back again? The U. S. Farm Bill & agrarian（in）viability［J］. Journal of Rural Studies，2017（50）：70－83.

［197］J. P. Vesterager，P. Frederiksen，S. B. P. Kristensen et al. Dynamics in national agri – environmental policy implementation under changing EU policy priorities: Does one size fit all? [J]. Land Use Policy, 2016 (57) : 764 – 776.

[198] Boschma R A, K Frenken. The Emerging Empirics of Evolutionary Economic Geography. Journal of Economic Geography, 2011 (2): 295 – 307.

[199] Adam Reimer. Ecological modernization in U. S. agri – environmental programs: Trends in the 2014 Farm Bill [J]. Land Use Policy, 2015, 47: 209 – 217.

[200] Kristensen L. , Primdahl J. Potential for Environmental Cross – Compliance to Advance Agri – Environment Objectives, Report of Seminar 3 EU Concerted Action Project Developing Cross – Compliance in the EU – Background [J]. Lessons and Opportunities. 2004.

[201] Gabriele Mack, Andreas Kohler. Short – and long – run policy evaluation: support for grassland – based milk production in Switzerland [J]. Journal of Agricultural Economics, 2019, 70 (1): 215 – 240.

[202] Claas Meyer, Bettina Matzdorf, Klaus Müller, Christian Schleyer. Cross Compliance as payment for public goods? Understanding EU and US agricultural policies [J]. Ecological Economics, 2014, 107: 185 – 194.

[203] Pytrik Reidsma, Sander Janssen, Jacques Jansen, Martin K. van Ittersum. On the development and use of farm models for policy impact assessment in the European Union – A review [J]. Agricultural Systems, 2018, 159: 111 – 125.

[204] Finger, R. , El Benni, N. , Farmers′ adoption of extensive wheat production – determinants and implications [J]. Land Use Policy, 2013, 30 (1): 206 – 213.

[205] Tabbush P. , Frederiksen P. , Edwards D. Impact assessment in the European Commission in relation to multifunctional land use [J]. Sustainability Impact Assessment of Land Use Changes. 2008, 35 – 54.

[206] Klostermann Judith, van de Sandt Kaj, Harley Mike et al. Towards a framework to assess, compare and develop monitoring and evaluation of climate change adaptation in Europe [J]. Mitigation and adaptation strategies for global change, 2018, 23 (2): 187 – 209.

[207] Caroline Colnenne – David, Gilles Grandeau, Marie – Hélène Jeuffroy et al. Ambitious environmental and economic goals for the future of agriculture are unequally achieved by innovative cropping systems [J]. Field Crops Research, 2017, 210.

[208] Claas Meyer, Bettina Matzdorf, Klaus Müller, Christian Schleyer. Cross Compliance as payment for public goods? Understanding EU and US agricultural policies [J]. Ecological Economics, 2014, 107.

[209] Jan de Graaff, Filomena Duarte, Luuk Fleskens, Tomás de Figueiredo. The future of olive groves on sloping land and ex – ante assessment of cross compliance for erosion control [J]. Land Use Policy, 2008, 27 (1).

[210] Suvi Huttunen, Juha Peltomaa. Agri – environmental policies and 'good farming' in cultivation practices at Finnish farms [J]. Journal of Rural Studies, 2016, 44.

[211] Heikki Lehtonen, Katri Rankinen. Impacts of agri – environmental policy on land use and nitrogen leaching in Finland [J]. Environmental Science and Policy, 2015, 50.

[212] Christian Schader, Nicholas Lampkin, Adrian Muller, Matthias Stolze. The role of multi – target policy instruments in agri – environmental policy mixes [J]. Journal of Environmental Management, 2014, 145.

[213] Graeme J. Doole, Dan Marsh, T. Ramilan. Evaluation of agri – environmental policies for reducing nitrate pollution from New Zealand dairy farms accounting for firm heterogeneity [J]. Land Use Policy, 2013, 30 (1).

[214] Abler, David G. Multifunctionality, Agricultural Policy, and Environmental Policy [J]. Agricultural and Resource Economics Review, 2004, 33 (1): 8 – 17.

[215] Edi Defrancesco, Paola Gatto, Daniele Mozzato. To leave or not to leave? Understanding determinants of farmers'choices to remain in or abandon agri – environmental schemes [J]. Land Use Policy 2018 (76): 460 – 470.

[216] Ekins P. The Kuznets curve for the environment and economic growth: exchanging the evidence [J]. Environment and planning, 1997,

(5)：805 – 830.

[217] Takayama. K. Politics of Externalization in Reflexive Times：Reinventing Japanese Education Reform Discourses through "Finnish Success" [J]. Comparative Education Review, 2010, 54 (1)：51 – 75.